dtv

D1876269

Zum Geburtstag
2006 von
Constantin &
Andrea

Eine neue Sammlung von Geschichten indischer Erzählerinnen – sowohl einige der bestbekannten in Indien als auch neue Stimmen sind hier zusammengetragen. Wir lesen vom Schicksal einer verwitweten jungen Frau, die sich den für sie vorgeschriebenen Hindu-Riten nicht fügt, von den unvorhersehbaren Schrecken, die eine andere Frau in einer arrangierten Ehe erleidet, von der merkwürdigen Verwandlung einer Ehefrau und Mutter beim Fest der Schlangen, von Leere und Sehnsucht in einer modernen Ehe und von der Durchsetzungskraft einer Matriarchin, die sich bei einer Reise nach London zur Geißel der Mitreisenden und der besuchten Verwandtschaft entwickelt. Vieles andere mehr gibt es in dieser abwechslungsreichen Sammlung von Erzählungen zu entdecken, dabei geht es um die Rolle der Frau in der sich ständig verändernden modernen indischen Gesellschaft, um politische und religiöse Erwartungen, aber auch um Themen wie Umweltprobleme und Nationalitätenkonflikte im Vielvölkerstaat Indien.

Urvashi Butalia ist Schriftstellerin und Verlegerin. Sie lebt in Neu-Delhi. 1984 war sie Mitbegründerin des ersten feministischen indischen Verlags Kali for Women. Heute leitet sie den Verlag Zubaan (»Zunge, Sprache, Stimme«). Sie hat über zwanzig Jahre lang an der Universität Delhi unterrichtet. Veröffentlichungen u. a. ›The Other Side of Silence: Voices from the Partition of India‹, wofür sie mit mehreren Preisen ausgezeichnet wurde, und zuletzt ›Speaking Peace: Women's Voices from Kashmir‹ (2002).

Frauen in Indien

Erzählungen

Herausgegeben von
Urvashi Butalia

Deutscher Taschenbuch Verlag

In Zusammenarbeit mit

एकः सूते सकलम्

National Book Trust, India

Ein Glossar befindet sich am Ende des Bandes.

Deutsche Erstausgabe
Oktober 2006
Deutscher Taschenbuch Verlag GmbH & Co. KG,
München
www.dtv.de
Auswahl aus: ›The Inner Line‹
© 2006 Zubaan Books, New Delhi
© 2006 der deutschsprachigen Ausgabe:
Deutscher Taschenbuch Verlag GmbH & Co. KG,
München
Umschlagkonzept: Balk & Brumshagen
Umschlaggestaltung: Stephanie Weischer unter Verwendung
eines Fotos von mauritius images/Steve Vidler
Satz: Fotosatz Amann, Aichstetten
Gesetzt aus der Garamond 10/12˙
Druck und Bindung: Druckerei C. H. Beck, Nördlingen
Gedruckt auf säurefreiem, chlorfrei gebleichtem Papier
Printed in Germany
ISBN-13: 978-3-423-13508-5
ISBN-10: 3-423-13508-5

Inhalt

ANJANA APACHANA

Beschwörungen

Ich war zwölf und ständig versunken in irgendeinen viktorianischen Roman. Nachts, wenn ich neben meiner Schwester schlief, träumte ich davon, ich sei Jane Eyre oder Agnes und werde von Rochester oder David umworben. Einmal in einer heißen Sommernacht merkte ich, dass meine Schwester am ganzen Leib bebte. Es war die Nacht vor ihrer Hochzeit, und die Arme um die Schluchzende gelegt, versicherte ich ihr mit der ganzen Weisheit einer Zwölfjährigen, es gebe überhaupt keinen Grund zur Sorge, denn Nikhil, ihr Bräutigam, sei freundlich, zärtlich und gutaussehend und sie selbst obendrein noch wunderschön. Sie drehte sich zu mir um, umklammerte meine Hand schmerzhaft fest und sagte, sie sei vor zwei Tagen von Nikhils Bruder Abhinay vergewaltigt worden. Sie hielt die Hand vor den Mund, um ein Schluchzen zu unterdrücken, und ich schlüpfte zu ihr ins Bett, legte mich neben sie und nahm sie in den Arm. Doch ihr Schluchzen war unkontrollierbar. Unsere Eltern würden sie hören. Ich half Sangeeta aus dem Bett und ins Badezimmer, zog die Toilettenspülung, drehte beide Hähne auf und schloss die Badezimmertür. Sie setzte sich auf die Toilette, ich mich auf den feuchten Boden, und nachdem sie zehn Minuten lang heftig geweint hatte, lehnte sie den Kopf gegen die Wand und erzählte mit abgewandtem Gesicht.

Nikhils Mutter war vor zwei Tagen mit ihr Saris kaufen gegangen, und Abhinay, Nikhils jüngerer Bruder, hatte angeboten, sie zu begleiten. »Du wirst einmal einen wunderbaren Ehemann abgeben«, hatte seine Mutter ihn geneckt.

»Ein Mann, der so viel Geduld hat, wenn Frauen einkaufen.« Geduld hatte er tatsächlich gehabt. Nach dem Einkauf hatte er seiner Mutter vorgeschlagen, er werde erst sie nach Hause fahren und dann Sangeeta. Er setzte die Mutter ab und erklärte Sangeeta, er müsse noch schnell etwas aus seiner Dachgeschosswohnung holen. Ob sie dort kurz vorbeifahren könnten? Er bestand darauf, dass sie nicht allein im Wagen wartete, und so ging sie mit ihm hoch. Sobald sie drinnen waren, schloss er die Tür ab.

Meine Schwester, die beim Reden die Wand angestarrt hatte, sah mich jetzt an. Ich versuche, mir aus heutiger Sicht vorzustellen, was sie damals vor Augen hatte: Ein Mädchen im Schlafanzug, dünn, das Haar zu einem straffen Zopf geflochten, das Gesicht wie auf dem Foto, das sie einmal von mir aufgenommen hatte – arglos und voller Bewunderung für sie. Meine Schwester wandte sich wieder von mir ab und sagte: »Und dann hat er mich vergewaltigt.« Ich legte die Hände um ihre bloßen Füße, hielt sie fest umschlossen und lehnte das Gesicht gegen ihre Beine. »Ich habe mich nicht gewehrt«, sagte sie. »Er sagte, er würde es abstreiten und überall erzählen, ich wäre hinter ihm her gewesen. Er sagte, keiner würde mir glauben. Und er hat es so lange gemacht, so schrecklich lange.« Sie wandte sich mir zu und befühlte prüfend meine Wange. »Weißt du, was Vergewaltigung bedeutet?« Ich gab einen zustimmenden Laut von mir, meine tränennasse Wange an ihrem Nachthemd. Ja, ich wusste, was Vergewaltigung bedeutete. Das sollte ich eigentlich nicht wissen, ich sollte ja noch nicht einmal wissen, was Sex war. Doch meine Freundin und ich hatten nicht lockergelassen, bis wir Bescheid wussten, wobei unsere einzige Quelle jene Bücher waren, die wir eigentlich nicht lesen durften. *Reader's Digest* war zwar nicht verboten, verschaffte uns aber eine vage Vorstellung, denn da stand immer irgendetwas über die kleinen Geheimnisse des ehelichen Kampfes, die erlaubten und die verpönten Hilfsmittel der sexuellen Verwicklungen. Sorgen Sie dafür, dass es in Ihrer Ehe prickelt, riet der *Digest,* machen Sie es unter dem Esstisch und auf dem Esstisch, unter dem Bett und in der Badewanne. Meine Freundin und ich seufzten vor Aufregung. Ach, wenn man erst verheiratet wäre! Zünden Sie Kerzen an, drängte der *Digest*, legen Sie Parfüm auf, öffnen Sie Ihrem Mann eines Abends die Tür und seien Sie – nackt! Meine Freundin und ich erschauerten. Konnte denn das Prickeln jemals aus der Ehe verschwinden? Unmöglich! Konnte man diese Experimente jemals ausschöpfen? Niemals! Aber wenn man bedachte, was sich da alles abspielte, wieso wirkten die Verheirateten dann immer so gesetzt, so nüchtern und so gar nicht vom Überschwang des Liebesaktes berührt? Eines unvergesslichen Tages entdeckte meine Freundin, als ihre Eltern einmal nicht zu Hause waren, ein sichtlich häufig gelesenes Taschenbuch im Elternschlafzimmer, das sie hastig verschlang, voller Angst, die Eltern könnten sie bei der Rückkehr ertappen. Gleichzeitig war sie in Bann geschlagen von den Entdeckungen, die sie dort machte. Die Sache sei ganz schön kompliziert, tuschelte sie mir später zu. Der Sex sei anscheinend in drei Phasen unterteilt – das Vorspiel, womit das Küssen gemeint sei; der Verkehr, womit der Verkehr gemeint sei, und schließlich Klimax und Orgasmus, die eine Art Gipfel und Erlösung bezeichneten. Die Kunst des Küssens, die wir immer für etwas Einfaches gehalten hatten, schien mit fast ebenso großen Komplikationen verbunden wie der darauf folgende Akt. In dem Buch stand, es sei nicht auf die Lippen beschränkt und erfordere große Sachkenntnis. Der Rest war verschwommen. Wir konnten diese Information mit nichts Vorstellbarem verbinden. Wir grübelten über die Zeitfrage nach. Zehn Minuten? Eine halbe Stunde? Eine Stunde? Wir stellten uns insgeheim vor, dass unsere Eltern es machten. Aber nein, das war ausgeschlossen. Eltern waren jenseits solcher Experimente, solcher Sehnsüchte, solcher Gipfel und Erlösungen. Wir sahen uns an, verwirrt, frustriert und entzückt. Das ganze Prozedere dauerte offensichtlich länger und war weit komplizierter, als wir erwartet hatten, und umso sehnlicher durfte man sich gewiss darauf freuen. Sex war etwas, was Mädchen wie uns irgendwann widerfuhr, und dann würden Blitze zucken und der Himmel erglühen. Wir würden unsere Rochesters und Rhett Butlers bekommen, das war nur eine Frage der Zeit. Bis dahin wären auch unsere Nasen zarter, unsere Lippen sinnlicher, unsere Augen groß und seelenvoll und unser Haar wäre dick und glänzend, Haar, wie Männer es gern streicheln. Es war nur eine Frage der Zeit, dann würden die Pickel spurlos verschwinden, die Brüste auf wundersame Weise wachsen, die Haare auf Armen und Beinen würden still und unauffällig ausfallen, und die Augenbrauen würden sich wölben und auseinander rücken. Das war alles nur eine Frage der Zeit, der Zeit. Aber einer anderen Zeit als der unserer Mütter, die bei weit geöffneter Schlafzimmertür schliefen und deren Bett einen Meter vom Bett des Vaters entfernt stand, und zwar schon so lange wir denken konnten. Nein, nicht die Zeit unserer Mütter, die als Bräute sogar noch unwissender gewesen waren als wir als Kinder. Jetzt denke ich an diese unzähligen Mütter, die einst nach der Hochzeit die mit weißen und gelben Blumen geschmückten Schlafzimmer betraten, vor deren Hintergrund ihre Brautsaris rot und golden glühten. Wie mögen unsere Väter diese Frauen entkleidet haben, von denen viele nicht einmal den Grund für ein solches Ritual kannten? Haben unsere Mütter dann protestiert, leise, ganz leise? Oder sich stumm und widerspruchslos einem Akt gefügt, den sie instinktiv als etwas erkannten, was ertragen werden musste? Im Ohr noch immer wie eine ferne Beschwörung die Stimme der Mutter, ihren Singsang: Tu, was dein Mann dir sagt, nimm es hin, ertrage es. Oder redeten vielleicht unsere Väter mit der Braut, stammelnd, schüchtern, erschüttert, weil alles so fremd und unvertraut war, weihten sie unsere Mütter vorsichtig ein, langsam, sanft, mit einer vorgespielten Erfahrenheit, die sie gar nicht besaßen? War da Liebe möglich? Der Strom der unerzählten Geschichten, angeschwollen wie Flüsse nach dem Monsunregen. Jahre später sind die Geschichten noch immer unerzählt und unsere Mütter wie ausgedörrte, rissige Erde in Erwartung des Regens, der niemals kommt.

»Nachdem er mich vergewaltigt hatte«, sagte Sangeeta, »fuhr er mich heim.« Ich erinnerte mich an diesen Abend, daran, dass meine Mutter alle Hände voll damit zu tun gehabt hatte, die *Sangeet*-Party, die Frauen-Abschiedsfeier für die Braut, vorzubereiten. Vor der Tür hatte man mit Farbpulver *Rangoli*-Muster aufgestreut und in der Küche duftete es köstlich. Zwei Stunden vor dem *Sangeet* war Sangeeta nach Hause gekommen, und ich erinnerte mich, wie sonderbar sie ausgesehen hatte: die Augen verschwollen, das Gesicht bleich und der Sari selbst in Anbetracht der Hitze ungewöhnlich zerknittert. Sie sagte unserer Mutter, die Hitze mache ihr zu schaffen, und Ma brachte sie ins Schlafzimmer und drängte sie, sich zu beeilen und hübsch zu machen. Ich erinnerte mich, dass sie an jenem Abend zwei Stunden im Badezimmer verbrachte. Dann trafen unsere Verwandten und Freundinnen ein, mit Goldschmuck und prachtvollen Seidensaris angetan. Sangeeta, die in einem gelb-silbernen Sari aus Benarasi-Seide mit Perlen, das Haar mit Jasmin geschmückt, wunderschön aussah, saß stumm da, während jemand die *Dholak*-Trommel spielte und alle sangen. Als die Lieder rührselig wurden und die Sängerinnen klagten, dass nun die Tochter das Haus der Mutter verlasse, musste meine Mutter erwartungsgemäß weinen, doch Sangeeta, die mit ihren goldenen Armreifen spielte, weinte nicht. Ich erinnere mich, dass es zum Nachtisch *Gulab Jamuns* und *Rasmalai* gab, und da ich Süßes liebte und meine Mutter mich diesmal nicht im Auge hatte, stopfte ich mich während des ganzen Essens damit voll. Dann wurde ich mir plötzlich meiner Pickel, meiner fettigen Haut, meines strähnigen Haars und meiner schrecklichen Schüchternheit bewusst, ging in das Zimmer, das ich mit meiner Schwester teilte, und legte mich schlafen.

Jetzt, zwanzig Jahre später, versuche ich mir vorzustellen, was geschehen wäre, wenn meine Schwester meinen Eltern von der Vergewaltigung erzählt hätte. Sie hätten natürlich die Hochzeit abgesagt. Sangeeta, die ihre Jungfräulichkeit verloren hatte, hätte dann weiter bei unseren Eltern gelebt, ein gefallenes Mädchen, wie die Leute sagten. So beraubt, wäre sie still und leise verkümmert und schon bald eine alte Jungfer gewesen, während meine Eltern noch darauf gehofft hätten, dass ein netter Mann kommen und sie trotz allem lieben, sie trotz des zerrissenen Jungfernhäutchens nehmen würde. Wäre ich älter gewesen, hätte ich es meinen Eltern erzählt und zugesehen, wie die beiden klaglos dahinwelkten. Sie hätten es als ihr Karma akzeptiert, als Strafe für die Sünden eines vorangegangenen Lebens, hätten ihre älteste Tochter in die Arme geschlossen und für immer die Bürde einer unverheirateten, entehrten Tochter auf sich genommen. Und die Leute, ach, die Leute, die hätten geredet und geredet, und alles wäre Sangeetas Schuld gewesen.

Und was war mit Nikhil, dem Bräutigam? Er war fünf Jahre älter als die zwanzigjährige Sangeeta und ein so hochgewachsener, so attraktiver, so charmanter Mann, dass er Darcy, Rochester und beinahe – aber nicht ganz – Rhett Butler in den Schatten stellte. Es war eine arrangierte Hochzeit, und wie das unvermeidlich der Fall ist, hatten sie sich heftig ineinander verliebt. Wie er ihr den Hof machte! Wie romantisch! Rosen über Rosen für Sangeeta, und Liebesbriefe gingen hin und her! Obwohl sie in derselben Stadt wohnten, schrieben sie sich jeden zweiten Tag, und an den anderen Tagen gingen sie mit elterlicher Erlaubnis gemeinsam aus. Obwohl ich eine solche Romantikerin war, konnte ich mir nicht vorstellen, was sie einander eigentlich noch schreiben mochten, wo sie sich doch so oft sahen. Redeten sie nicht miteinander? Mein lustvolles Schmachten an der Seite meiner Romanheldinnen war nichts im Vergleich zu dem Entzücken, das mir die Liebesgeschichte meiner Schwester bereitete. Doch weil ich entsetzlich schüchtern war, wagte ich kaum, mit Nikhil oder seinem Bruder Abhinay zu reden, der in Sangeetas Alter war und beinahe ebenso gut aussah wie Nikhil. Ihre Eltern waren nett zu mir. Sie tätschelten mir den Kopf und sagten, ich sei ein höfliches, braves Mädchen. Das stimmte vollkommen, denn da ich schüchtern war, konnte ich gar nicht anders, als brav und höflich sein. Außerdem, was hätten sie sonst schon Gutes über mich sagen können? Ich war weder hübsch noch charmant noch elegant. Sangeeta dagegen war all das. Sie brachte mich mit ihrem Geplauder zum Lachen, gab mir ihre alten Lippenstifte und ließ mich ihre Seidensaris befühlen. Sie kochte mir meine Lieblingsgerichte und erzählte mir von den aufregenden Abenteuern ihrer Welt – der Welt der Erwachsenen. Sie schenkte mir Bücher, meistens solche, für die ich schon zu groß war, aber das spielte keine Rolle. Sie lebte in vollen Zügen und war fast immer glücklich. Sie war der Meinung, Geld sei zum Ausgeben da und das Leben zum Genießen, und beidem gab sie sich ausgiebig hin. Wenn sie zu Hause war, legte ich gern mein Buch aus der Hand; dann hatte ich nur noch Augen und Ohren für sie. Sie war die schönste Frau, die ich je gesehen hatte, und ihre Augen funkelten immer vor Lachen. Ganz anders als meine, die immer traurig und verloren dreinblickten. Gott weiß warum, denn damals gab es für mich noch gar keinen Grund zum Traurigsein.

In jener Nacht wiegten Sangeeta und ich uns gegenseitig in den Schlaf. Das heißt, ich glaube nicht, dass sie schlief, aber ich schon, tief und fest, wie Kinder schlafen. Als ich aufwachte, machte sie gerade ihre sechs Koffer zu.

Und so wurden sie spät in der Nacht getraut, zu jener glückverheißenden Uhrzeit, die der *Pandit* geweissagt hatte. Der *Pandit* sang die *Shlokas*, die keiner verstand, und unter dem mit gelben Ringelblumen geschmückten Baldachin zwischen grün, rot und weiß bemalten *Matkas* – Wasserkrügen – ging meine Schwester mit Nikhil siebenmal um das heilige Feuer herum. Abhinay saß hinter Nikhil, ich hinter Sangeeta, und als ich weinte, tätschelte Abhinay mir die Hand. Ich packte plötzlich seinen Finger und verdrehte ihn nach hinten, und hätte er ihn nicht schnell weggezogen, in einem Reflex von Schock und Schmerz, hätte ich ihm den Finger wohl gebrochen. Keiner merkte es, und ich schluchzte weiter, zusammen mit all den anderen weinenden Frauen.

Am Tag nach der Hochzeit kamen Sangeeta und Nikhil nach Hause. Sie trug einen grünen seidenen Sari mit magentarotem Saum, dazu Ohrstecker aus Rubin, er ein makellos weißes *Pajama-Kurta*-Gewand. »Wie für einander geschaffen«, genau wie in der Zigarettenreklame, und ich dachte, alles in Ordnung, ach, jetzt ist alles in Ordnung, unglaublich erleichtert. Dann sah ich Sangeetas ausdruckslose, glanzlose Augen. Wir setzten uns alle in den Gebetsraum, und meine Mutter führte eine kurze *Puja*-Zeremonie durch. Danach aßen wir, und während meine Eltern sich mit Nikhil unterhielten, führte meine Schwester mich in unser Zimmer, setzte sich aufs Bett, ließ mich zu ihren Füßen niedersitzen und begann zu sprechen, das Gesicht von mir abgewandt, mit einer flachen, ausdruckslosen, zwanghaften Stimme. Nikhil hatte sie gestern Abend nicht angerührt. Sie war vor ihm zurückgezuckt, und er hatte diese Reaktion einer ganz natürlichen ängstlichen Scheu zugeschrieben. Er hatte ihr über die Stirn gestrichen und gesagt, sie solle sich ruhig Zeit lassen. Sie aber hatte zitternd vor Abscheu die ganze Nacht wach gelegen. Ihr wurde schlecht beim Gedanken an Nikhil, er war ihr widerlich. »*Didi*«, sagte ich. *Didi* – große Schwester. »*Didi*, bitte, nicht.« Sangeeta schaute immer noch von mir weg und fragte: »Weißt du, was Abhinay gemacht hat?« – »Nein«, gab ich zu und wollte aufstehen, aber sie stieß mich auf den Boden zurück und beschrieb mir die Vergewaltigung in allen Einzelheiten, und als ich sie ganz zum Schluss blutend auf dem kalten Boden liegen sah, hätte ich mich fast erbrechen müssen. Da kam meine Mutter ins Zimmer und Sangeeta setzte eine andere Miene auf. Sie sah jetzt wieder wie die Schwester aus, die ich kannte, und umarmte mich.

Im Monat darauf zog Abhinay bei den beiden ein. Er brauchte einen Tutor, der ihm bei der Vorbereitung auf sein Wirtschaftsprüferexamen half, und Nikhil, der fertiger Wirtschaftsprüfer war, würde das übernehmen. Nikhils und Abhinays Mutter freute sich und sagte liebevoll, nun habe Abhinay eine *Bhabi*, eine Schwägerin, die für ihn koche und ihn versorge. Als meine Schwester bei ihrem nächsten Besuch davon erzählte, verschattete sich das Gesicht meiner Mutter missbilligend. Das sei ungesund, bemerkte sie zu meinem Vater, nachdem Sangeeta weg war. Wenn Nikhil zur Arbeit ging, würden Sangheeta und Abhinay den ganzen Tag allein zu Hause sein – das sei ungesund. Mein Vater räusperte sich beunruhigt.

Ich hatte Angst um meine Schwester und quälte mich gleichzeitig mit Schuldgefühlen wegen meines Verhaltens ihr gegenüber. Wenn sie heimkam, vermied ich es inzwischen, mit ihr allein zu sein, und wenn meine Eltern sie besuchten, weigerte ich mich mitzukommen. Wenn Sangeeta zu Besuch kam, saß ich mit allen anderen im Wohnzimmer und ging nicht auf ihre Bitte ein, ihr meine Bücher zu zeigen. Die neueste Entwicklung entsetzte mich zutiefst, und so ging ich zum Tempel in unserer Nachbarschaft und betete. Ich versprach den Göttern, wenn sie das mit meiner Schwester in Ordnung brächten, würde ich ihnen meine künftige Ehe opfern und niemals heiraten. Ich würde auf einen Ehemann, einen so wunderbaren Mann wie Rochester, verzichten. Das reichte nicht, nein. Ich betete und bot an, wenn ich mein Liebstes opfern müsse, um alles zu ändern, dann würde ich meine Bücher opfern; nicht alle Bücher (ich ging ja noch zur Schule), aber die Romane. Ich würde aufhören, Romane zu lesen, und zwar von heute an. Ich warf mich vor Ganesh, Lakshmi, Saraswati und Hanuman zu Boden, und nachdem ich sie alle mit Kokosnüssen beschwichtigt hatte, ging ich heim.

Die Zeit stand still. Da ich nicht lesen durfte, hatte ich überhaupt nichts mehr zu tun. Es waren Schulferien, und meine einzige Freundin war zu ihren Großeltern gefahren. Bis zum nächsten Abend war die Langeweile fast unerträglich geworden. Ich konnte nicht ohne meine Bücher leben, aber ich konnte auch mein den Göttern gegebenes Gelübde nicht brechen. Was sollte ich tun? Ich vertilgte eine Packung Süßigkeiten aus dem Kühlschrank, starrte gierig auf ›Jane Eyre‹, die ich mitten im dritten Durchgang abgebrochen hatte (warum nur hatte ich vor dem Gelübde nicht wenigstens dieses Buch noch ausgelesen?) und schwelgte in Phantasien über einen ganzen Tag in der Bücherei. Ich stand lange vor dem Bücherregal in meinem Zimmer, schloss die Augen, nahm aufs Geratewohl irgendein Buch heraus, schlug es auf und sog in tiefen Zügen diesen Geruch ein, von dem mir bis heute vor Spannung und Vorfreude ganz kribblig wird. Daran schnuppern hieß ja nicht, mein Gelübde brechen. Dann stellte ich das Buch hastig zurück, ging in die

Bücherei unseres Viertels und vergewisserte mich, dass ich die meisten Bücher schon gelesen hatte und keines ein zweites Mal lohnte. Mit ungestilltem Verlangen und den Tränen nahe kehrte ich nach Hause zurück. Mein Vater war inzwischen heimgekommen und hatte mir einen schweren Karton mitgebracht. Ich machte ihn auf. Er war bis zum Rand mit Büchern gefüllt. »Alle gebraucht«, erzählte mein Vater glücklich. »Ich konnte diesem Schnäppchen für mein kleines Mädchen einfach nicht widerstehen.« – »Aber«, warf meine strengere Mutter ein, »nur eins auf einmal und nicht mehr als eins am Tag, sonst bekommst du noch geistige Verstopfung. Such dir eins aus«, forderte sie mich auf, »und den Rest schließt du erst einmal weg«, trug sie meinem Vater auf. Sie wusste genau, dass Bücher für mich wie Drogen waren, und irritiert von dem Zustand der Benommenheit, in den meine Leseräusche mich versetzten, genehmigte sie mir immer nur die kleinstmögliche Dosis.

Mit Tränen in den Augen und abgewandtem Gesicht sagte ich: »Nein. Ich möchte nicht lesen. Ich bin zu groß für Bücher.«

»Du übst dich wohl gerade in Sarkasmus«, gab meine Mutter zurück. »Aber deswegen bekommst du trotzdem nicht mehr als eins.«

»Ich will überhaupt keins«, entgegnete ich und ging in mein Zimmer, verarmt und gebrochen. Mein Vater kam mir nach und setzte sich besorgt neben mich. »Geht es dir nicht gut? Fehlt dir deine Schwester?«

Meine Schwester. Meine Schwester. Ich hatte meine Schwester ganz vergessen. Meine Schwester. Ich heulte laut los, und wie durch ein Wunder trat in diesem Moment Sangeeta ins Zimmer. Ich packte den Schultertuchzipfel ihres Saris. »Komm wieder nach Hause«, weinte ich. »Geh nicht zurück. Komm nach Hause.« Ich zerrte an ihr, bis ihr Sari an der Schulter zerriss, und schrie: »Ich lass dich nicht mehr zurück, ich lass dich nicht mehr zurück.« Meine Mutter vergaß die Bücher und wiegte mich in ihren Armen. Dann umarmte Sangeeta mich und flüsterte mir ins Ohr: »Wenn du irgendwas verrätst, streite ich es ab, dann rede ich nie wieder mit dir, dann bin ich fertig mit dir.«

Als ich schließlich aus meinem Zimmer kam, tätschelte Nikhil mir verwirrt die Schulter und schenkte mir Schokolade. Beim Essen waren alle still; meine Eltern waren immer noch erschrocken über mein nie dagewesenes Benehmen. Ich ging sofort nach dem Essen zu Bett. Sangeeta folgte mir und setzte sich auf die Bettkante. »Nein«, sagte ich, »*Didi*, nicht.« Den Kopf abgewandt erzählte sie mir, dass Abhinay sie jeden Vormittag vergewaltigte, wenn Nikhil zur Arbeit gegangen war, und nachts vergewaltigte Nikhil sie.

»Nein, *Didi*, hör auf.«

»Abhinay macht es jeden Tag. Jeden. Und wenn Nikhil nachts mit Abhinays Tutorium fertig ist, macht er dasselbe. Nur braucht Nikhil zehnmal so lang dafür, weil er geduldig sein will, aber es tut mir immer weh, immer, es ist ganz egal, wie er es macht ... ganz egal. Nikhil mit seiner Geduld tut mir einfach nur länger weh, ich verabscheue ihn, ich ...«

Ich steckte mir die Finger in die Ohren. Sangeeta wandte sich mir zu und zog meine Finger weg. Sie hielt meine Hände fest und zischte: »Hör zu, *hör zu.«* Dann, noch immer ihre Hände um meine, fuhr sie fort: »Nikhil findet, ich hätte mich verändert. Er sagt, ich hätte meine Spontaneität verloren, meine Herzlichkeit, alles. Er sagt, dass er mich nicht versteht.« Sie verstummte, beinahe wehmütig. Ich stand auf und ging ins Wohnzimmer.

Als Sangeeta und Nikhil weg waren, fragte ich meine Mutter, wie lange man den Göttern etwas opfern müsse, damit sie einem einen Wunsch erfüllten. »Mindestens ein Jahr«, antwortete sie und dann, mit einem Seufzer: »Und manchmal passiert es auch nie.« Meine Mutter tat zahllose

Fastengelübde und verzichtete ständig auf den Nachtisch oder Fleisch oder irgendetwas, was sie gern mochte. All das war Teil der Abkommen, die sie mit den Göttern schloss. Warum sie denn dann nicht damit aufhöre, fragte ich, wenn die Götter den Wunsch nie erfüllten? »Wie könnte ich aufhören«, gab sie zurück, »nach so vielen Jahren?«

Also nahm ich ›Jane Eyre‹ vom Regal und verschlang das Buch zum dritten Mal. Ich bat meinen Vater um die Bücher, die er für mich besorgt hatte, ließ mich völlig gehen und fraß mich in einer einzigen Woche durch vierzehn Romane. »Es sind Sommerferien, also mach doch, was du willst«, rief meine Mutter aufgebracht.

Danach kam Sangeeta noch dreimal nach Hause, und jedes Mal glänzte ihr Sari bunter als das Mal davor. Ich saß dann wie festgewachsen auf meinem Stuhl im Wohnzimmer, beim Rest der Familie, und ging nicht auf ihre Bitten ein, im Schlafzimmer mit ihr zu reden. »Böses Mädchen«, sagte sie einmal schmollend. »Du hast deine Schwester nicht lieb.«

»Geh doch und unterhalte dich mit deiner Schwester«, sagte meine Mutter. »Du brauchst nicht bei uns zu sitzen.« Ich brach in Tränen aus: »Alle kommandieren mich ständig nur rum«, sagte ich, was durchaus nicht stimmte. Nikhil, der gute Nikhil, zog ein Schokotäfelchen hervor, gab es mir und sagte: »Um Himmels willen, lasst sie in Ruhe.« Ich sah seinem Gesicht an, wie unglücklich er war, und ich bemerkte mehr als einmal, wie er meine Schwester verwirrt anblickte. Sie redete immer pausenlos, wenn sie zu Besuch kam, mit ausladenden Gesten und klimpernden Armbändern, und sie konnte überhaupt nicht mehr zuhören. Meine Eltern fanden das anscheinend in Ordnung, und meine Mutter bemerkte einmal, Sangeeta sei nach ihrer Heirat sogar noch gesprächiger geworden.

Dann kam meine Schwester eine Zeit lang gar nicht mehr

nach Hause, wohl zwei Wochen lang. Eines Nachts wachte ich schreiend auf, aus einem Alptraum, in dem sich die Klänge der *Shehenai*-Hochzeitsmusik mit dem Stöhnen meiner Schwester vermischten. Ich sah sie, mit gelben Blumen bedeckt, tot zwischen Nikhil und Abhinay liegen. Als ich aufwachte, standen meine Eltern an meinem Bett, und voller Angst rief ich den Namen meiner Schwester aus. »*Didi* ist tot«, sagte ich zu meinen Eltern. »*Didi* ist tot.« Meine Mutter hielt mich im Arm, während ich zitterte und schluchzte, und mein Vater blickte verwirrt drein.

Am nächsten Vormittag luden meine Eltern die jüngste Schwester meiner Mutter zum Essen ein. Mala *Mousi* war Gynäkologin, und meine Eltern führten meine Hysterie zweifellos auf irgendein unbestimmtes, nicht recht ausgesprochenes Problem zurück. Vielleicht dachten sie, es sei der Hormonumschwung der Pubertät und meine erste Monatsblutung kündige sich allmählich an. Vielleicht glaubten sie, ich sei irgendwie neidisch auf die märchenhaft schöne Hochzeit meiner Schwester und wünschte ihr den Tod, unter meiner gelassenen Oberfläche lägen unterdrückte Wut und Aggression verborgen. Ihnen war aufgefallen, dass die Veränderung nach Sangeetas Hochzeit eingetreten war, doch wie es für sie typisch war, vermieden sie es, ein so heißes Eisen anzupacken, und übergaben mich Mala *Mousi.* Tante Mala war dreißig und damit zwölf Jahre jünger als meine Mutter. Sie war schlank und attraktiv, hatte selbstbewusste, scharfe Gesichtszüge, kurzes, dunkles Haar, einen direkten Blick und eine so schmale, gerade Nase, dass ich jedes Mal, wenn ich sie sah, vor Neid erblasste. Sie war munter, forsch und bissig, und jeder in meiner Verwandtschaft, einschließlich meiner Mutter, hatte ein bisschen Angst vor ihr. Sangeeta fand sie ungemein einschüchternd – allzu direkt, allzu energisch, allzu offen und viel zu unabhängig. Mala *Mousi* hatte zu viele scharfe Kanten, fand meine

Schwester, und verströmte längst nicht so viel kuschelweiche Zuneigung wie unsere anderen Tanten. Sie fand Mala *Mousis* Bemerkungen zu scharfsinnig, ihre Ansichten schockierend und ihre Haltung einfach zu ernsthaft, denn wie sollte man so das Leben genießen? »Sie denkt zu viel nach«, hatte Sangeeta oft zu unserer Mutter gesagt. »Dieses ganze Philosophieren ist doch Quatsch. Sie weiß gar nicht, wie man sich amüsiert. Und wozu soll denn das ganze Lesen und Nachdenken gut sein, wenn sie immer noch nicht verheiratet ist?« Denn Mala *Mousi* war mit dreißig noch alleinstehend und schien, zu meinem Entsetzen wie zu meiner Bewunderung, überhaupt nicht darunter zu leiden. Auch Mala *Mousi* liebte das Leben, aber auf eine andere Art als meine Schwester. Auf ernsthafte, nachdenkliche und stille Art. Angesichts ihrer zwei aufgelösten Verlobungen, ihres ständigen Kampfs um Freiraum und Unabhängigkeit und der Tatsache, dass sie allein lebte und ihre Familie sie deswegen unausgesetzt bedauerte, war mir ihr Optimismus unverständlich. All diese Widrigkeiten schienen Mala *Mousi* jedoch nicht im Geringsten zu bedrücken. Sie ging ziemlich rücksichtslos mit ihren Schwestern um und erinnerte sie in regelmäßigen Abständen daran, dass sie die Einzige sei, die ihre gute Ausbildung nicht aufs Kochen verschwende. Ich konnte meine Liebe zu den Büchern mit ihr teilen, da auch sie unersättlich las. Sie hörte mir immer aufmerksam zu, behandelte mich nie wie ein Baby, und wenn ich fragte, unterhielt sie sich auch gern mit mir über Themen wie Gott und das Universum und den Platz, den der Mensch darin einnimmt. Sie erklärte mir, sie glaube nicht an Gott und schon gar nicht an Himmel und Hölle, und ich gab mir größte Mühe, diese Enthüllung mit Gleichmut zu schlucken. Ihrer Meinung nach gab es Himmel und Hölle nur auf der Erde, doch wie sehr ich mich auch abmühte, ich konnte das einfach nicht begreifen. In der Klosterschule, die ich besuchte, waren Himmel und Hölle reale Orte, an denen man nicht vorbeikam, und ich war mir sicher, irgendwann im Fegefeuer zu landen, da ich dauernd sündigte, indem ich verbotene Bücher las. In der Schule hatten wir unseren christlichen Gott, zu Hause unsere Hindugötter, und es fiel mir nicht schwer, an beides zu glauben. Wenn die Nonnen uns von den Wundern Jesu erzählten, steuerte ich meinerseits Krishnas Wunder bei, denn ich liebte beide von ganzem Herzen, und dann hörten die Nonnen mir geduldig und belustigt zu. Ich liebte die Bibel fast so sehr wie das *Ramayana* und das *Mahabharata*, denn all diese Geschichten bewegten mich tief und entlockten mir gleichermaßen unvermeidlich Tränen. Ich weinte, wenn der göttliche Rama seine schwangere Frau verstieß. Ungerecht, gemein. Und das nur, weil er zufällig ein Gespräch belauscht hatte, in dem einer seiner Untertanen Sitas Reinheit in Frage stellte. Nur, weil er, der König, seinen Untertanen zeigen wollte, dass ihre Meinung ihm wichtig war. Und so schickte er seinen Bruder Lakshman mit Sita los, ohne ihr etwas zu sagen und obwohl sie schwanger war, damit er sie in die Wälder führte und dort allein und schutzlos zurückließ. »Wie *konnte* er nur, Ma, wie *konnte* er das tun?«, rief ich jedes Mal aus, wenn sie mir die Geschichte erzählte. Einmal bekam mein Vater das mit und sagte: »So sind die Götter, zu denen wir beten.« Ich weinte auch um Draupadi, die von ihren fünf Ehemännern, den Pandavas, zusammen mit dem Königreich an ihre Feinde, die Kauravas, verspielt worden war. Ich weinte, als Duryodhana dem Dussasana befahl, Draupadi nackt auszuziehen, und ich weinte, als Dussasana vor dem ganzen Hof an ihrem Sari zerrte, während ihre fünf Ehemänner hilflos zusahen. »Wie *konnten* sie nur, Ma«, schrie ich. »Wie *konnten* ihre Männer so etwas tun?« Meine Mutter erzählte dann von Draupadis Schwur, dass sie ihr Haar eines Tages in Dussasanas Blut waschen werde, und von ihrem Gelübde, bis dahin ihr Haar weder zu binden noch zu bürsten. Dann seufzte ich vor Spannung und Wut. Und mein Vater, der auch dies mit angehört hatte, erklärte erneut, wie sehr die Männer in unseren Mythen ihm missfielen. Das *Ramayana* und das *Mahabharata* quollen über von wild verschachtelten Erzählungen über Leidenschaft, Intrigen, Rache und Vergeltung – wobei natürlich letzten Endes immer das Gute über das Böse siegte. Diese Geschichten mussten wahr sein, überlegte ich mir, zweifellos wahr, denn wer könnte so viel Phantasie haben, sich all das auszudenken?

Mala *Mousi* hatte nicht nur umstürzlerische Ansichten, sondern rauchte auch noch, was meine Eltern schlimm und peinlich fanden. »Anständige Frauen rauchen nicht«, sagte mein Vater manchmal zu meiner Mutter, und hin- und hergerissen zwischen Zustimmung und dem Wunsch, ihre jüngste Schwester zu verteidigen, erwiderte meine Mutter dann gar nichts. Mala *Mousi* trank sogar gelegentlich Alkohol, und beides hatte bei ihr so viel Stil, dass ich oft in meinem Zimmer saß und jede ihrer Bewegungen nachahmte: Wie sie elegant die schlanke Hand hob, die lässige Geste, mit der sie die Zigarette zwischen zwei Fingern hielt, und wie sie mit ihren magentaroten Lippen ganz cool den Rauch ausatmete. Ich hätte sie so gern beeindruckt und ihr gezeigt, dass auch ich radikale Ansichten äußern könne. Aber ich tat es nicht. Ich stritt mich nicht einmal mit meinen Eltern, denn außer dass ich gern mehr gelesen hätte, gab es nichts zum Streiten.

Jawohl, Mala *Mousi* faszinierte mich. Doch ich wollte nicht so werden wie sie, denn das hätte bedeutet, auf einen Mann und Babys zu verzichten, und beides wollte ich haben. Allerdings liefe das wohl darauf hinaus, wie meine Mutter zu werden, die geheiratet und Kinder bekommen hatte und die jetzt dick, beruhigend, akribisch, liebevoll, pragmatisch und kein bisschen aufregend war. Man fühlte sich bei ihr geborgen und man fühlte ihre Unzufriedenheit. Und jede verheiratete Frau, die ich in meiner Umgebung sah, war wie meine Mutter – nicht einmal ein Hauch von Romantik. Gab es denn keinen Mittelweg?

Vor dem Mittagessen zogen Ma und Mala *Mousi* sich ins Elternschlafzimmer zurück, und viele Jahre später erfuhr ich, wie ihr Gespräch ungefähr verlaufen war:

Ma: Geeti hat ernsthafte Probleme. Ich weiß mir bei ihr nicht mehr zu helfen.

Mousi: Rede mit ihr. Sprich sie darauf an.

Ma: Vielleicht hat sie ja ihre Regel bekommen und weiß nicht, wie sie sich verhalten soll?

Mousi: Frag sie doch.

Ma: Du bist Gynäkologin. Untersuche sie.

Mousi: Was soll denn das heißen, untersuche sie! Sie ist deine Tochter, Himmel noch mal, und die Regel kriegen ist keine Krankheit. Das arme Kind.

Ma: Mala, *Beti*, bitte, rede mit ihr.

Mousi: Didi, du verhältst dich vollkommen unverantwortlich. Das arme Kind braucht dich, nicht mich.

Ma: Mala, *Beti*, ich glaube, dass Sangeetas Hochzeit sie vollkommen verstört hat.

Mousi: Warum denn das?

Ma: Sie verhält sich so eigenartig – sie weint grundlos und gestern hat sie geträumt, dass Sangeeta tot ist. Meinst du, sie wünscht sich ihren Tod?

An dieser Stelle brach meine Mutter in Tränen aus. Und Mala *Mousi* hielt ihr einen Vortrag über ihre Verklemmtheit, ihre Dummheit und ihre absolute Unfähigkeit, meine Einsamkeit zu sehen.

»Aber ich war doch gar nicht einsam«, widerspreche ich

heute, zwanzig Jahre später. »Ich kann mich nicht erinnern, je einsam gewesen zu sein.«

»Unsinn«, entgegnet Mala *Mousi.* »Du warst eine Einzelgängerin und hattest praktisch keine Freundinnen. Du hattest dich so in deine Bücherwelt vergraben, dass dir der Kontakt zur realen Welt völlig verloren gegangen war. Und dir war absolut nicht bewusst, welch grauenhafte Bürde deine selbstsüchtige Schwester dir aufgeladen hatte.«

»Sie hatte sonst niemanden«, entgegne ich. »Keine Menschenseele.«

»Sie hatte deine Eltern«, sagt Mala *Mousi.* »Sie hatte eine Wahl. Aber sie hat lieber ihre qualvolle Lage hingenommen und dich als Vertraute missbraucht.« Plötzlich werden ihre Augen feucht und sie flüstert: »Das arme Kind, arme, arme Geeti.«

Ich widerspreche erneut. »Sie hatte schreckliche Angst, dass keiner ihr glaubt oder ihr Verhalten versteht. Sie war sich überhaupt nicht bewusst, dass sie eine Wahl hatte.« Für Mala *Mousi* ist immer alles so glasklar. Mala *Mousi* sagt: »Deine geliebte Schwester war schwach. Sie hat ihre Heimsuchung voll und ganz akzeptiert, und das hat sie zur Masochistin gemacht.«

Aber damals, vor zwanzig Jahren. Der Vortrag, den Mala *Mousi* meiner Mutter hielt, und dann das angespannte Schweigen beim Mittagessen ... Nach dem Mittagessen bat Mala *Mousi* mich, ihr von den Büchern zu erzählen, die ich gerade las. Wir gingen in mein Zimmer, und mitten in meinem Bericht über Jane Eyres traurige Kindheit geriet ich ins Stocken.

»Irgendetwas macht dir zu schaffen, Geeti«, sagte Mala *Mousi.*

»Nein«, leugnete ich, denn wenn ich es zugäbe, würde meine Schwester sterben.

»Hast du deine Regel schon bekommen?«

Ich wurde rot. »Nein.«

»Weißt du, warum eine Frau sie bekommt?«

»Ja«, antwortete ich möglichst ungezwungen. »Wenn eine Frau ihre Regel hat, kann sie Kinder bekommen.«

»Richtig«, gab sie zurück, und dann klärte sie mich über den Körper und die Fortpflanzungsorgane von Frau und Mann auf. Danach unterrichtete sie mich über den sexuellen Akt, was mir entsetzlich peinlich war, obwohl sie ihre Erklärungen sehr schön biologisch aufzog.

Als sie geendet hatte, sagte ich: »Ich wette, du weißt nicht, wie schrecklich *weh* es tut.«

»Unsinn«, erwiderte meine Tante.

»*Ich* weiß es«, erklärte ich. »*Du* weißt es nicht.«

»Stimmt«, gab Mala *Mousi* zu. »Ich weiß es tatsächlich nicht. Am besten erklärst du es mir.«

»Wenn du heiratest, wirst du bald Bescheid wissen«, antwortete ich traurig.

»Aber du bist nicht verheiratet, Geeti. Woher weißt du es denn?«

»Ich kenne Leute, die verheiratet sind, *Mousi* – Freundinnen«, fügte ich rasch hinzu.

»Und was haben deine verheirateten Freundinnen dir erzählt?«

»Ich habe eine verheiratete Freundin, deren Schwager sie zwei Tage vor der Hochzeit vergewaltigt hat«, erklärte ich.

»Und dann?«

»Dann ist ihr Schwager mit bei ihnen eingezogen, und jetzt vergewaltigt ihr Schwager sie vormittags und ihr Mann vergewaltigt sie nachts.«

Ich bemerkte, dass Mala *Mousis* Hände zitterten. Sie sagte: »Geeti, mein Kind, ist diese Frau deine Schwester?«

Ich antwortete nicht. Meine Kehle war wie zugeschnürt. Mein erschrecktes Gesicht war Antwort genug. »Sag es bitte nicht Ma«, bat ich.

Mala *Mousi* nahm meine Hände in ihre. »Geeti, Liebes, vertrau mir. Glaubst du mir, dass ich niemals etwas tun werde, was deiner Schwester schadet?«

»Ja«, flüsterte ich, und meine Tränen flossen.

Sie wischte mir die Tränen weg und sagte: »Wir müssen es deiner Mutter und deinem Vater sagen.«

»Nein.«

»Doch. Sie werden deine Schwester nach Hause zurückholen. Dort kann ihr nichts mehr geschehen. Keiner tut ihr mehr weh. Sie werden sie nicht mehr dorthin lassen. Und was immer passiert, ich lasse dich niemals im Stich.«

»Versprichst du's mir? Hand aufs Herz!«

»Hand aufs Herz«, sie führte die Geste aus. »Ich verspreche es dir.«

»Ma erträgt das nicht«, sagte ich. »Sie wird einen Anfall bekommen.« Mala *Mousi* drückte mir die Hand. »Aber Daddy«, sagte ich, »wird stark und tapfer sein. Er ist«, ich kämpfte um Worte, »unverwundbar.«

Eine Zeit lang saßen wir schweigend beieinander. Mala *Mousi* hatte den Arm um mich gelegt und streichelte mir die Stirn. Ich hatte ein Gefühl des Friedens und der Erleichterung, das ich davor und danach so nie wieder erlebt habe. Dann blickte ich auf und sah, dass Mala *Mousi*, meine starke, nüchterne Tante Mala, stumm weinte. Die Angst packte mich erneut, mir wurde ganz schwindelig, und ich blickte sie so voller Entsetzen an, dass sie meine Augen mit der Hand bedeckte. »Sangeeta wird nichts passieren«, sagte sie. »Ich weine deinetwegen.«

Ich seufzte tief auf und lächelte dann. »Mit *mir* ist alles in Ordnung«, sagte ich. Ich blickte zu ihr auf. »Siehst du, alles in Ordnung.«

Das glaubte ich damals wirklich.

Und so rief Mala *Mousi* meine Eltern zu uns in mein Zimmer und erzählte es ihnen. Ich wartete darauf, dass Ma in

Tränen ausbrechen und laut jammern und klagen würde, aber sie blieb still. Sie lehnte schlaff im Stuhl, die leichten Falten um ihren Mund plötzlich tiefer, die großen Augen blicklos. Mein Vater war derjenige, der weinte, nicht lautlos, wie ich das von Männern erwartet hatte, sondern laut und unkontrollierbar schluchzend. Der Anblick war so unmöglich und so unerträglich, dass ich spürte, wie meine Welt unwiderruflich in sich zusammenbrach.

Mala *Mousi* half mir meinen Koffer packen, und dann ging ich für eine Woche mit zu ihr. Sie sagte, meine Eltern würden meine Schwester nach Hause holen, und da sei es besser für mich, ein paar Tage bei ihr zu bleiben.

An jenem Abend erzählte sie mir unendlich behutsam, meine Schwester sei im Schlaf gestorben.

Nach dem ersten Tränensturm lag ich in ihren Armen und sagte: »Bestimmt ist ihr das Herz gebrochen, und deswegen ist sie gestorben.« Bei der Einäscherung durfte ich nicht dabei sein, und auch Mala *Mousi* nahm nicht daran teil, sondern blieb bei mir und hielt mich während meiner Weinkrämpfe fest umarmt.

Sangeeta ist nicht im Schlaf gestorben, und natürlich auch nicht an gebrochenem Herzen. Das fand ich vier Jahre später heraus, und auch dann nur, weil meine kleine Cousine, ein nervtötendes und sehr frühreifes Kind, unbedingt wollte, dass ich ihr eine Geschichte erzählte. Ich steckte aber mitten in einem Buch und hatte nicht die geringste Lust, ihr den Gefallen zu tun. Da sagte sie: »Ich wette, keiner hat dir erzählt, dass Sangeeta *Didi* sich am Deckenventilator aufgehängt hat.«

Ich legte mein Buch weg.

»Ich wusste doch, dass ich dich dazu kriege, dass du nicht mehr in diesem blöden Buch liest«, krähte sie.

Ich starrte sie an.

Sie grinste. »Und bevor sie sich umbrachte, hat sie Abhinay … sein *Dings* abgeschnitten, und er ist verblutet.« Es war ihr peinlich, dass sie Abhinays »Dings« erwähnt hatte, und sie kicherte mit vor den Mund gelegter Hand los.

Sie wussten alle Bescheid, alle, alle wussten sie Bescheid, unsere Verwandten, unsere Nachbarn und die ganze Stadt, in der wir gelebt hatten und aus der wir einen Monat nach Sangeetas Tod weggezogen waren. Sie wussten alle Bescheid, denn die Geschichte hatte für Schlagzeilen in der Lokalpresse gesorgt, und Polizisten, Reporter und Neugierige waren wie Flutwellen gegen unsere Haustür angebrandet. Während dieser ganzen Zeit war ich bei Mala *Mousi*, las weder Zeitungen noch traf ich Bekannte, und kurz danach zog ich mit meinen Eltern in eine andere Stadt, die so weit entfernt lag, dass unsere Verwandten nicht mehr einfach bei uns vorbeikommen konnten. Alle wussten, was meine Eltern vorgefunden hatten, als sie bei Sangeeta eintrafen (die Haustür war nicht verriegelt): Sangeeta hing vom Deckenventilator herunter, und Abhinay lag unten am Boden, dicht bei der Tür.

Wie hatte sie es gemacht? Vermutlich als er schlief, den erschöpften Schlaf des Befriedigten. Er hatte sich sicher gefühlt, weil er wusste, dass Nikhil eine ganze Woche lang beruflich verreist war. Danach hatte sie offensichtlich die Schlafzimmertür verriegelt und zugesehen, wie er versuchte, sich zur Tür zu schleppen und dabei zusammenbrach. In der Nachricht, die sie für mich hinterließ, stand: »Heute hat Abhinay mich zum zweiundfünfzigsten Mal vergewaltigt. Ich bin schwanger. Ich höre, wie er stirbt, und dieses Geräusch gefällt mir.« Hatte sie dann den Zettel auf den Tisch gelegt und mit zusammengelegten Händen geduldig gewartet, bis Abhinay tot war? Oder hatte sie ihm, als er schreiend versuchte, sich zur versperrten Tür zu schleppen, flüsternd von den zweiundfünfzig Malen gesprochen?

Auf dem Nachttisch stand eine Flasche mit heiligem Ganges-Wasser. Das hatte sie getrunken, bevor sie auf den Stuhl stieg.

Mala *Mousi* war schließlich diejenige, die mir all das erzählte. Als ich meine Eltern zur Rede stellte, war das völlig hoffnungslos. Meine Mutter stand an die Küchenwand gelehnt da und schüttelte mit tränennassem Gesicht den Kopf. Ich nahm ihr Gesicht zwischen beide Hände, um sie zu zwingen, mich anzusehen; sie aber richtete die Augen, aus denen ununterbrochen Tränen strömten, zur Decke. Dann ging ich zu meinem Vater, der auf der Veranda saß. Er hatte mich gehört. Mit abgewandtem Gesicht sagte er heiser: »Stell mir keine Fragen.«

»Sag es mir«, schrie ich schrill. »Sag es mir!« Die Nachbarin spähte aus ihrer Tür und meine Cousine hockte verängstigt in einer Ecke der Veranda. Da ging ich ins Schlafzimmer meiner Eltern, öffnete die Sari-Truhe meiner Mutter und wühlte in den Falten ihrer Saris, bis ich das sorgfältig versteckte Geld fand: die einzigen Ersparnisse meiner Mutter, die sie jeden Monat vom Haushaltsgeld abzweigte. Ich zählte vierhundert Rupien in Zehn- und Fünfrupienscheinen ab. Am nächsten Tag fuhr ich mit dem Zug in die Stadt, wo Mala *Mousi* lebte, die Stadt, aus der wir vier Jahre zuvor weggezogen waren. Meine Eltern ließen mich ohne ein Wort des Widerspruchs fahren.

Mala *Mousi* erzählte mir außerdem, dass meine Eltern damals vor Trauer und Entsetzen vollständig zusammengebrochen seien und dass Nikhil sich eine Woche lang um sie gekümmert habe wie ein leiblicher Sohn. Nikhils Eltern waren außer sich vor Kummer und Reue und akzeptierten den Tod ihres Sohnes als gerechte Vergeltung. Auch sie verließen irgendwann die Stadt. Mala *Mousi* zeigte mir einige der Frauenzeitschriften, in denen Artikel über Sangeetas Fall erschienen waren. In einem wurde sie mit Draupadi verglichen, die ihr Haar nach dem letztlichen Sieg der Pandavas im Blut ihres Demütigers wusch. Eine Frau, die mit stählerner Entschlossenheit ihr Gelübde erfüllte. Eine Besessene.

»Aber sie war keine Draupadi«, erklärt Mala *Mousi* heute, zwanzig Jahre später. »Sie hatte keinen Mut und kein Stehvermögen. Sie konnte weder mit sich noch mit anderen sorgsam umgehen.« Meine Tante, die mich so gut und mitfühlend behandelt, verschont weder meine Schwester noch meine Mutter mit ihrer Kritik. Sie sagt, meine Mutter habe sich in jeder Phase verantwortungslos verhalten. »Erst reicht sie dich an mich weiter, damit ich herausfinde, was dich so verstört hat, dann wendet sie sich nach Sangeetas Tod der Religion zu und dann weigert sie sich auch noch, dir die Wahrheit zu sagen, und überlässt es deiner frühreifen Cousine, es dir zu erzählen.«

Ich verteidige meine Mutter: »Es ist doch verständlich, dass sie bei diesem Thema aus dem Gleichgewicht gerät. Dass sie nicht so leicht darüber reden kann.«

Mala *Mousi* stöhnt. »Wahrhaftig nicht. Also bin ich beide Male für deine Eltern eingesprungen.« Sie stockt. »Sie lässt zu, dass ihre Kinder die Wahrheit durch lauter unglückselige Zufälle herausfinden müssen, so wie sie selbst bei ihrer Heirat. Man sollte meinen, aufgrund ihrer eigenen Erfahrung müsste ihr klar sein, was ihre Kinder brauchen, aber nein. Wusstest du, dass deine Mutter bei ihrer ersten Schwangerschaft beim Einsetzen der Wehen Medikamente gegen Bauchschmerzen genommen hat?« Befriedigt registriert sie meine entgeisterte Miene. Sie lässt nicht locker: »Sangeetas Zeugung war die eine große Zufallsentdeckung, ihre Geburt die andere.«

Mala *Mousi* besucht meine Eltern überhaupt nicht mehr. »Meine Schwester deprimiert mich«, sagt sie.

»Du bist doch sonst nicht für Euphemismen, *Mousi*«,

murmele ich, und sie lächelt widerstrebend. Meine Mutter deprimiert Mala *Mousi* nicht nur, sie macht sie rasend vor Wut. Meine Mutter ist inzwischen fanatisch fromm geworden und betet und meditiert sechs Stunden am Tag. Bei meinen Besuchen (die immer kürzer werden), höre ich jeden Morgen um vier ihr Bett knarren. Ich höre, wie sie ins Bad geht, sich wäscht, wieder herauskommt und sich anzieht. Dann wabert der Geruch von Räucherstäbchen in mein Zimmer. Treffe ich unerwartet bei meinen Eltern ein und sie ist gerade mitten im Gebet, kommt sie nicht heraus, um mich zu begrüßen, und ich sitze in meinem Zimmer und warte darauf, dass sie ihre *Puja* beendet. Unterdessen wuselt mein Vater, der noch immer nicht in der Lage ist, Tee zu kochen, um mich herum und meint, ich sei dünn geworden. Meine Mutter übt das Loslassen aller Bindungen, denn sie ist fest überzeugt, dass Bindungen nur Leid bringen. Wenn sie nicht gerade betet, erkundigt sie sich flüchtig nach meiner Arbeit als Chirurgin und nach meiner Trennung. Die Antwort hört sie sich dann oft gar nicht mehr an. Mein Vater, der immer irgendwie ein bisschen gläubig war, ist es sonderbarerweise geblieben. Hin und wieder schüttelt er den Kopf und sagt: »Man kann das Leben nicht verstehen«, und dann kommt: »Gottes Wege sind unerforschlich.« Mala *Mousi* meint, dass meine Mutter mit ihren Gebeten und mein Vater mit seinen Seufzern auch noch den letzten Rest ihrer Fähigkeit verloren haben, Verantwortung zu tragen und Entscheidungen zu treffen. Sie betrachtet das Geschehene als unvermeidliche Folge der Lebenseinstellung und des Verhaltens meiner Eltern. Sie sieht darin durchaus keinen Akt Gottes, dessen Wege unerforschlich sind, wie mein Vater meint, und auch keine Buße für in einem früheren Leben begangene Sünden, wie meine Mutter glaubt. Doch bei allem Geschimpfe und aller Intoleranz gegenüber meinen Eltern ist Mala *Mousi* eine äußerst optimistische Frau, und daher auch, so empfinde ich es, ungemein mutig. Sie beschwert sich nicht über das grausame Schicksal oder einen übelwollenden Gott, denn sie glaubt ja weder an das eine noch an das andere. Sie nimmt es hin, wenn in ihrem Leben etwas schief läuft, und ansonsten erledigt sie, was zu erledigen ist, holt Kinder ans Licht der Welt, hält ihren Garten in Ordnung und liest mit großer Hingabe.

Ob es denn keinen Mittelweg gäbe, hatte ich mich mit zwölf gefragt. Doch, es gibt einen. Ich bin der Mittelweg; es war nur eine Frage der Zeit. Die Zeit verging, und meine Nase wurde zarter, meine Augen – mit Hilfe von Kajal – größer, und mein Haar tatsächlich dichter und länger. Die Zeit verging, und die Pickel verschwanden spurlos, die Brüste wuchsen auf wundersame Weise, die Haare auf Armen und Beinen gingen aus – ich rückte ihnen mit Wachs zu Leibe, und meine Augenbrauen wölbten sich und rückten auseinander, weil ich sie sorgfältig zupfte. All das war nur eine Frage der Zeit ... einer Zeit, die nicht stagnierte wie die meiner Mutter, sondern die ganz und gar mir gehörte. Die Zeit verging, und ich wartete auf den Mann, der mein Rochester sein würde, mein Rhett Butler, mein Darcy, mein David, mein Sanjeevani, mein Lebensspender und Heiler. All diese Eigenschaften schrieb ich dem Mann zu, den ich schließlich heiratete, und ich wartete darauf, dass seine Augen sich mit Mitgefühl und Verständnis füllen würden, wenn ich ihm die Geschichte meines Lebens erzählte. Verrückt nannte er mich. Von einer fixen Idee besessen. Die Irre, so sprach er von meiner Schwester. Je weniger er mir zuhörte, desto lauter und schriller wurde ich. Als ich mich schließlich im Bett von ihm abwandte, sagte er, das müsse wohl in der Familie liegen.

Also kehrte ich zu Mala *Mousi* zurück. Sie hörte mir zu. Sie fragte nicht und verurteilte nicht. Ich redete über Sangeeta, meine Eltern, meinen Mann, ich schluchzte meine Träume und Phantasien heraus, meine Illusionen und die Realität. Als ich mit meinem Erguss fertig war, begann sie mit ihrem.

Ja, ich bin der Mittelweg. Weder verheiratet, dick, unzufrieden und fatalistisch wie meine Mutter, noch unverheiratet, kompromisslos und unabhängig wie Mala *Mousi.* Ich bin eine Frau, die sich vorläufig von ihrem verständnislosen und wütenden Ehemann getrennt und die alten Phantasien gegen neue eingetauscht hat – dem Wunsch nach Einfühlsamkeit, Zärtlichkeit und Gemeinschaft. In meinen Träumen schreibe ich all diese Eigenschaften meinem Mann zu, dränge sie dem Widerstrebenden auf, und ich will einfach nicht glauben, dass er so wenig mein Sanjeevani sein kann wie ich seine Gopi.

Und wie unter dem Einfluss einer fixen Idee kommen Mala *Mousi* und ich bei jeder unserer Begegnungen auf Sangeeta zurück. Mala *Mousi* kommt noch immer nicht über die verzweifelte Zwölfjährige oder die traumatisierte Sechzehnjährige hinweg, die sie damals in ihrer Obhut hatte. Sie redet darüber, als ginge es bei dem Kind nicht um mich, sondern um ein ganz anderes Mädchen zu einer anderen Zeit. Sie sagt, damals sei es ihr unerträglich gewesen und heute eigentlich auch noch. Manchmal spricht sie, ohne es zu merken, in der dritten Person von mir: »Das arme Kind«, sagt sie dann. »Das arme, arme Kind.« Es ist, als wäre Mala *Mousi* plötzlich die zwölfjährige Geeti und fasste deren Erfahrungen für mich, ihre zweiunddreißigjährige Freundin, in Worte. Als spräche sie all das aus, was die Zwölfjährige nicht sagen konnte. Dann bin ich an der Reihe, und ich werde zu Sangeeta, durchlebe jeden Tag und jede Nacht der Ehe meiner Schwester und lasse alles bis zum letzten, blutigen Tag noch einmal aufleben. Worauf ich stöhnend erkläre, dass ich vielleicht dankbar für meinen Mann sein sollte.

Mala *Mousi* regt sich darüber auf und schilt mich, weil das genau der Spruch sei, den man der typischen resignierten Ehefrau aufs Grab schreiben könnte, dieses: ›Andere sind noch schlimmer dran.‹

Mala *Mousis* Aphorismen waren zwar vernünftig, für mich aber allzu nüchtern, und ihre Lebensphilosophie, für sie ein Schutzschirm wie ein üppig grünender Banyan-Baum, war für mich wie ein zerbrechliches Ästchen, an dem ich mich niemals hätte festhalten können. Ich wollte meiner Mutter glauben, wenn sie sagte: »Alles ist nur der Schleier der *Maya*, eine Täuschung. Der Glaube, dies hier sei die reale Welt, führt uns in die Irre.« Dabei blickte sie mit freudlosen Augen aus dem Küchenfenster.

»Unsinn«, schimpfte Mala *Mousi*, als ich ihr davon erzählte. »Selbsttäuschung ist es, und zwar die deiner Mutter.« Als sie mein Gesicht sah, wurde ihre Miene weicher. »Ich weiß. Sie braucht das, um weiterzuleben.«

Zwischen meiner Sehnsucht, meiner Mutter zu glauben, und meiner Sehnsucht nach Mala *Mousis* Anerkennung gefangen, schwankte ich zwischen Hoffnung und Schuldgefühlen. Wie schaffte Mala *Mousi* das? Woher nahm sie ihre Zuversicht? Wie konnte sie, die immer ganz allein war, ihre Zukunft so fröhlich sehen? Und wie konnte ich mich auch nur ansatzweise von der Vergangenheit befreien? Ich, die ich alles, was mir von meiner Schwester in Erinnerung war, verzweifelt liebte? Gleichzeitig liebte ich auch Mala *Mousi* auf eine stille Art, und sogar wider Willen meinen Mann, in dessen Verwirrtheit ich einen Hoffnungsschimmer erblickte.

Und dann noch Nikhil. Er, der mir immer Schokolade geschenkt hatte, der unwissende, nichtsahnende Vergewaltiger, mein liebenswürdiger Schwager. Viele Jahre nach Sangeetas Tod besuchte er mich bei Mala *Mousi*, und die ersten paar Minuten war ich so geschockt, dass ich gar nichts sagen konnte. Er war vorzeitig ergraut, ging leicht gebeugt und hatte seinen Charme, der so sehr zu ihm gehört hatte, unwiederbringlich verloren. Er wollte von mir wissen, was Sangeeta mir erzählt hatte. All die Jahre hatte dieser Gedanke ihn verfolgt. Jahr für Jahr hatte er Mala *Mousi* besucht, doch diese hatte sich geweigert, irgendetwas Vertrauliches weiterzugeben. Meine Eltern hatten ihm den Kontakt mit mir verwehrt. Mala *Mousi* hatte mir erzählt, dass er sie besuchte, den Grund aber verschwiegen. »Ich wollte dir das nicht antun«, verteidigte sie sich. Die gute Mala *Mousi*. All diese Jahre habe er mit mir reden wollen, sagte Nikhil. Was Sangeeta mir erzählt habe? Warum sie es stumm ertragen habe, und wie? Wann es angefangen habe? Ich erzählte es ihm also, und er war zutiefst erschüttert. Schaudernd sagte er: »Ich hielt sie für gehemmt. Oh Gott, ich war nicht besser als mein Bruder.« Den Blick gesenkt flüsterte er: »Jetzt verstehe ich.« Es folgte ein langes Schweigen, dann sah Nikhil mich an, die Augen starr vor Schmerz, und sagte: »Ich dachte, du würdest mir sagen, dass sie mich geliebt hat. Ich bin mit dem Gefühl hergekommen, dass ich es endlich würde ertragen können, wenn ich das von dir höre. Aber das hier, Geeti, das ist unerträglich, das kann ich nicht einfach hinter mir lassen.« Danach konnte er nicht mehr sprechen. Wir saßen stumm da, eine Viertelstunde lang, und er blickte aus dem Fenster, ohne etwas zu sehen. Schließlich, als er aufbrach, sagte er: »Ich muss beten. Nächsten Monat gehe ich nach Amarnath und bete, dass ich es in meinem nächsten Leben an ihr wiedergutmachen kann.« Als er sich zum Gehen wandte, sagte er noch: »Vor unserem Gespräch hatte ich noch Hoffnung.«

Ich ging ins Wohnzimmer zurück und setzte mich auf den Diwan, zitternd vor Kummer. Selbst heute überrumpelt mich dieses Gefühl manchmal noch, und dann bin ich plötzlich wieder zwölf und vollkommen fassungslos. Ach, dieses Versprechen unserer nächsten Wiedergeburt, in der wir für die im gegenwärtigen Leben begangenen Sünden Buße tun können, diese feste Überzeugung, dass der Schmerz unser Karma ist, weil wir im letzten Leben Sünden begangen haben. Die hinduistische Philosophie hat viel für sich, denn der Glaube macht den Schmerz erträglich und vermittelt Hoffnung. Er entzieht uns der ewigen Verdammnis der Hölle, macht das Unerklärliche erklärlich und ist die einzige logische Antwort auf die qualvolle Frage nach dem Warum. Folgt man dieser Logik, müssen meine Eltern, meine Schwester, Nikhil und ich in unseren vorangegangenen Leben maßlos und grauenhaft gesündigt haben. Auch ich bete, wie Nikhil; und wie meine Mutter mache ich den Göttern Versprechungen, aber ich tue es heimlich. Mala *Mousi* würde mich verstoßen, wenn sie davon wüsste, denn für sie gehört der Kreislauf der Wiedergeburten in dieselbe Kategorie wie Himmel und Hölle. Ich bete, dass Sangeetas Seele in Frieden ruht und dass wir uns, falls es eine Wiedergeburt gibt, im nächsten Leben begegnen. Was für ein schuldvolles, verschwiegenes Ritual meine Gebete doch sind! Manchmal sehne ich mich nach Mala *Mousis* Überzeugung, dass es nur ein einziges Leben und einen einzigen Tod gibt, nichts davor und nichts danach, und ich sehne mich auch nach ihrem Optimismus und ihrem Selbstvertrauen. Doch hätte ich ihre Überzeugungen, würde ich niemals ihre Zuversicht aufbringen, und hätte ich denn die Kraft zum Weiterleben, wenn ich wüsste, dass dies das Ende ist, dass das schon alles war? Ich bete, für alle Fälle.

Ambai

Im Küchenanbau

Anscheinend hatte Kishans Vater das Grundstück noch in der Kolonialzeit für acht Annas pro Quadratmeter gekauft und das Haus darauf errichtet. Alle Zimmer in einer Reihe, aneinander gehängten Eisenbahnwaggons ähnlich. Ganz hinten war die Küche, ein achtlos angeklebter Anbau. Zwei Fenster, unter dem einen Wasserhahn und Spülbecken. Letzteres bot nicht einmal genug Platz, um einen einzigen Teller hineinzustellen. Unter dem Spülbecken der Abfluss, der nicht eingefasst war. Sobald man oben den Hahn aufdrehte, spritzte es einem unten die Füße nass. Nach zehn Minuten stand man in einer Pfütze. Von der ständigen Nässe wurden Fußsohlen und Fersen schrundig. Kishans Mutter – von allen Jiji genannt – überreichte jeder Schwiegertochter gleich an ihrem ersten Tag in der Küche, wenn sie dort ihre erste Mahlzeit zubereitete und den traditionellen Goldarmreif bekam, eine Salbe für die wunden Fersen.

Aus dem Küchenfenster, das nach Osten ging, blickte man auf grüne Berge. Auf einem der Gipfel war ein Tempel als weißer Punkt zu erkennen. Ein Tempel Ganeshas. Vor ebendiesem Fenster wurde gekocht. Beim Anblick der grünen Berge hätte man die aufgesprungenen Fersen vergessen können. Doch da direkt außen vor dem Fenster die Wäscheleinen gespannt waren, versperrten Hosen, Hemden, *Pajama*-Hosen, Saris und Unterröcke die Sicht.

Wenn man vom Drehen der Fleischspieße, die vorher mit Koriander, Chilipulver und *Garam Masala*, gemahlenem Kurkuma und Ingwer gewürzt und in Joghurt mariniert worden waren, aufsah, starrte man nicht selten auf eine *Pajama*-Hose, deren Schnürstrick einem vor der Nase baumelte. Aber das schien keinen zu stören.

Dabei war die Küche ein wichtiger Bestandteil ihrer Lebensweise, ja, diese basierte geradezu auf der Küche. Die Familie war dafür bekannt, dass man großen Wert auf Essen und Trinken legte. Diese Menschen genossen die Freuden des Lebens. So war bei ihrer und Kishans Hochzeit die Tatsache, dass kein Alkohol ausgeschenkt wurde, der einzige Punkt gewesen, den die Verwandten aus Ajmer zu bemängeln gehabt hatten.

Bei ihnen war selbst das *Prasad* der Sippengöttin Amba alkoholisch. Wann immer eine Flasche geöffnet wurde, gleichgültig ob Scotch Whisky oder Dorfschnaps, man trank erst, nachdem man mit den Worten »*Jai Ambe*« einige Tropfen auf die Wände gesprengt hatte. Das Erste, was ein Neugeborenes in den Mund bekam, war ein in Alkohol getauchter Finger. Da fragten sie sich natürlich schon, was das eigentlich für eine Hochzeitsfeier sein sollte. Na schön, Rum, Gin oder Whisky wären ja nicht unbedingt nötig gewesen. Aber wie stand es mit dem orangegelben *Kesar Kasturi*, den man daheim in Ajmer brannte? Der konnte einem ganz schön zu Kopf steigen! Ts, ts. Wie kann man denn so heiraten, hatten sie Kishan gefragt; wie kann es denn ohne die Attribute des Kriegers, Pferd und Schnaps, eine richtige Hochzeit sein? Ältere Frauen mit bauschigen, in viele Falten gelegten, blumengemusterten Röcken in Erdbraun, Grün, Orange und leuchtendem Rot über den ausladenden Hüften, hatten ihre mit silbrigen Borten eingefassten Schleier angehoben und ihn gefragt: Gibt es hier denn nichts zu trinken?

In den Tagen, als Jiji noch bei guter Gesundheit war, stand sie jeden Abend Punkt sieben am Herd, hatte den Teig aus Linsenmehl bereit und backte *Papadams*. Papaji hatte dann alle Geschäfte des Tages erledigt, saß auf der Veranda und wartete. Jiji trug immer einen Teller mit einem Stapel kräftig gewürzter, knuspriger *Papadams* nach draußen. Sobald die *Papadams* aufgegessen waren, kam die nächste Leckerei: *Bikaner Sev*, der auf der Zunge brannte. Wenn sie genug davon hatten, *Pakoras* aus Süßmais. Oder frittierte Erdnüsse in einem Mantel aus Kichererbsenmehl und Chili. Sie saßen einander gegenüber und sprachen erst einmal das »*Jai Ambe*«. Wenn die Söhne und Töchter zu Hause waren, kam die ganze Familie dazu. Jiji sang dann Volkslieder. »Gehst du zum Markt, bring mir vom Stand fürs Haar ein schönes Band, ein Tuch und ein bisschen Tand.« Papaji lachte dann: »Daran liegt dir also immer noch was?«

Auf einem kleinen Herd in der Küchenecke stand immer heißes Teewasser bereit. Wenn zur Essenszeit irgendein Bekannter in der Tür erschien, erhielt er als Erstes ein Glas eiskaltes Wasser.

Dann legte Papaji los: »Du musst uns beim Essen Gesellschaft leisten. – Deck für den Onkel mit.«

»Oh, nein, vielen Dank. Ich kam nur zufällig vorbei.«

»Ja, natürlich. Aber wie wäre es mit einem Tässchen Tee?«

»Nein, vielen Dank.«

»Dann vielleicht einen Kaffee?«

»Das Wasser hier reicht mir völlig.«

»Aber wir können unmöglich zulassen, dass du nur Wasser trinkst. Nimm doch wenigstens ein bisschen Limonade.«

»Na gut.«

An diesem Punkt stand Jiji auf.

»Leg ihm doch dazu noch ein paar *Kebabs* auf einen Teller.«

Noch bevor Jiji die Küche erreicht hatte, fiel Papaji ein,

dass vom Frühstück noch ein paar Fladen übrig waren. »*Sunije ji*«, rief er seiner Frau nach. »Wärm ihm doch noch ein paar *Methi Parathas* in Butter auf. Der Onkel soll einmal kosten.«

Das war der Moment, in dem der Besucher sich normalerweise geschlagen gab. »Na, schon gut. Dann esse ich gern bei euch mit.«

Jiji briet in der Küche für alle Fälle noch ein paar Eier, mit Salz und Pfeffer bestreut. Damit es auch wirklich reichte.

Dennoch schienen die konkreten Details, die eigentliche Beschaffenheit der Küche und ihrer Einrichtung, für die Familie keine Rolle zu spielen. Es war fast, als existierte das alles gar nicht wirklich. Man durchschritt den großen, gepflasterten Hof und den Hauptraum, bevor man in einem dunklen Winkel die Küche fand. Dort hing eine trübe Glühbirne. Die Frauen bewegten sich hier wie Schatten, mit bedeckten Häuptern, und ihre dunkelfarbigen Röcke verschmolzen mit dem Dämmer des Raums. Dort schlugen und kneteten sie den *Chapati*-Teig oder rührten in Töpfen mit duftendem, würzigem *Dal*. Die Küche war kein Ort; sie war vor allem eine Weltanschauung. Es war tatsächlich so, als wären all das köstliche Essen und all die Gaumenfreuden einer Art magischem Teppich zu verdanken.

Eines Tages brachte Minakshi das Thema beim Essen zur Sprache. Papaji baute damals gerade ein Zimmer über der Garage an.

»Papaji, du könntest doch die Veranda bis vor die Küche verlängern. Dann könnte man da ein paar Stühle hinstellen. Man könnte auch ein Stück weiter links ein großes Spülbecken einbauen. Dahinter könnte man dann draußen Drähte zum Wäschetrocknen spannen.«

Papaji sah einen Moment lang so aus, als hätte sie ihn mit diesen Worten tätlich angegriffen. Jiji sah ihrerseits ganz schockiert Papaji an. Schwiegertöchter hatten bisher in diesem Haus nie so weitgehende eigene Meinungen geäußert. Radha Bhabhiji hielt die Augen auf ihren Teller geheftet. Kusuma zupfte ihren Schleier zurecht, um ihre Aufregung zu verbergen. Papaji wandte sich Kishan zu. Kishan aß in aller Ruhe weiter. Schließlich räusperte Papaji sich und fragte: »Warum?«

»Das Spülbecken in der Küche ist sehr klein. Und das Wasser fließt schlecht ab. Wenn die Spülfrau dort abwäscht, ist immer gleich die ganze Küche überschwemmt. Und wenn man vor dem Fenster Wäsche aufhängt, Papaji, ist der Ausblick auf den Berg versperrt.«

Wieder sah Papaji Kishan an. Kishan war studierter Architekt und stimmte seiner Frau zu.

»Sie hat vollkommen Recht, Papaji. Das wäre eine gute Idee.«

»Woher weißt *du* denn, wie es in der Küche aussieht?«

»Als sie neulich für uns gekocht hat, ihre Mysore-Gerichte, da hat er die Zwiebeln und die Chilis für sie geschnitten«, erklärte Jiji.

»Dann könnten wir dir eigentlich auch gleich einen Goldreif schenken, und die Sache hat sich.«

»Ach, der Goldreif ist nicht nötig, Papaji. Aber du könntest mir einen Ring schenken.« Papaji lachte.

Das neue Zimmer wurde fertig gestellt. Der Zustand der Küche blieb wie gehabt. Es kamen aber noch zwei weitere Plastikwäscheleinen vor dem Fenster hinzu. Das war Papajis wortlose Antwort: Du Frau aus Mysore, deren Familie nicht schon seit Generationen hier lebt, wozu brauchst du denn Berge? Was willst du mit ihrem Grün? Was für eine Verbindung könnte es denn zwischen dem Essen von Rajasthan, dem Fenster und dem Spülbecken geben? Du dunkelhäutige Frau, die du dich weigerst, dein Haupt zu bedecken, die du zu viel redest und die du meinen Sohn verführt hast…

Beim ersten Anflug von Morgendämmerung, schon um drei Uhr morgens, begannen die Pfauen zu schreien. Einer nach dem anderen, mit harten, misstönenden Stimmen; zersplitterte Musik. Als Minakshi und Kishan morgens um halb sechs auf die Terrasse traten, schlug ein Pfau im Baum gegenüber ein Rad, so weit wie Shivas langes ausgebreitetes Haar. Als er sich umdrehte, blitzte ein weiches Grün auf, dann ein dunkles Blau und dann wieder Grün, ein unglaublich sattes Grün. Ganz unerwartet flog der Pfau zur Terrasse herüber, setzte sich auf die Steinbrüstung und ließ die langen Schwanzfedern nach unten hängen. Es kamen zwei weitere Pfauen, diese ohne Schwanzfedern. Gleich darauf waren nochmals zwei Pfauen da, mit Schwanzfedern so lang wie Peitschenschnüre. Bei ihrem Anblick breitete sich Milde und Gelassenheit in einem aus, als wäre ein Gewicht von einem genommen. Es war, als kühlten die dunkelblauen und grünen Federn, lang und glitzernd wie Eiszapfen, jedes Übermaß an Leidenschaft sofort ab. Minakshi streifte Kishans Lippen mit der Zunge und küsste ihn ganz sanft. Ein Kuss wie eine Schneeflocke. Die Leidenschaft war nach innen gebannt.

Die Terrassentür knarrte. Bari-Jiji war aufgewacht. Sie holte Kohlen aus der Tonne neben der Tür, um den tragbaren Herd anzufeuern. Bari-Jiji war Papajis Stiefmutter. Als Papaji siebzehn war, hatte sein Vater zum zweiten Mal geheiratet, ein Mädchen, das ebenfalls erst siebzehn war. In den kommenden Jahren hatte sie fünf Kinder zur Welt gebracht – nur Töchter. Papaji war ihr Stütze und Trost gewesen. Sie war nur dem Namen nach die Bari-Jiji. Sie war nur zwei Jahre älter als Jiji. Inzwischen war sie vollkommen zahnlos. Ein Gebiss wollte sie nicht, denn sie sagte, jetzt, wo sie das Fleischessen aufgegeben habe, brauche sie keine Zähne mehr.

Bari-Jiji ging wieder hinein, ihre schweren, silbernen Fußspangen klirrten auf den Steinstufen.

»Soll ich uns einen Tee holen, Mina?«

»Mhm.«

Sobald Kishan weg war, öffnete Minakshi den Hahn des Wassertanks auf der Terrasse, wusch sich das Gesicht und putzte sich die Zähne.

Kishan brachte den Tee in einer Kanne, die mit einem Teewärmer bedeckt war. Als er das Tablett abstellte und Tee in zwei Tassen schenkte, stieg der zarte Duft von Ingwer und Basilikum auf. Am Himmel leuchtete noch ein einziger Stern. Der Pfau versprühte sein Grün und Blau. Der Tee rann warm die Kehle hinunter.

Als sie nach unten gingen, saß Bari-Jiji in der Küchenecke, hielt ihren heißen Teebecher mit dem Zipfel ihres Schaltuchs und blies auf den Tee, den Kishan ihr eingeschenkt hatte. Radha Bhabhiji goss gerade heißes Wasser in eine weitere große Teekanne, in der Teeblätter schwammen.

»Soll ich den Teig fürs Frühstück mischen?«, fragte Bari-Jiji.

»Papaji macht einen Spaziergang. Er wird *Samosas* und süße *Jilebis* mitbringen. Dann brauchen wir nur noch ein paar Scheiben Toast. Die stecke ich in den Toaster. Auf welche Art sollen wir denn heute kochen? Unsere Küche oder die Mysore-Küche?«

»Minakshi und Kishan haben gestern Gemüse und Kokosnuss eingekauft.«

»Was ist denn das für ein fades Essen, mit Kokosnuss? Tu mir einen Gefallen, Bari-Jiji. Mahle etwas Kurkuma und Ingwer. Wir machen Hammel-*Pulao.* Reibe mir außerdem ein Stück Kürbis. Wir machen ein paar Hackfleischbällchen. Und dann schäle mir noch die *Colocasia*. Außerdem sollst du etwas Kardamom, Pfeffer, Zimtrinde, Koriandersamen und Nelken zerstoßen. Bitte ganz fein. Dann möchte ich gern noch etwas zerstoßenen Koriander für das *Alu-Gobi* heute Abend.«

Radha Bhabhiji ging hinaus, ein Tablett mit Teekanne und Teetassen in Händen.

»Nun, Mina, was wirst du heute kochen?«

»Gar nichts. Wir wandern zum Ganesha-Mandir-Berg.«

»Aha.«

Minakshi ging in die Küche, um eine weitere Kanne Tee zuzubereiten. Bari-Jiji verzog ihren zahnlosen Mund zu einem Lächeln. Sie hielt ihren Messingbecher hin.

»Ich möcht auch noch Tee.«

»Soll ich etwas Ingwer hineintun, Bari-Jiji?«

»Ja, bitte. Du machst wunderbaren Tee.«

Draußen vor der Küche ertönte ein Befehl, der an niemand Bestimmten gerichtet war. »Ich habe *Samosas* und *Jilebis* mitgebracht. Legt ein paar *Jilebis* in heiße Milch.« Minakshi brachte das Päckchen mit dem *Jilebi*-Gebäck in die Küche und öffnete es.

»Pssst ... psst.«

Minakshi drehte sich um.

»Gib mir vier«, sagte Bari-Jiji.

Es war ein Krieg um und mit Essen. Die Hauptprotagonisten waren Jiji und Bari-Jiji. Als Großvater noch lebte, war Bari-Jiji die absolute Herrscherin gewesen, eine Tyrannin. Jiji hatte Berge von *Chapati*-Teig geknetet. Sie hatte körbeweise Zwiebeln und kiloweise Fleisch geschnitten. Abends, wenn Bari-Jiji ihren *Kesar Kasturi* trank, hatte Jiji *Papadams* und *Pakoras* frittiert. Dann war Großvater gestorben. Es hatte keine zehn Tage gedauert, bis Jiji an der Macht war. Bari-Jiji verlor ihr Recht auf den roten Stirnpunkt, auf Betelblätter, Fleisch und Alkohol; sie musste auch bei den täglichen Mahlzeiten zurückstecken. Jeden Tag wurde in der Küche Fleisch zubereitet. Ganz im Geiste der Demokratie wurde für die Vegetarier der Familie (die eigentlich nur aus Bari-Jiji bestanden) extra gekocht, nämlich Kartoffeln.

Bari-Jiji kommentierte ihre Niederlage auf dem Kampfplatz mit lauten nächtlichen Rülpsern und mit donnernden Darmwinden, als zerreiße es gleich ihren Leib, worauf sie wimmernd auf die Toilette verschwand. Bevor man erneut zum Angriff auf sie ansetzen konnte, startete sie dann ihre zweite Offensive. Zweimal im Jahr war Bari-Jiji von Amba besessen.

Amba wählte immer den Zeitpunkt, wenn Jiji und Papaji abends mit einem Glas Hochprozentigem und *Papadams* auf der Veranda saßen. Es begann immer mit einem dunklen, lang gezogenen »Heee«, das aus den Tiefen des Magens aufstieg. Wenn sie dann voller Schrecken zu ihr eilten, schrie sie wütend: »Habt ihr mich vergessen?« Sobald Jiji sich tief verneigend voller Demut »Befiehl, Ambé«, sagte, kam es wie aus der Pistole geschossen: »Gebt mir zu trinken, wie es mir zusteht. Ich will *Kesar Kasturi*. Ich will ein Kilo *Barfi*-Konfekt. Ich will gebratenes Fleisch ... ah ... ah.« Wenn sie all das erhalten hatte, sagte sie: »Verschwindet, ihr alle.« Dann hörte man eine Zeitlang die Geräusche eines lauten Festschmauses aus Bari-Jijis Zimmer.

Am nächsten Vormittag kam Bari-Jiji dann in die Küche, kaum fähig, die vom Alkohol verquollenen Augen offen zu halten, und lächelte ihr zahnloses Lächeln. »Amba hat mich sehr gequält«, sagte sie dann.

Mit Bari-Jiji hätte Jiji sich vielleicht streiten können, doch Amba herauszufordern, das wagte sie nicht.

»Gib mir vier«, sagte Bari-Jiji.

Minakshi gab ihr vier *Jilebis*. Wenn die *Jilebis* auf den Tisch kamen, würde Bari-Jiji ihren gerechten Anteil bekommen. Das hier war pure Gier. Anfangs hatte Minakshi sich immer gefragt, wo Bari-Jiji solche Leckereien versteckte. Erst später merkte sie, dass es in den faltenreichen Rockbahnen Bari-Jijis zwei geheime Taschen gab. Die Alte hatte sie ihr gezeigt. Minakshi stülpte den Teeschützer über die Teekanne.

»Gib mir die Zutaten für die *Masala*-Gewürzmischung, bevor du gehst«, bat Bari-Jiji. »Und ich brauche auch noch *Ghee*. Für das *Pulao.*«

Dies war eine neue Variante des Kampfs. Jijis Asthma und erhöhter Blutdruck hatten ihre Aktivitäten etwas eingeschränkt. Das Holzschränkchen, in dem Nelken, Safran, Zimt, Pfefferkörner, Rosinen, Kardamom, Zucker, *Ghee* und Cashewnüsse aufbewahrt wurden, stand neben ihrem Bett. Wenn man irgendetwas davon wollte, musste man an Jiji vorbei. Dabei wurde man jedes Mal streng ins Gebet genommen: Wozu brauchst du das *Ghee?* Was ist mit dem *Ghee* geschehen, das ich dir gestern gegeben habe? Wenn davon nach dem Bestreichen der *Chapatis* noch eine halbe *Katora* übrig ist, sollte eine viertel *Katora* jetzt reichen. Bevor du gehst, zeigst du mir erst noch, was du für das *Masala* herausgenommen hast. Diesen Safran haben wir eigens aus Kaschmir kommen lassen. Der ist zu schade für das *Pulao.* Was kocht ihr heute für die Vegetarier? Ist denn von gestern nichts mehr übrig? Was bringt es denn, dieses ganze Essen, wenn man dann doch nur sofort zur Toilette rennt?

Aus der notdürftig beleuchteten Küche mit den schmalen Fenstern streckten sich kontrollierende Hände heraus wie die acht Tentakel eines im Meer lebenden Oktopus. Sie streckten sich aus und banden, sie schnürten enge Fesseln. Und die Frauen akzeptierten diese Fesseln freudig. Die Fesseln um die Taille nannten sie edelsteinbesetzte Gürtel; die Fesseln, die ihre Füße lähmten, nannten sie Fußspangen; die Fesseln um die Stirn nannten sie Kronen. Die Frauen betraten eine Welt, die an allen Seiten umzäunt war, und herrschten dort voller Stolz; dies war ihr Königreich. Sie trafen Entscheidungen von unerhörter Tragweite: Heute essen wir Hammel-*Pulao* und morgen gibt es *Puri-Masala*. Ohnmächtige Autorität.

Wenn man das Fenster öffnete, um den Anblick der Berge, die frische Luft und das Blau und das Grün hereinzulassen, war es, als entzöge man den Frauen ihre Kraft. So war es auch bei Vina *Mousi*, Kishans Tante. Sie war inzwischen fünfzig und schon als Fünfzehnjährige Witwe geworden. Sie war Dorflehrerin. Sie hatte ein Zimmer und eine Küche am Rand des Gartens, der dem Besitzer der Schule gehörte. Vor dem Haus standen ein Asoka-Baum und ein Champaka-Baum mit cremeweißen Blüten. Blütenbeladene Kletterpflanzen rankten ungehindert durch die Fenster herein. Abends kamen alle Nachbarkinder ihre Lehrerin besuchen. Wenn nicht, sang der *Koel* im Asoka-Baum. Aber Vina *Mousi* klagte trotzdem: »Ich habe keine Autorität, nichts, worüber ich bestimmen kann.« Die Kleinen umringten sie und riefen: »Frau Lehrerin, Frau Lehrerin.« Sie war ganz allein für die Grundschulerziehung ihrer Schule verantwortlich. Sie konnte zum Basar gehen, wann immer sie wollte. Wenn sie ein *Charpoy* unter den Asoka-Baum stellte, konnte sie dort liegen und die Gesellschaft des *Koels* und seinen Gesang genießen, bis ihre Sehnsucht verging. Früh am Morgen, wenn sie die Tür aufmachte, brauchte sie nur die Hand auszustrecken, um die weißen Blüten zu berühren. Aber Vina *Mousi* bekam oft kaum Luft. Sobald sie auf einen freien Platz hinaustrat, sank etwas in ihr der Erde entgegen. Ihre Brustwarzen und ihr Unterleib wurden wie Stein. Schwer. Sie zogen sie nach unten. Nach unten, nach unten, der Erde entgegen, der letzten Niederlage. Das zwang sie, stocksteif stehen zu bleiben, die Füße tief in den Staub eingegraben.

Vom Rand des Sees her tauchte ein Vogelschwarm auf, weiße Flügel, die sich hoben, senkten, neigten. Ihr Anblick erfüllte Minakshi mit großem Staunen. Die Vögel kreisten über dem ganzen See und gingen schließlich auf der Wasserfläche nieder. Ihre roten Schnäbel leuchteten in der Ferne. Dann stiegen sie wieder auf, entfalteten elegant ihre breiten Flügel und glitten durch die Luft ... das Rauschen ihrer Flügel klang ganz nah, fast als wollten sie einem ins Gesicht schlagen. Die korallenroten Schnäbel waren flach und energisch nach vorn gereckt. Vögel aus Russland. Sie kamen für ein paar Monate zum Anasagar-See; Besucher, die ganz plötzlich aufgetaucht waren.

Das Picknick am See war erst am Vorabend beschlossen worden. Alle Verwandten würden einen gemeinsamen Ausflug zum See machen. Das bedeutete für zwanzig Leute: hundert kleine *Puri*-Fladenbrote mit ausreichend Kartoffel-Tomaten-Chutney; hundert belegte Brote, Knabbereien, Milchfläschchen für die Babys, heißes Wasser in Thermoskannen. Ein tragbarer Ofen, um am Abend *Pakoras* zum Knabbern auszubacken. Öl, Kichererbsenmehl, Zwiebeln, Chilipulver, Salz und grüne Chilischoten für *Bhaji*.

Als um vier Uhr morgens der Tag herandämmerte, ging in der Küche das Licht an. Kusuma knetete auf einem großen Brett Teig aus Weizenmehl, rollte Fladen aus und erhitzte Öl in einer Pfanne, um sie darin auszubacken. Zwischen aufgerissenen Brotpackungen bestrich Radha Bhabhiji Brote mit Butter und Chutney. Bari-Jiji füllte Knabbereien in kleine Plastiktütchen und verschloss sie mit Gummiringen.

Diesen Aspekt des Ausflugs zum See hatte Mina nicht bedacht.

»Ach, Mina, du bist auf?«, fragte Radha Bhabhiji. Ihr Haar war verschwitzt und strähnig. »Könntest du bitte Tee kochen?«

Mina bereitete für alle Tee zu. Sie schüttete Basilikumblätter ins heiße Wasser. Kishan kam dazu, sobald er sich die Zähne geputzt hatte, und stellte Teetassen auf ein Tablett.

Radha Bhabhiji murmelte vor sich hin: »Die Kinder müssen noch gebadet werden. Vielleicht sollte man für alle Fälle eine Plastiktüte mit zwei oder drei Ersatzhosen mitnehmen. Priya vergisst noch manchmal, sich rechtzeitig zu melden. Ich muss fünf oder sechs Decken einpacken, die wir auf dem Gras ausbreiten können. Wie viele Babys sind dabei? Vier. Milchpulver. Glaxo für Minoo. Lactogen für Archanas Baby. Die Cracker darf ich nicht vergessen. Mein Kleiner mag nur salziges Gebäck. Wenn keine da sind, halten wir unterwegs. Sonst gibt es doch nur die ganze Zeit Geschrei. Und sein Vater hasst das. Zucker. Die Löffel nicht vergessen. Teller. Kusuma, pack bitte die Flasche mit Spülmittel ein. Es gibt da einen Hahn mit fließendem Wasser. Bari-Jiji, schneide bitte zehn bis fünfzehn Zwiebeln klein. Die nehmen wir in einem Plastikbeutel mit, dann haben wir später die *Pakoras* im Handumdrehen fertig. Mina, bitte, wärst du so lieb und würdest die Kinder baden?«

»Bhabhiji, es ist doch erst sechs Uhr früh. Wenn ich sie jetzt wecke, werden sie weinen. Kann denn Gopal Bhaisaheb sie nicht später baden?«

»Ha, natürlich, das macht er sofort. Träum weiter.«

Mina reichte ihr die Teetasse und goss etwas Tee in Bari-Jijis Messingbecher. Sie verstand Radha Bhabhijis Sarkasmus. Radha hatte ein echtes Talent für Mathematik. Ihre Familie hatte aber nicht zugelassen, dass sie ein Mathematikstudium aufnahm, und so arbeitete sie in einer Bank und hatte inzwischen eine recht gehobene Position erreicht. Es war erst ein paar Monate her, da hatten sie und Gopal, Kishans älterer Bruder, Kishan und Minakshi für ein paar Tage zu sich nach Jodhpur eingeladen. Gopal Bhaisaheb arbeitete dort als Krankenhausarzt. Es war kurz vor dem Mittagessen gewesen, und sehr heiß.

»Hier in dieser Gegend macht einen die Hitze vollkommen fertig. Man ist wie gelähmt. Neulich musste Radha beruflich ein paar Tage verreisen. Ich war vollkommen aufgeschmissen. Ich konnte in dieser Hitze noch nicht mal die Küche betreten. Und hier kriegt man ja auch kein Dienstpersonal. Stell dir mal vor, Kishan. Ich hab es nicht mal lange genug in der Küche ausgehalten, um mir einen Tee zu kochen.«

»Aber steht nicht Radha Bhabhiji, die auch noch eine Stelle bei der Bank hat, genau in diesem Moment in eben dieser Küche und kocht?«, fragte Kishan ganz ruhig.

»Natürlich. Ja und? Schließlich sind Frauen an so was gewöhnt.«

Es stimmte schon. Man konnte von Gopal Bhaisaheb nicht erwarten, dass er im Urlaub früher aufstand, um seine Kinder zu baden.

»Radha Bhabhiji, welchen Sari wirst du tragen?«, fragte Kusuma.

»Meinen roten Seidensari. Ich hab ihn gestern Nacht gebügelt, und dann hab ich noch seine Sachen und die der Kinder fertig gemacht.«

»Ich hatte mir überlegt, dass ich meinen weißen Sari mit den schwarzen Punkten trage, aber die Bluse dazu ist nicht gebügelt. Mina, würdest du mir deine schwarze Bluse leihen?«

»Natürlich, gern. Nimm sie dir. Aber sie ist ärmellos.«

»Ach je. Also, könntest du dann vielleicht meine Bluse für mich bügeln, Mina? Ärmellos, das geht nicht. Ich hab mir die Achselhöhlen nicht rasiert.«

»Trag den Sari doch so, dass du ihn dir über die Schultern legen kannst. Wer wird dir denn schon unter die Arme gucken?«

»Mina, mach dich jetzt nicht über mich lustig. Würdest du bitte das Bügeleisen heiß machen?«

»Schon gut.«

Jiji schlurfte langsam herein, sich an den Wänden abstützend, und machte das große Glas mit eingelegtem Gemüse auf.

»Was soll das denn, Jiji? Geh und leg dich hin«, schalt Radha Bhabhiji.

»Aber etwas Eingelegtes mögen alle gern. Ich will rasch etwas einpacken.«

»Was ist denn das für ein Lärm in der Küche? Wie soll man da schlafen?«, hörte man eine Stimme.

Sofort herrschte Stille.

Dann ein Flüstern: »Mina, würdest du die Kartoffeln aufsetzen, auf dem kleinen Herd?«

»Radha Bhabhiji, du könntest sie doch würzen und in den Dampfkochtopf tun. Dann geht es schneller.«

»Dann mach es so. Bari-Jiji soll die restlichen *Puris* ausbacken.«

Als es acht schlug, rieselte von den Hälsen und Armen der Schweiß. Die Blusen klebten den Frauen am Leib. Die Augen waren gereizt vom qualmenden Öl. Die Lider schwer vom Schlafmangel. Papaji warf einen Blick in die Küche.

»Gestern, als wir vom Ausflug zum See gesprochen haben, seid ihr alle vor Begeisterung in die Luft gesprungen.« Er lachte laut.

Gluckend und piepsend schwammen kleine Vögel auf dem Wasser, gelb und schwarz. Plötzlich ein Wirbelwind weißer Flügel, von Korallenrot durchbrochen.

Auf den Decken wurde Karten gespielt. Auch ein paar Frauen spielten mit, bis ein Kind an ihren Kleidern zupfte und bat: »Mummyji, schmutzig.« Dann verschwand die Frau mit dem Kind, etwas altes Zeitungspapier in der Hand.

Das Kind bekam eine Kopfnuss, gerade so, dass es wehtat. Wenn die Mütter gingen, nahmen die größeren Mädchen ihre Plätze ein. Hin und wieder standen sie auf und boten den Männern Wasser an.

Radha Bhabhiji und Kusuma wuschen die Teller ab. Dann wurde Feuer im Herd gemacht, um die *Pakoras* in Öl auszubacken.

»Wie lecker das riecht! Für mich zwei, bitte, und nur grüne Chilis dazu.«

Zwischendrin wechselte man ein paar Worte mit den Kindern:

»Raju, was willst du einmal werden, wenn du groß bist?«

»Pilot, z-o-i-n-g!«

»Und du, Priya?«

»Ich ... Ich ... Ich mach zu Hause die *Chapatis*.«

»Wie klug sie schon redet«, meinte Jiji lachend.

»Ich habe alle Berggipfel im Umland von Ajmer erstiegen«, erzählte Papaji.

»Du auch, Jiji?«, fragte Minakshi.

»Jedes Mal, wenn er auf einen Gipfel gestiegen ist, war ich schwanger.« Jiji lachte aus voller Kehle. Alle lachten mit. Jiji hatte vierzehn Kinder zur Welt gebracht.

Schließlich sammelten sie alles ein, erklärten den Kindern energisch, jetzt sei nicht die richtige Zeit, sich noch einmal »schmutzig« zu machen, und brachen auf.

Kusuma blieb ein Stück zurück. »Mina, geh doch ein bisschen langsamer. Ich hab ja noch nicht einmal die Vögel richtig gesehen.«

»Soll ich Satish rufen?«

»Nein, nein, lass ihn. Sonst gibt es nur Ärger.«

Sie gingen langsam weiter.

»Ich war zehn Tage überfällig. Gerade als ich dachte, ich sollte vielleicht bald zum Arzt gehen, hab ich sie jetzt doch noch gekriegt.«

»Hast du etwas dabei? Wenn du ein Wort gesagt hättest, hätten wir unterwegs in einem Laden Halt machen können.«

»Doch, doch, ich habe etwas dabei. Aber es ist ein weißer Sari. Kannst du bitte mal einen Blick darauf werfen?«

»Alles in Ordnung. Nichts zu sehen.«

»Sollten wir vielleicht doch ein bisschen schneller gehen? Eigentlich habe ich keine Zeit, am Seeufer zu sitzen. Ich muss noch den Knoblauch fürs Abendessen schälen.«

»Komm einfach. Und rede nicht.«

Sie setzte sich mit Kusuma schweigend an den See. Einmal hatte sie Jiji gefragt: »Was für eine Frau hättet ihr gern für euren dritten Sohn?« Jiji hatte ohne Zögern geantwortet: »Sie soll gebildet sein, hellhäutig und still.« – »Gut gesagt«, hatte Papaji zugestimmt. Minakshi hatte nicht glauben wollen, dass es so ein Mädchen überhaupt gab. Sie hatte Jijis Antwort für eine Reaktion auf einen kleinen nachmittäglichen Zwischenfall gehalten. Da war ein Freund von Papaji vorbeigekommen, ein Experte für Hautkrankheiten. Minakshi hatte kurz zuvor ein paar juckende, weißliche Stellen auf ihrer Hand entdeckt. Papaji hatte sie dem Experten vorgestellt. Das hier ist Kishans Frau. Sie ist ständig in der Stadt unterwegs. Sie hat immer ein Buch in der Hand. Und sie redet ohne Unterlass. Untersuche bitte einmal ihre Hände.

Der Rat des Experten: Bleiben Sie zu Hause. Seien Sie wie die anderen Frauen. Dann wird alles gut. Wer so lebt, wie er sollte, der wird auch nicht krank.

»Ah«, sagte Papaji bewundernd.

Sie hatte Jijis Antwort für eine Art Scherz gehalten, der sich auf diese Situation bezog. Doch als man dann Kusuma fand, war sie wie eine fleischgewordene Illustration zu Jijis Ausführungen.

Ein Magister in Politik. Ein Diplom in Französisch. Warum sie Französisch studiert hatte, war nicht ganz klar. Anscheinend wurde ein Diplom in irgendeiner Fremdsprache als notwendige Vorbereitung auf den Ehestand erachtet. Sollte der Bräutigam eine Stelle im Ausland haben, wären Fremdsprachenkenntnisse von Vorteil. In Erwartung einer Ehe hatte Kusuma außerdem Kissen und Kopfkissenbezüge bestickt, kleine, dekorative Basteleien angefertigt und Saris mit Spitzen und Stickereien verziert. Sie hatte auch die Kurse in Blumenstecken, Backen, Nähen und dem Herstellen von Marmeladen, Säften und Eingemachtem nicht versäumt. Sie war die perfekte Schwiegertochter.

Als wären sie den Vögeln plötzlich wieder eingefallen, stieg der weiße Schwarm, der sich schon weit entfernt hatte, nach oben und schwenkte nach links. Dann glitten sie in gemäßigtem Tempo heran und kreisten in der Luft über ihnen.

Kusuma weinte.

»Die Schnäbel ... wie unglaublich rot«, schluchzte sie.

Korallenrot. Weiße Flügel. Dahinter der rötlich angehauchte Himmel.

Der ungeschälte Knoblauch ...

Die Flügel weit ausgespannt, ein weiterer Kreis.

Der ungeformte Fötus ...

Eins, zwei, drei, vier, fünf ... in Gruppen landeten sie anmutig auf dem Wasser.

Kusuma schluchzte lautlos.

Ihren schlimmsten Anfall hatte Jiji im Frühjahr, als alle über die Tage des Holi-Fests nach Ajmer gekommen waren. Eines Nachmittags, sie hatte gerade die Zutaten für das Essen aus den Vorratsschränken geholt und den Schlüsselbund wieder an ihren Gürtel gehängt, schlurfte sie langsam zum Kühlschrank, um nachzuschauen, was noch da war. Bevor sie dort anlangte, versagte ihr der Atem, und dann brach sie in ein lautes, japsendes Keuchen aus. Bevor die Familie ihr zur Hilfe eilen konnte, stürzte sie zu Boden. Sie war schweißüberströmt und lag im eigenen Urin.

»Es ist zu Ende … es ist aus … Meine Schwiegertöchter sind fort … Diese furchtbare Bari-Jiji wird in der Küche regieren … Oh Bhagwan.« Sie drehte unaufhörlich den Kopf von einer Seite zur anderen. Der Arzt, der nebenan wohnte, kam eilig und gab ihr eine Spritze. Schließlich atmete sie wieder gleichmäßig; die Augen fielen ihr zu und sie schlief ein.

Sobald sie die Augen wieder aufschlug, vergewisserte sie sich eilig, dass sie die Schlüssel noch hatte. »Was kocht ihr heute zu Abend?«, fragte sie. Als man ihr »Bohnen« antwortete, schimpfte sie: »Warum? Ich hatte doch Blumenkohl gesagt. Hat *sie* das etwa geändert? Dachte sie, ich bin schon tot?«

»Nein, nein, Jiji. Auf dem Basar war heute einfach kein Blumenkohl zu bekommen.«

»Mein Sari … gebt mir … einen anderen Sari«, bat Jiji.

Kusuma öffnete Jijis Schrank und holte einen grünen Sari, einen grünen Unterrock und eine blassgelbe Bluse heraus. Sie legte alles auf Jijis Bett. Jiji drehte den Kopf zur Seite und betrachtete die Sachen. Mit schwacher Stimme fragte sie: »Wo sind meine Armreife?« Minakshi öffnete das Kästchen mit den Armreifen und nahm ein paar grüne Glasreife heraus.

Sie schlossen die Tür und entkleideten Jiji. Ihr Körper war wie eine Frucht, die einmal saftig und reif gewesen, nun aber verschrumpelt war. Auf den runzligen Handrücken standen die Adern hervor. Die Linien der Handflächen waren tief eingegraben. Um ihren Bauch zogen sich Schwangerschaftsstreifen, als hätte jemand ihren Leib gepflügt. Das Schamhaar war weiß geworden und gelichtet. Gesäß und Oberschenkel, früher einmal üppig rund, waren jetzt eingefallen, faltig und schlaff. Die Innenseiten ihrer Oberschenkel waren wie die schwarz verfärbte Schale einer alten Banane. Die Brustwarzen hingen trocken und verschrumpelt wie Rosinen herunter. Am Hals hatte sie dunkel verfärbte Stellen von ihren schweren Goldketten. Am Ansatz ihres Mittelscheitels, wo jeden Tag der schwere Anhänger ihres goldenen Kopfschmucks aufgelegen hatte, war die Haut glatt gescheuert, als würde sie dort kahl.

Ein Körper, der gelebt hatte. Ein Körper, der Urin, Kot, Blut und Kinder ausgestoßen hatte. Ein über und über gezeichneter Körper.

Sobald sie Jiji den Sari angelegt hatten, kämmte Rhadha Bhabhiji ihr das Haar und durchflocht es mit einem dunklen Band, das bunte Quasten hatte. Kusuma hängte ihr die Schlüssel zu den Vorratsschränken an die Taille. Jiji ließ sich ins Bett zurücksinken.

Nachdem die anderen gegangen waren, blieb Minakshi noch an Jijis Seite sitzen. Jijis Hände lagen unter dem Sari auf ihrer Taille. Das Zimmer war abgedunkelt, die Vorhänge vorgezogen.

Jiji begann zu sprechen. Wegen der Erschöpfung und der Medikamente, die sie schläfrig machten, klang ihre Stimme tief, dabei aber gleichzeitig merkwürdig gewichtslos, als wäre sie mit dem Wind davongeflogen und wieder zurückgekehrt.

»Ein roter Rock.«

»Was sagst du, Jiji?«

»Mein Hochzeitsrock. Er war leuchtend rot und überall mit Gold und Silber bestickt. Zwölf goldene Armreife. Zwei Halsketten. Perlenohrstecker mit roten und grünen Edelsteinen. Und ein zweites Paar Ohrstecker, mit Korallen. Das Mittelteil meines goldenen Kopfschmucks war fünf Sovereigns wert. Ein silberner Schlüsselring. Ich war gerade fünfzehn geworden. Als das *Bidai*, der Abschied, gekommen war und meine Eltern mich in mein neues Zuhause schickten, flüsterte meine Mutter mir etwas ins Ohr. Die Erinnerung an dieses *Bidai* ist tief in mein Gedächtnis eingegraben. Mit bedecktem Haupt beugte meine Mutter sich über mich und nahm mich in den Arm. Ihr großer Nasenring drückte gegen meine Wange. ›Verschaff dir die Herrschaft über die Küche. Und vergiss nie, dich schön zu machen. Beherzigst du diese beiden Regeln, wirst du alle Kraft und Autorität haben, die du brauchst.‹«

»Lass es gut sein, Jiji. Schlaf jetzt.«

»Ich ... erinnere ... mich an alles. Dreißig Leute gehörten zum Haushalt. Ich machte täglich Teig von fünf Kilo dunklem Mehl und buk dreihundert *Chapatis*. An jenem ersten Tag waren meine Handflächen voller blauer Flecken. Der Schmerz schoss mir bis in die Schultern hoch. Papaji sagte ... Bravo! Du verstehst dich wirklich aufs Arbeiten.«

Sie seufzte tief auf.

»Wir hatten ein Baby, einen Sohn, schon vor Gopal. Wusstest du das? Er ist gestorben, als er ein Jahr alt war. An jenem Tag war eine *Puja*. Alle waren in der Küche. Der Kleine war die Treppe hochgeklettert und über die Brüstung gefallen. Dreißig Stufen war er hinaufgekrabbelt ... Ich hörte den schrecklichen Schrei, als ich gerade die *Puris* ins heiße Öl legte ... es traf mich wie ein Schlag in die Magengrube ... Er hatte einen Schädelbasisbruch ... Sein Gehirn war über die Steinfliesen verspritzt ... Nachdem alle Männer zurück waren ... buk ich ... Mina, hörst du mir zu ... buk ich den Rest der *Puris* aus.«

Minakshi strich Jiji über die Stirn.

»Als Schwiegervater gestorben war, hängte ich die Schlüssel an mein Gürtelband mit dem silbernen Schlüsselring. Mina ... sieh doch nur, wie viel ich gewonnen habe. Ich bin wie eine Königin ... Meinst du nicht?«, murmelte Jiji. Sie schlief schon fast.

Minakshi beugte sich über die verwelkten Ohrläppchen,

in denen blütenförmige Ohrstecker mit Perlen und leuchtenden Edelsteinen steckten. Sie waren allein, Jiji und sie; so allein wie Maha Vishnu, der auf der Schlange liegend auf dem Weltmeer treibt. In dem abgedunkelten Raum überkam sie ein Gefühl, als würde eine Nabelschnur durchtrennt. Wir können nicht sicher wissen, ob sie dieses Gespräch begonnen hatte, oder ob es sich von allein ergab, oder ob es ihr nur so vorkam, als hätte es stattgefunden, weil sie es sich so oft vorgestellt hatte. Es ist nicht einmal sicher, ob dieses Gespräch nur zwischen ihnen beiden stattfand – Jiji und ihr allein.

Jiji, aus der Küche erhältst du keine Kraft; auch nicht von dieser Halskette, diesem Armband, dem Kopfschmuck oder dem Edelstein in seinem Mittelteil.

All diese Dinge können dir keine Autorität verschaffen.

Die Autorität, die du hast, kommt von Papaji.

Befreie dich von all dem.

Sei frei
frei
frei

Aber wenn ich mich befreie, was bleibt dann übrig?

Du ganz allein, nachdem du auf deinen Schmuck, deine Kinder und Papaji verzichtet hast. Löse dich, reiß dich los. Nur du, Dularibai. Dularibai, sonst nichts. Von daher nimm deine Kraft. Und deine Autorität.

Aber wenn ich auf all das verzichtet habe, wer bin ich dann noch?

Finde es heraus. Tauche ein und finde es heraus.

In was soll ich eintauchen?

In den Brunnen in deinem Inneren.

Aber woran soll ich mich festhalten? Ich habe Angst …

Tauche tiefer ein, tiefer. Erforsche die Beziehung zwischen Dularibai und der Welt.

Wären da nicht diese dreihundert *Chapatis* täglich gewesen, alle in Fett auszubacken, und nicht diese vierzehn Kinder, die von innen gegen deinen Mutterleib traten,

Wären deine Gedanken nicht auf *Pulao*, *Masala*, *Chapati*, Salz, Zucker, Milch, Öl und *Ghee* beschränkt gewesen,

Hättest du nicht diese ständigen Sorgen gehabt: einmal alle vier Tage muss der Docht im Herd nach oben gezogen werden; wenn Kerosin zu haben ist, muss man es sofort kaufen und lagern; in der Regenzeit muss man aufpassen, dass der Reis nicht verdirbt, und man muss darauf achten, dass die Hülsenfrüchte nicht von Insekten befallen werden; wenn die Mangos reif sind, muss man sie sauer einlegen; aus dem Obst sind Sirup, Säfte und Marmeladen zu bereiten; für alte Kleider kann man neue Töpfe und Pfannen erhandeln; einmal alle vierzehn Tage muss der Abflussbereich in der Küche mit Kalk bestreut werden; wenn du deine Periode bekommst, ist es eine Bürde; wenn du sie nicht bekommst, ist es auch eine Bürde;

Hätte all dieser Kleinkram nicht die Schublade deines Denkens angefüllt;

Dann hättest vielleicht auch du den Apfel fallen sehen und den Dampf, der aus dem Teekessel drängt; hättest neue Kontinente entdeckt oder auf dem Gipfel des Kailash sitzend ein Gedicht geschrieben. Hättest vielleicht Höhlenwände bemalt. Wärest geflogen. Hättest eine Welt ohne Kriege, Gefängnisse, Galgen und Chemiewaffen geschaffen.

Wohin hast du dich verirrt, Jiji?
Wie konntest du glauben,
deine Kraft käme
von Nahrung, die abgewogen und zubereitet wird,
und von Schmuck, der dir Ohren, Hals und Stirn beschwert?
Lass dich noch tiefer sinken.

Wenn du den Grund berührst, hast du das Meer der Ursachen erreicht. Dann wirst du dich mit der Welt um dich her vereinigen.

Mutterschoß und Brüste werden verschwinden. Der Küchengeruch wird verschwinden. Das Edelsteinfunkeln wird verschwinden. Dann wirst du selbst da sein. Nicht mehr eingesperrt, reduziert durch dein Geschlecht, sondern frei.

Berühre die Wasser, Jiji
und steige auf
steige auf
steige auf.

Jiji drehte sich um, tastete nach Minakshis Hand und hielt sie fest.

Vandana Singh

Durst

Im Traum sah sie Schlangen, die sich um sie wanden, dunkel und glänzend wie ihr eigenes Haar; sie sah einen Altar, und sie roch den Duft von Sandelholz-Räucherstäbchen, den Lieblingsduft ihrer Mutter. Als sie die Augen aufschlug, wusste sie einen Moment lang nicht, wer sie war. Selbst der vertraute Raum mit dem abblätternden Weiß der Wände, dem Sommerstaub auf der Fensterbank des offen stehenden Fensters, dem durchgelegenen Bett und dem schlafenden Mann darin, der ihr den Rücken zugekehrt hatte – all das kam ihr so fern und fremd vor, als hätte es nicht das Geringste mit ihr zu tun. Dann fiel ihr ein, wie sie hieß: Susheela, und damit kam auch die ganze Last ihres Elends zurück. Ihr Mann bewegte sich im Schlaf, drehte sich aber nicht zu ihr um. Sie könnte ebenso gut tot sein, dachte sie bitter, denn er beachtete sie ohnehin nicht.

Gleich danach kam der nächste Gedanke (sie setzte sich auf, vorsichtig, um ihren Mann nicht zu wecken), nämlich dass morgen Naag Panchami war, das Schlangenfest, und dass das der Grund für ihren Traum gewesen war. Der Monsunregen hatte sich verspätet und dies war der heißeste Sommer seit Ewigkeiten. Vielleicht würde es ja morgen regnen. Regen am Feiertag wäre wirklich schön. Sie schlüpfte aus dem Bett, wusch sich schnell mit einem allzu knappen halben Eimer Wasser und zog einen rosa Baumwollsari an. Das Haus war von frühmorgendlicher Stille erfüllt; die Deckenventilatoren waren in der Nacht stehen geblieben (wieder einmal ein Stromausfall), und selbst die Vögel in der Bougainvillea vor dem Fenster schienen mit dem ersten Gezwitscher noch zu zögern. Als Susheela in die Küche trat, hörte sie im Zimmer ihrer Schwiegermutter das Bett knarren und dann, wie die alte Frau mit ihren Plastikschlappen ins Bad schlurfte. Susheelas Sohn schlief wahrscheinlich noch im Bett seiner Großmutter; sie konnte ihn vor ihrem inneren Auge sehen: die von Schweißperlen bedeckte Stirn, die Händchen zu Fäusten geballt, die Wangen rot und erhitzt und Lippen, die unter dem Eindruck eines Kindertraums leise bebten. Einen Moment lang wollte sie unbedingt zu ihm gehen und ihn in den Arm nehmen, doch dann würde sie der alten Dame begegnen, und dem fühlte sie sich jetzt noch nicht gewachsen. Stattdessen setzte sie Teewasser auf und drehte die Wasserhähne auf, damit die Eimer sich füllten, sobald das Wasser angestellt wurde (eine kostbare Stunde lang abends und morgens). Vorläufig entwich der Leitung nur ein Rülpser warmer Luft. Durch das kleine Fenster drang die Hitze herein wie der Atem eines hungrigen Tiers.

Sie stand am Fenster und blickte auf den Hof und den verödeten Garten dahinter. Nach der langen Dürre war nichts als vertrocknetes Gras und stacheliges Gestrüpp übrig. Nur der Nachtjasmin reckte sich stolz nach oben, die grün belaubten Zweige des kleinen Bäumchens waren von winzigen orangefarbenen und weißen Blüten übersät. Ein Becher Wasser täglich und ihre Liebe hatten ihm zum Überleben genügt.

Als sie den Teig für die *Paratha*-Fladen ausrollte, die ihr Mann zum Frühstück bekam – hoffentlich würde er nicht (wieder) ihretwegen zu spät ins Büro kommen –, hörte sie, wie allmählich Leben in den Haushalt kam. Auch das Wasser floss jetzt gurgelnd aus der Leitung. Sie spürte die alte Sehnsucht in sich, es war, als wartete sie auf irgendetwas. So wie die Erde auf Regen wartet, dachte sie und leckte sich über die trockenen Lippen.

Sie dachte an den See im Park und – obwohl sie das nicht wollte – an das schmale Gesicht des Gärtners, der dort arbeitete, und wie er so respektvoll *»Namaste«* sagte und sie dabei auf eine Weise ansah, die die Distanz zwischen ihnen aufhob und alle Schranken, die Klasse, Kaste und die Schicklichkeit setzten, bedeutungslos machte ... Sie sollte wirklich nicht so oft dorthin gehen. Aber Kishore mag den Park so gern, schob sie ihre Bedenken beiseite, und sie dachte daran, wie begeistert ihr kleiner Junge unter den Parkbäumen umherlief und die Sittiche beobachtete, die die Niembeeren aufpickten. Im Park erzählte sie ihm immer Geschichten von ausgedachten Menschen, die in den Ruinen um den See lebten und sich tagein, tagaus von nichts als süßen Milchspeisen ernährten.

Der Park lag auf dem Weg zum Gemüsemarkt, der täglich spätnachmittags wie eine kleine Stadt auf den Bürgersteigen aufgebaut wurde, mit edelsteingleich schimmernden Türmen violetter Auberginen, Kaskaden von Korianderblättern und Zitadellen aus dicken, glänzenden kleinen Zwiebeln. Der Markt war ihr Vorwand für die heimlichen Besuche des Sees im Park, immer mit ihrem Sohn (der arme, unschuldige Junge!) als Anstandsbegleiter und Beschützer. Von ihren Schläfen perlte der Schweiß; sie tupfte ihn mit einem Zipfel ihres Saris ab und dachte an den klaren, kühlen See und wie das Wasser dort ihre nackten Zehen wie mit Lippen berührte. Ich bin eine Verfluchte, dachte sie mit einem Schauder. Meine Schwiegermutter hat Recht, das Wasser zieht mich unwiderstehlich zu sich, und wohin, wenn nicht in den Tod? Es gibt wirklich Familien, die unter einem Fluch stehen. Sie dachte an ihre eigene Mutter und die Mutter ihrer Mutter und beschloss, heute nicht zum See zu gehen, auch wenn Kishore dann weinen würde.

Am Ende brach sie dieses sich selbst gegebene Versprechen aber doch, wie schon so viele Male zuvor. Kein Hauch regte sich in der trockenen Hitze, und Susheela kam es so vor, als wäre die Luft in ihrer Lunge zu etwas Festem erstarrt. Sie erledigte blindlings ihre Aufgaben, kochte, trug das Essen auf und stellte das schmutzige Geschirr laut klappernd in die Spüle, wo der Abwaschjunge es sich vornehmen würde, wenn er abends kam. Die Großmutter brachte Kishore zum Mittagsschlaf ins Bett. Susheela sammelte die Küchenabfälle – Kartoffelschalen, Rübenstiele und Essensreste – in einer zerbeulten Dose und ging zum vorderen Gartentor. Unter ihren Füßen raschelte totes Laub. Sie kippte die Abfälle neben dem Gartentor aus und wartete darauf, dass Muniya, die alte Kuh des Milchmanns, langsam den Weg heruntergewandert kam.

Die schmale Straße lag gleißend in der Hitze. In den drei Shisham-Bäumen im Garten regte sich kein Hauch, die runden Blätter hingen schlaff herab. Das Haus hockte hinter ihr wie eine gelbe Katze. Der Verputz der Fassade war stellenweise abgeblättert, und darunter sah wie eine Fleischwunde rötlicher Backstein hervor. Susheela lehnte sich auf das Tor. Ein winziges Lüftchen raschelte in den trockenen Blättern der Bäume. Es roch nach Staub. Doch Susheela meinte Wasser zu riechen.

Plötzlich kam sie zu einem Entschluss. Sie schlich sich ins dunkle, stille Haus und stellte erleichtert fest, dass die Großmutter neben Kishore eingeschlafen war. Die beiden lagen beieinander wie erschöpfte Kinder, schweißnass, und die alte Dame hatte den Arm beschützend um den Jungen gelegt. Ich bin ihm keine gute Mutter, dachte Susheela. In ihren Augen brannten Tränen. Sie trat nach draußen, ins grelle Licht und den Staub des Nachmittags.

In weniger als zehn Minuten hatte sie das schmiedeeiserne Tor erreicht, über dem das rostige, nicht mehr entzifferbare Schild »Archeological Survey of India« angebracht war. Sie verharrte einen Moment und blickte sich etwas besorgt um. Ein Fahrradreparateur döste, sein Werkzeug um sich verstreut, unter einem Baum, doch sonst war niemand zu sehen. Sie trat durch die Lücke im Zaun, wo früher einmal eine Pforte gewesen war; drinnen warfen hohe Niembäume tiefe Schatten. Dort ruhten zwei Angestellte in der Mittagspause. Dann erblickte sie den Gärtner, schlafend, den Turban übers Gesicht gebreitet. Der Ochse, der den Rasenmäher gezogen hatte, lag neben ihm wie ein weißer, buckliger Berg und käute wieder. Susheela schlich lautlos zum Seeufer.

Der See war klein, kaum mehr als ein großer Teich. Die Steine des gepflasterten Ufers waren vom Alter braun und verwittert; an der einen Seite lag eine Ruine mit einer halb zerfallenen Treppe, die ins stille, grüne Wasser führte. Susheela wusste nicht, aus welcher Zeit der Bau stammte und wer ihn genutzt hatte, doch es war hier unter den Niembäumen still und friedlich. Das Wasser stand in diesem heißen Sommer ungewöhnlich tief, doch die Feuchtigkeit reichte für ein paar zarte blaue Lotusblumen, die im Schatten blühten.

Sie lehnte sich gegen einen Baum und genoss den Frieden. Dann zog sie einen schlanken, braunen Fuß aus dem bestickten Schuh und ließ ihn über das sonnenwarme Pflaster in den See gleiten. Sie spürte die kühle, seidige Berührung des Wassers, und eine ungeheure Sehnsucht erwachte in ihr. Sie wollte spüren, wie das Wasser die trockene Hitze aus ihrem Körper saugte und sie in seine feuchte Umarmung nahm …

Irgendein winziges Geräusch brachte sie mit einem Ruck zu sich. Eilig zog sie den Fuß zurück und wischte ihn am Pflaster ab. Was hätte sie da fast getan? Ein Schweißtropfen rann ihr über die Wange und in den Mundwinkel. Dann erblickte sie etwas im See, das auf sie zuschwamm und das Wasser kräuselte. Vielleicht eine Schildkröte – oder eine Schlange? Sie beugte sich vor und spähte hinein. In der smaragdgrünen Tiefe schossen blasse Fische auseinander, als das Wesen näher kam. Es war eine Schlange – eine Kobra.

Gerade als sie das erkannt hatte, flog ein Stein durch die Luft und fiel in der Nähe der Schlange ins Wasser. Die Kobra tauchte unter und verschwand.

Susheela spürte ein Kribbeln auf der Haut. Der Gärtner stand neben ihr.

»Es soll ein gutes Zeichen sein, wenn man am Tag vor dem Schlangenfest eine Kobra sieht«, sagte er. Er wischte sich mit dem Turban den Schweiß vom Gesicht. »Das kündigt Regen an. Aber man sollte die Fürsten der Naag besser nicht zu nahe an sich heranlassen, *Behen.* Hätten Sie gern ein paar Blumen? Goldregen, gelb wie die Sonne, wunderschön, in Ihren Haarknoten eingebunden, auf Ihrem Hals ... oder hätten Sie lieber... ein zartes Zweiglein Nachtjasmin?«

Sie wich nervös zurück. Einen Moment lang stellte sie sich seine Finger auf ihrem Nacken vor.

»Nein, ich möchte nichts«, erwiderte sie knapp. Er sah sie ganz schamlos an, als wäre sie eine Frau seiner eigenen Klasse und nicht eine ehrbare verheiratete Hausfrau. Aber ehrbare verheiratete Hausfrauen gingen auch nicht allein im Park spazieren.

»Falls Sie jemals irgendetwas brauchen ... stehe ich Ihnen gern zu Diensten. Aber sagen Sie, wo ist Ihr kleiner Junge?«

Ach, warum hatte sie nur Kishore nicht mitgenommen? Sie sah sich angstvoll um und entdeckte zu ihrer Beruhigung ein junges Paar, das in den Park kam, verstohlen Händchen haltend. Ihre Furcht legte sich ein wenig.

»Ich muss gehen«, sagte sie, sich aufrichtend. Der Gärtner legte die Hände zusammen, als akzeptierte er die Zurückweisung, doch sein Blick zuckte über ihr Gesicht. *»Achha, behen-ji«*, sagte er. Jawohl, Schwester. Er sah ihr nach, als sie ging. Sie war sich bewusst, dass ihre Hüften sich bewegten, dass ihre Arme ganz leicht schwangen und ihre Füße mit jedem Schritt Staub aufwirbelten. Sie holte erst wieder Atem, als sie draußen auf der Straße war.

Sie war ohne inneres Gleichgewicht aufgewachsen. Schon ihr ganzes Leben lang trug sie eine Leere in sich, die machte, dass sie ohne rechte Mitte war und den Schutz von Bäumen, Mauern und der Wildnis suchte. Nichts, was sie im Leben unternommen hatte – weder ihr Studium noch ihre Heirat und nicht einmal die Geburt ihres Sohnes –, hatte diese Leere gefüllt, dieses Gefühl, als warte ausgedörrte Erde auf Regen. Sie wartete noch immer.

In ihrer Kindheit war das Schlangenfest etwas ganz Besonderes gewesen. Diesen einen Tag hatte sie immer als etwas begriffen, das ihr persönlich gehörte. Hier in dieser kleinen Stadt, in der ihr Mann aufgewachsen war, feierte man Naag Panchami nur mit einem Besuch im Tempel und Gebeten, die vor Tod durch Schlangenbiss schützen sollten. Doch in ihrer Heimatstadt Ujjain würden morgen besondere Zeremonien stattfinden und Prozessionen durch die Straßen ziehen …

Bei ihren Eltern zu Hause hatte Susheela an jedem Feiertag ihrer Mutter geholfen, den Altar mit Opfergaben von Blumen und Süßigkeiten zu schmücken. In Seide gekleidet hatte Susheela dann mit ihrem Bruder auf dem mit Blumen bestreuten Boden gesessen und zugesehen, wie ihre Mutter die Öllämpchen anzündete. In deren flackerndem Licht wurde die Mutter immer ganz feierlich und sang die alten Sanskrit-Worte: Huldigungen an die Schlangen der Erde. Huldigungen an die Schlangen in den Strahlen der Sonne, die Baum-Schlangen. Huldigungen an die Schlangen des

Wassers, Huldigungen an sie alle. Dann wurden die Namen der Schlangenfürsten rezitiert: Anantha, der die Welt mit den Windungen seines Leibes trägt, Vasuki, der König, der die sagenhafte edelsteinschimmernde Unterweltstadt der Schlangen regiert, Takshaka, Muchilinda, all die höheren und geringeren Fürsten. Sie bringen uns Leben, erklärte ihre Mutter dann immer; sie schenken Fruchtbarkeit und Erneuerung. Sie bringen auch den Tod. Sie sind im Feuer des Agni und im Ur-Ozean.

Wenn sie geendet hatte, wandte die Mutter sich ihren Kindern zu und nahm ihre Tochter Susheela auf den Schoß. Dann erzählte sie Geschichten, wundersame Geschichten, wild oder traurig: Wie die Schlangengottheiten mit den Göttern sprachen und sich heimlich unter die Menschen mischten; von ihren erlesenen Unterwasserpalästen, wo sie angesammeltes Wissen und Weisheit hüteten, bis die Menschheit reif war für dieses Geschenk. Beim Erzählen bewegte ihre Mutter die Hände, sanft oder heftig, und die mit Worten und Gesten erzählten Geschichten erwachten in der duftenden Luft zum Leben. Das städtische Hindi ihrer Mutter wich dem singenden Dorfdialekt, den sie als Kind gesprochen hatte. Schon als Fünfjährige hatte Susheela begriffen, dass das, was bei diesen Anlässen weitergegeben wurde, ganz besonders für sie bestimmt war; ihr Bruder, der ihnen mit betrübten Augen gegenübersaß, war auf eine unerklärliche Weise ausgeschlossen.

Das Schönste daran aber war, dass sie alle drei im Mysterium der Zeremonie eine Zeit lang wie in einem Kokon vor der alltäglichen wortlosen Bitterkeit zwischen ihren Eltern geschützt waren. An Naag Panchami hielt ihr Vater sich ihnen fern und die Familie genoss einen ungewohnten Frieden. Als Susheela älter wurde, meinte sie immer klarer zu sehen, dass die ungute emotionale Unterströmung zu Hause – das Streiten hinter verschlossenen Türen in der Nacht, wobei ihr Vater oft wütend und laut wurde, und der Kummer, die Schuldgefühle und die Sehnsucht in den Augen ihrer Mutter – dass all dies ihre, Susheelas, Schuld war. Der Vater behandelte sie mit einer distanzierten Aufmerksamkeit; seine Liebe schenkte er ganz allein seinem Sohn, und wann immer er den Jungen ansah, drückte sie sich in seinen Augen aus; er wusste nicht, dass sein Sohn ihn fürchtete und sich danach sehnte, ihm zu entkommen.

Susheela erinnerte sich noch genau, wie es gewesen war, von der Schule nach Hause zu kommen. Die dunkle, auf Hochglanz polierte Diele und die hohen Deckenbögen – wie klein das Haus sie gemacht hatte. Im Garten hatte sie sich davon erholt, da waren die Sittiche in den Guavenbäumen und die drei Nachtjasminbäumchen (ihre Lieblingspflanze) mit den winzigen leuchtenden Blüten ... Dann war sie ganz plötzlich erwachsen gewesen und man hatte ihre Ehe mit einem Fremden arrangiert, den sie vor der Hochzeit nur dreimal sah. Einmal kam er zum Tee in den Garten, und später waren sie unter den wachsamen Augen ihrer Mutter und ihrer Tanten spazieren gegangen. Susheela hatte ihre Zurückhaltung verloren und ihm die Bäume, die Blumen und ihren Lieblingsplatz im Schatten des Jambulbaums gezeigt, und sie war beeindruckt gewesen, wie sanft dieser große, stille Mann seine Hände über die Blüten und die reifen Früchte gleiten ließ. Sie hatte sich gewünscht, dass er sie auch so berührte ...

In den fünf Jahren ihrer Ehe hatte das Fest ihr nichts gebracht außer Schatten der Vergangenheit und kleinen Geschenken ihres Bruders. Doch dieses Jahr – dieses Jahr war anders. Die Intensität des alten Traums, die Enge in der Brust, das Gefühl atemloser Erwartung ... Als Susheela in das stille, dämmrige Haus trat, sehnte sie sich plötzlich nach ihrem Sohn. Doch er schlief noch im Bett der Großmutter. Sie hätte ihn gern in den Arm genommen und nie wieder losgelassen, denn sie fürchtete, dass sie nicht zögern würde, ihn für den namenlosen Hunger in ihrem Inneren zu verlassen.

Am späten Nachmittag, als die Hitze schon ein wenig nachgelassen hatte, kam Susheelas Mann von der Arbeit nach Hause. Er hieß Prakash, aber sie dachte nie mit seinem Namen an ihn, sondern immer nur mit dem Gefühl, das er in ihr auslöste, dieser Mischung aus Verwirrung und Sehnsucht.

Kishore rannte ihm zur Tür entgegen und rief mit seinem hellen Stimmchen: »Baba!« Als sie ihrem Sohn gesagt hatte, dass sie nicht in den Park gehen würden, war er den ganzen Nachmittag verdrossen gewesen. Schließlich hatte sie ihm ein Papierschiffchen gefaltet und ihm erlaubt, damit im Wasser zu spielen, das für den Abwasch bereitstand. Jetzt streckte er seinem Vater das feuchte Schiffchen entgegen. Ein kurzes Lächeln erhellte das ernste Gesicht des Mannes und betonte die Falten, die ihn älter aussehen ließen, als er war. Er warf Susheela einen kurzen Blick zu und ging nach hinten, um sich die Hände zu waschen. Ein muffiger Hauch von Büro und alten Akten wehte hinter ihm her. Susheela, die im heißen, stillen Esszimmer mit der silbernen Teekanne und dem Teegebäck zurückblieb, fühlte sich plötzlich vollkommen hoffnungslos.

Wie war es so weit gekommen?

Früher einmal hatte sie ihn beinahe geliebt. Nicht zu Beginn – sie erinnerte sich, wie sie an der Seite dieses Mannes, den sie kaum kannte, voller Angst unter dem Baldachin aus Ringelblumen vor dem Hochzeitsfeuer auf dem Vorgartenrasen gesessen hatte. Ihr Vater war im Jahr zuvor gestorben. Sie hatte den großen Bungalow in der Vorstadt zurückgelassen, den wunderschönen Garten, der ihre Zuflucht gewesen war, und ihre Mutter, die nach den Jahren ihrer unglücklichen Ehe nun heiterer wirkte, aber nach wie vor etwas Unruhiges, Zerbrechliches an sich hatte – all das hatte sie für ein Leben als Ehefrau eines Bilanzbuchhalters in einer fremden Stadt aufgegeben. Aber die Freundlichkeit ihres Mannes hatte sie für ihn eingenommen. Seine liebevolle Aufmerksamkeit hatte sie mit einer freudigen, ungläubigen Erleichterung erfüllt und ihre Ängste zerstreut, dass ihr Leben als Ehefrau so trübselig und freudlos verlaufen würde wie das ihrer Mutter. Sie hatte sich allmählich in ihn verliebt, in seine Geduld, sein langes, nachdenkliches Schweigen und den unerklärlichen, rührenden Ernst, mit dem er sich seinem Beruf widmete. Doch dann, kurz nach der (nahezu schmerzlosen) Geburt ihres Sohnes, war alles anders geworden. Ihr Mann war ihr plötzlich aus dem Weg gegangen, und manchmal hatte sie ihn dabei ertappt, wie er sie auf eine ganz eigenartige, misstrauische Art von der Seite ansah, die ihr unergründlich blieb. Das hatte ihre natürliche Mutterfreude sehr getrübt.

Er war nie auf ihre Fragen eingegangen und ihrem Flehen, ihren Tränen, ihrem Zorn mit gequältem Schweigen begegnet. Schließlich hatte sie akzeptiert, dass es zwischen ihnen so bleiben würde. Jetzt, vier Jahre später, war er immer noch der freundliche, ruhige Mann, als den sie ihn kennen gelernt hatte, doch er war distanziert geblieben; er sah sie kaum mehr an, nicht einmal, wenn sie (was selten vorkam) sich liebten.

Der Abend kam – die Dunkelheit brach herein und durch die Ritzen in den Fensterläden schwärmten die Moskitos ins Haus. Der Stromausfall dauerte noch an, und so entzündete ihr Mann Kerzen, die lange, zitternde Schatten durchs Zimmer warfen. Die Luft war schwer wie eine Decke.

Plötzlich hörte man ein Krachen im Haus und das Platschen von Wasser. Die Schwiegermutter schrie: »Susheela?

Arrey, Susheela! Schau doch, was dein Sohn gemacht hat! Weine nicht, mein Liebling ...«

In der von einer Kerze schwach erhellten Küche stand Kishore triefend in einer Pfütze. Der Kübel, in dem das Wasser für den Abwasch bereitgestanden hatte, war umgekippt. Der Junge weinte laut und hielt die durchweichten Reste des Papierschiffchens umklammert. Als Susheela ihn auf den Arm nahm, schüttelte die Schwiegermutter den Kopf: »Es ist der Fluch, der auf deiner Familie liegt!«, sagte sie. »Es zieht euch zum Wasser – und zum Tod! Er ist mit dem Schiffchen in den Kübel geklettert. Wäre ich nicht gerade noch rechtzeitig hereingekommen, wäre er ertrunken. Mein armer Junge, was soll nur aus ihm werden!«

»Lass sie in Ruhe, Ma-ji«, sagte Susheelas Mann. Er stand in der Tür und warf Susheela einen kurzen, scheuen Blick zu. Als sie mit ihrem Sohn zur Tür ging, legte er dem Jungen die Hand auf den tropfnassen Kopf.

»Susheela?«

Er sprach ihren Namen zögernd und fragend aus, doch ihre Augen füllten sich sofort mit Tränen. Sie ging mit ihrer Last an ihm vorbei. Im Schlafzimmer stellte sie Kishore aufs Bett, um ihn abzutrocknen und umzuziehen.

»Ich mach dir morgen ein neues Boot«, versprach sie, froh, dass er im Halbdunkel ihre Tränen nicht sehen konnte.

Das gab es wirklich, dass ein Fluch auf einer Familie lag ... Sie erinnerte sich, wie ihr Bruder sich damals, als sie Kinder waren, zum Teich am Ende der Straße fortgestohlen hatte, und wie der Vater ihn gescholten hatte, als er dann tropfnass und halbnackt auf dem glänzenden Dielenboden stand. Doch er hatte bei dem Jungen nicht das Geringste erreicht; am Nachmittag des folgenden Tages machte er sich wieder mit den Kindern der Dienstboten davon und plantschte und tauchte im Teich zwischen den leuchtend grünen Seerosenblättern. Abends kam er dann widerwillig nach Hause; er stieg durchs Esszimmerfenster ein, begeistert von seinem Abenteuer, und nahm Susheela das hochheilige Versprechen ab, ihn nicht zu verpetzen ...

Plötzlich war wieder Strom da. Susheela blinzelte geblendet ins Licht. Die Deckenventilatoren nahmen ihre schwerfällige Kreisbewegung wieder auf und in die stickige Luft kam Bewegung. Ihr Sohn lachte, sprang vom Bett und machte sich auf die Suche nach seinem Vater, die Ärmchen wie Flugzeugflügel ausgebreitet.

Spät am Abend, nachdem der Abwaschjunge mit dem Geschirr fertig und nach Hause entlassen war, stand Susheela allein in der Küche und erledigte die letzten Arbeiten des Tages. Sie hörte die leisen Stimmen aus dem Fernseher, der im Wohnzimmer lief. Im kleinen Schlafzimmer, das ihr Sohn mit seiner Großmutter teilte, sang die alte Frau ein altes, halb vergessenes Schlaflied. Im Vorratsraum blickten die Götter Susheela über die Fässer und Getreidesäcke hinweg vom Altar her an – eine Messingstatue Vishnus, des Welterhalters, der unter der schützenden Haube der großen Schlange Anantha ruhte; Krishna mit seiner Flöte, ein meditierender Buddha und ein Bild Shivas. Sie entfernte welke Blüten vom Altar, steckte ein Räucherstäbchen an und sah zu, wie der Rauch sich zur rauen, weiß verputzten Decke emporkringelte.

Eine letzte Aufgabe blieb noch zu tun. Sie füllte ein Metallschälchen mit kalter Milch, stellte den Rest der Milch in den Kühlschrank zurück und griff nach der Taschenlampe. Damals daheim in Ujjain hatte sie ihrer Mutter jeden Abend bei diesem Ritual zugesehen. Jetzt, da ihre Mutter nicht mehr da war, verschaffte die tägliche Geste ihr Trost. Sie trat in den stillen, mondbeschienenen Garten hinter dem Haus und hielt sich dicht bei der Mauer. Sie ging zum Nachtjasminbäumchen, das zwischen vertrockneten Büschen und stacheligem Gestrüpp seine grünen Zweige stolz emporreckte. Es blühte immer dann, wenn nichts anderes blühte, als gehorchte es den Gesetzen eines anderen Universums. Unter dem Bäumchen lag ein großer Stein, auf den sie das Milchschälchen stellte. Sie schaltete die Taschenlampe aus. Ob die Schlangen wohl kommen würden, wie ihre Mutter immer behauptet hatte? Normalerweise stellte Susheela die Milch einfach auf den Stein und ging ins Haus zurück, aber heute wollte sie abwarten.

Der Duft der Jasminblüten stieg ihr in die Nase. Das kleine Bäumchen gedieh prächtig. Es war im vergangenen Winter am Tag vor dem Diwali-Fest aufgetaucht. Sie war gerade mit ihrer Schwiegermutter vom Markt zurückgekommen. Der Abwaschjunge wusste nicht, wer am Nachmittag aufs Grundstück gekommen war und das Bäumchen gepflanzt hatte. Susheelas Schwiegermutter sagte, bestimmt sei es der Gärtner gewesen, der im Park arbeitete – er hatte sich in der Nachbarschaft um Gartenarbeiten beworben. Oder vielleicht war es die Dame aus dem Großen Haus gewesen, die Frau des Chefs von Susheelas Mann, die diesen riesigen, prachtvollen Garten besaß, den die Schwiegermutter so oft bewundert hatte. Das war es, was Susheela gern glauben wollte.

Das Bäumchen selbst konnte jedenfalls nichts dafür, woher es kam. Sie hatte es vom ersten Moment an geliebt. Jetzt stand es, wunderschön anzusehen, im Mondlicht und tauchte den großen Stein zum Teil in Schatten. Sie schloss die Augen und atmete den Blütenduft ein. Dann hörte sie ein Geräusch – ein leises, trockenes, gleitendes Geräusch, das Reiben von Schuppen auf Stein. Als sie die Augen wieder aufschlug, war der Glanz des Mondlichts auf dem Metallschälchen plötzlich weg, und sie meinte, dunkle, sich ringelnde Schatten auf dem Stein zu erkennen. Lasst es morgen regnen, betete sie lautlos. Für jenes andere, Unbestimmte, das sie begehrte, hatte sie keinen Namen.

Ganz behutsam sammelte sie eine halbe Hand voll Blüten vom Baum und ging ins Haus, ohne die Taschenlampe wieder anzuschalten. Drinnen legte sie die Blüten auf den Altar in der Küche. Morgen stecke ich mir welche ins Haar, sagte sie sich und drehte das Licht aus.

In dieser Nacht schlief Susheela in Gedanken an ihre Großmutter mütterlicherseits ein, die sie nur von alten Familienbildern kannte. Diese Frau hatte in einem großen, altmodischen Haus auf dem Dorf gelebt und sechs Kinder großgezogen. Eines Tages war der Fluss über die Ufer getreten und hatte das große Haus überschwemmt. Die Familie hatte sich aufs Dach gerettet. Der älteste Sohn fehlte jedoch – er hatte Nachbarn besucht. Großvater hatte sich das Bein verletzt, und so war Großmutter in das kleine Boot gestiegen und hatte es mit einer langen Stake durchs schlammige Wasser voller Treibgut und verwirrter Flussfische gesteuert. Sie hatte ihren Sohn gefunden, nach Hause gebracht und war dann ihren Nachbarn zur Hilfe gekommen. Sie rettete eine Frau von einem Baumwipfel, mehrere Menschen, die sich an Hüttendächern festklammerten, und eine Vielzahl von Tieren, darunter Hunde, Zicklein und Bisamratten. Am Abend bereitete sie auf dem flachen Dach ganz gelassen das Abendessen über einem Kohlenfeuer zu, als wäre gar nichts Ungewöhnliches vorgefallen. Als die Dunkelheit hereinbrach, erklärte sie ihrem ältesten Sohn, der noch wach lag, sie habe noch etwas zu erledigen. Sie warf einen letzten Blick auf ihre erschöpft schlafende Familie, stieg ins Boot, stieß sich mit der Stake ab und verschwand über das schlammige Wasser. Sie wurde nie wieder gesehen.

Um diese legendäre Großmutter rankten sich zahllose Geschichten. Sie habe sich dem Fluss geopfert, sagten die Leute, damit es nie wieder zu einer Überschwemmung komme. Susheelas Mutter war das jüngste Kind und noch ein Teenager, als ihre Mutter verschwand; auch Jahre später erinnerte sie sich gut daran, redete aber nicht gern darüber. Beim Gedanken daran fiel ihr Gesicht in sich zusammen. Susheela blickte dann in die Augen ihrer Mutter und meinte zu sehen, was die Mutter sah: die Flut, das dunkle Wasser, die einsame Frau im Boot, die unter einem schweigenden Himmel zwischen den überschwemmten Häusern hindurch davonstakte.

Susheela wusste, dass ihre Mutter von den Schatten der Vergangenheit verfolgt wurde. Kurz nach ihrer Hochzeit hatte Susheela erfahren, dass die Mutter zu einem Besuch in ihrem Heimatdorf aufgebrochen sei. In diesem Moment hatte sie eine unbestimmte Vorahnung überkommen. Doch sie war frisch verheiratet und schwanger und man hatte ihr nicht erlaubt, ihrer Mutter nachzureisen. Einen Monat später hatte Susheela von ihrem Bruder erfahren, dass die Mutter eines Morgens mit Opferblüten zum Fluss gegangen sei, und dass man ihre Kleider noch am selben Tag ein Stück flussabwärts im Wasser gefunden habe. Kurz darauf hatte Susheela einen Brief ihrer Mutter erhalten, den diese einige Tage vor der Tragödie geschrieben hatte; die Adresse auf dem Umschlag war nahezu unleserlich und die Tinte so verwischt, dass man den Brief nicht mehr entziffern konnte, als hätten die Seiten im Regen gelegen. Da hatte Susheela deutlich gespürt, dass irgendetwas schwer Fassbares aus dem Leben ihrer Mutter in ihr eigenes Leben übergegangen war. Seit beinahe fünf Jahren trug sie es nun mit sich herum, ein Geheimnis und eine Bürde in ihrem Inneren.

Sie hatte den großen Strom ein einziges Mal gesehen, als Kind. Jetzt kam er im Traum zu ihr und floss als breites, gewundenes Band zwischen schutzlosen Städten, offenen Feldern und der Wildnis dahin. Sie träumte von Überschwemmungen, Erdbeben, wankenden Bauten und einer sich aufbäumenden Erde, die ihre alten Hüllen von sich schleuderte und Wurzeln, Felsen und Finsternis zum Vorschein brachte. Zweimal wachte sie auf und lag zitternd im Dunkeln, lauschte mit aufgerissenen Augen auf den Atem ihres Mannes. Ich muss gehen, dachte sie, selbst wenn es der Tod wäre, der mich ruft.

Der Morgen erfüllte das Haus mit einem blassgrauen Licht und durch das geöffnete Fenster wehte ein kühler Wind, der nach Staub und Vorfreude roch. Susheela ging leicht schwindlig und atemlos von Zimmer zu Zimmer und wischte geistesabwesend mit dem Staubtuch herum. In der Küche nahm sie ein paar Nachtjasminblüten vom Altar, zögerte einen Moment und steckte sie dann um des Duftes willen in den Ausschnitt ihrer Bluse. Sie hatte nicht die Geduld, einen Blütenkranz zu flechten und sich ins Haar zu winden. Als die Schwiegermutter die Küche betrat, rollte Susheela bereits die Fladen fürs Frühstück aus. Ihre Familie aß, sie selbst hatte keinen Appetit. Ihr Mann schob seinen leeren Teller mit einem Seufzer von sich und schlug die Sonntagszeitung auf.

Susheela ging zum Vorderfenster des Wohnzimmers und setzte sich auf die kalte Fensterbank. Am Himmel hing eine Armee dunkler Wolken, und der Wind fuhr raschelnd durch die trockenen Blätter der Bäume. Die ersten Regentropfen fielen und zeichneten den Staub des langen Sommers wie mit Pockennarben; doch es dauerte nur ein paar Minuten, da war der Staub zu Schlamm geworden, die Straßengräben zu Wildbächen, und von der Erde stieg ein aromatischer Duft empor wie ein erleichtertes Ausatmen, kühl und feucht. Alle Geräusche gingen in der Musik des Regens unter. Die Nachbarn traten lächelnd in die Türen und sahen nachsichtig ihren Kindern zu, die aus den Häusern rannten und auf der vom Regen überschwemmten Straße tanzten. Dann donnerte es und Lichtblitze zuckten über den Himmel. Eltern riefen nach ihren Kindern. Susheela beobachtete den Regen und versuchte zu erlauschen, welche Botschaft in seiner Wassersprache enthalten sein mochte; was sang er, was trommelte er auf die Flachdächer, was gurgelte er in den Gräben? Der Gedanke, dass er ihr nach all ihrem sehnsüchtigen Warten vielleicht nichts zu sagen hatte, war ihr unerträglich. Wie sie so dasaß und lauschte, fiel ihr zunächst gar nicht auf, dass Kishore verschwunden war.

Er hatte geschmollt, weil sie ihn nicht mit den Nachbarskindern hatte hinausgehen lassen. Er musste sich weggeschlichen haben, während sie auf der Fensterbank vor sich hin träumte. Die Knie weich vor Schreck gab sie Alarm. Tee schwappte über, so heftig stellte ihr Mann seine Tasse auf den Tisch. Dann griff er nach einem Regenschirm und eilte nach draußen ins Unwetter.

Doch Susheela wusste genau, wo Kishore sein musste: Im Park, an dessen tiefster Stelle der See lag, ihr beider Lieblingsspaziergang. Sie raffte den Sari hoch und trat in den prasselnden Regen hinaus. Sie trug nur leichte Schuhe, die sich rasch mit schlammigem Wasser füllten, aber dennoch stolperte sie weiter. Ihn an einem solchen Tag so zu verlieren!

Der See war nur verschwommen zu sehen; der Regen war spitz wie Nadeln. Sie blickte sich ängstlich um, die Augen mit der Hand beschirmend. Da war er – er kauerte unter einem der Niembäume am Seeufer. Er hielt den Kopf vor dem Regen gesenkt und schluchzte wortlos, doch er ließ zu, dass sie ihn auf die Beine zog. Sie meinte, vom See her ein Geräusch zu hören, doch als sie sich umblickte, war nichts zu sehen.

Sie hielt Kishore fest an der Hand, halb schluchzend vor Erleichterung, und redete beruhigend auf ihn ein, während sie ihn durch Regen und Schlamm nach Hause zurückführte. Sie hörte ihren Mann rufen, und dann kam er auf sie zugerannt. Kishore blickte durch den Regenvorhang zu ihr auf, und sie meinte, erst Erstaunen in seinen Augen zu sehen und dann Angst. Er riss sich von ihr los und stürzte weinend zu seinem Vater. Die Schwiegermutter stand schon mit Handtüchern in der Vordertür und schimpfte laut und erleichtert. Susheela wollte ihrem Mann und ihrem Sohn folgen, sie musste ihren kleinen Jungen beruhigen. Warum hatte er sie so erschreckt angeschaut? Doch auf der obersten Treppenstufe blieb sie zögernd stehen. Der Regen strömte ihr übers Gesicht, rann in Sturzbächen über ihren Hals und zwischen ihre Brüste. Ihr Haarknoten hatte sich aufgelöst und das Haar schlang sich feucht um ihren Hals. Der Sari klebte auf ihrer Haut. Alles juckte. Jetzt sah sie, dass es silbrig auf ihren Armen schimmerte und dass diese Veränderung sich rasch über ihre ganze Haut ausbreitete. Ein Beben durchlief sie.

Sie empfand es so, als zöge die Schwerkraft sie zum See oder als hinge sie an einer unsichtbaren Leine, die nun eingeholt wurde. Sie machte kehrt, stolperte die Treppe hinunter und rannte durch den Wolkenbruch davon. Sie hörte, dass ihr Mann ihr nachrief, doch sie lief weiter, ohne innezuhalten. Sie rannte platschend durch die regenüberflutete Straße und den Park und stand endlich keuchend am Seeufer.

Sie hatte unterwegs die Schuhe verloren, und das Steinpflaster unter ihren Füßen fühlte sich schlüpfrig an. Sie hörte nur den Regen, der glitzernd auf den See fiel und auf die Erde niedertrommelte. Susheela streckte einen Fuß ins Wasser. Ein Schauder des Verlangens durchfuhr sie. Sie ging in den See hinein und rutschte dabei ein wenig auf den Steinen. Zwischen ihren Zehen gluckste der Morast. Das Wasser stieg an ihr empor – es umfing ihre Hüften, ihre Brüste, ihren Hals. Als das Wasser über ihrem Kopf zusammenschlug, empfand sie die Veränderung wie einen Stromstoß.

Die erste Empfindung war blankes Entsetzen, als hätte etwas Fremdes von ihrem Geist und ihrem Körper Besitz ergriffen. Sie schlug um sich, bäumte sich auf und fiel mit einem Platschen ins Wasser zurück. Sie versuchte zu sehen, wer oder was ihr die Arme an den Körper fesselte und sie zu ertränken drohte, doch der Regen fiel in dichten Schleiern nieder und versperrte ihr die Sicht. Ein Zucken schüttelte sie von Kopf bis Fuß; als sie das Bewusstsein verlor, spürte sie, wie warme Strömungen sie schmerzlos durchliefen, sie dehnten und zusammendrückten, formten und modellierten wie einen Klumpen Lehm auf der Töpferscheibe.

Als sie wieder zu sich kam, trieb sie auf dem Wasser und wusste nur, dass sie nach Luft schnappen musste. Sie kämpfte sich unter Drehen und Winden aus ihren Kleidern frei, bis der Stoff ihres Saris schlaff und leer im Wasser schwamm; sie hob den Kopf in den Regen und atmete. Dann drehte sie sich langsam und sah, dass ihr neuer Körper lang und geschmeidig und frei von Gliedmaßen war. Tausend unvertraute Sinnesreize stürmten auf sie ein: das Schwappen des Wassers gegen ihre Schuppen; die vollkommen fremdartige Empfindung, durch die Haut winzige Strömungsveränderungen wahrzunehmen, die auf ein Gewimmel von Lebewesen in ihrer Nähe hindeuteten; und die fremde Zunge in ihrem Mund, gespalten und unerträglich empfindsam. Jubel stieg in ihr auf; sie wurde sich der Geschöpfe in ihrer Nähe bewusst, lange, sich schlängelnde Gestalten, uralt, mächtig und vertraut. Die Leiber waren dunkel, die Köpfe schmal, die Augen lockend schwarz und lebendig. Sie drehte sich geschmeidig auf den Rücken und bemerkte, dass ihre Unterseite so hell war wie die der anderen. Jetzt schwammen diese ihr voraus und tauchten unter. Sie holte tief Luft und folgte ihnen in die Tiefen des Sees. Sie streifte Stein und spürte, dass sie durch die Gänge eines Unterwasserbauwerks glitt. Erinnerungen, die nicht die ihren waren und doch auf eine geheimnisvolle Weise zu ihr gehörten, stiegen in ihr auf: warme, enge Erdspalten, feuchte Dunkelheit, gewundene Leiber dicht an dicht mit dem ihren. Die Erde, der Mutterleib, der die Weite und Leere der Welt ausschloss.

Die Schlangen umschwammen sie und zeigten ihr mit sanftem Stupsen die richtige Richtung. Im dunklen Wasser waren sie wie schlanke, anmutige Geister. Eine männliche Schlange berührte ihren Kopf mit dem seinen und umwand sie in einer verschlungenen Spirale. Sie stiegen gemeinsam zum Atmen an die Oberfläche und schmeckten den Regen. Das Wasser umschmeichelte ihre Haut, und als der Kobramann, den Kopf dicht zu ihr geneigt, sie mit leidenschaftlich glänzenden, fragenden Augen ansah, barst etwas in ihrer Brust, als wäre ein Damm gebrochen und ließe all die Nöte und Sehnsüchte ihres kargen anderen Lebens entweichen. Jenes Leben, an das sie sich jetzt kaum mehr erinnern konnte, kam ihr so fern wie ein Traum vor; real war nur das Reiben von Schuppenhaut an Schuppenhaut, von Windung an Windung, und die majestätisch gespreizte Haube ihres Partners, mit dem sie im uralten, intimen Ritus der Zeugung verschlungen war. Als sie sich schließlich anmutig trennten und freundschaftlich nebeneinander im Wasser lagen, verausgabt, aber nicht erschöpft, drängte sich plötzlich ein Bild vor ihr inneres Auge, fremd und zudringlich: Ein kleines, heißes, staubiges Zimmer, ein Mann, der mit dem Rücken zu ihr schlief, so unerreichbar wie ein Berg in der Ferne. Das Bild war unverständlich und verstörend und sie schob es energisch weg. Die anderen Schlangen kamen von unten hoch, um Luft zu schöpfen, und sie gesellte sich zu ihnen und schlängelte sich mit ihnen spielerisch durch die Regentropfen. Es kam ihr immer stärker so vor, als müsse sie all das schon früher erlebt haben und als sei ihr alles hier vertraut, die Schlangen, der Regen und die Paarung im Wasser.

Das war unmöglich – aber dann schlug ein Gedanke in ihr Wurzeln und blühte ganz langsam empor, bis sie sich sicher war: Ihre Mutter hatte dasselbe getan. Auf diese Weise hatte sie Susheela empfangen ... Diese Entdeckung war so ungeheuerlich, dass sie nicht alles auf einmal begreifen konnte. Als die Schlangen wieder untertauchten und sie in ihrer wortlosen Sprache riefen, folgte sie ihnen zwischen die überfluteten Ruinen. Sie verstand, dass dies eine ihren Gefährten heilige Pilgerstätte war, und dass die fragmentarische Erinnerung daran von Generation zu Generation weitergegeben worden war. Die Bilder, die in Susheela aufstiegen, deuteten Katastrophen an, heroische Schlachten und lange, goldene Zeiten des Friedens und Wohlstands. Sie merkte, dass sie ihr die Geschichten zum Geschenk machten. Susheela selbst hatte keine eigenen Geschichten, bis auf die Erinnerungen an Mutter und Großmutter, und die anderen nahmen sie, wie es ihr vorkam, großmütig an.

Nun aber ließ der Regen nach. Sie schwamm zur Oberfläche empor und sah, dass die Sonne hinter den Wolken hervorkam. Die anderen Schlangen schwammen gelassen von ihr weg, und ihre Abschiedsgrüße hallten in Susheela nach. Bis zum nächsten Mal, schienen sie zu sagen, wann immer das sein mochte; dabei hatte sie so viele Fragen. Doch die Schlangen waren schon verschwunden; sie waren über das uralte Pflaster des Seeufers davongeglitten und in Ritzen und Höhlen der alten Ruine, unter Büsche, in hohle Bäume und an andere geheime Orte geschlüpft. Das Letzte, was von ihnen blieb, waren Wasserringe, die sich auf der sonnenglänzenden Oberfläche ausbreiteten und kräuselnd überlappten. Warum hatten sie sie verlassen?

Von den Niembäumen tropfte das Regenwasser; in ihrem Schatten hockte ein kleiner, smaragdgrüner Frosch auf einem Lotusblatt. Susheela trieb mitten im See, verwirrt und mit einem Gefühl der Verlassenheit. Dann kam ihr wie aus einer fernen Zeit die Erinnerung an das Gewicht ihres kleinen Sohnes auf ihrem Schoß, und wie er das Kinn hob und sie um eine Geschichte bat, die Oberlippe mit einem Milchrand verschmiert. Sie machte kehrt und schwamm zum Seeufer zurück und fühlte dabei, wie sie schwerer und immer schwerer wurde, bis sie ihre Arme wieder spürte und ihre nackte Haut, deren Schuppen schon verblassten. Sie fühlte sich fremd und unbeholfen in ihrem Körper; schließlich stand sie im knietiefen Wasser und blickte auf ihre braunen, in der Sonne leuchtenden Arme hinunter, auf ihre schlammbeschmierten Brüste und die glänzenden Dehnungsstreifen an ihrem straffen, leicht gerundeten Bauch. Die Welt um sie herum wurde allmählich wieder deutlich; sie spürte, dass ihr Kopf schon wieder klarer war. Sie fuhr sich mit der Zunge über die Lippen und bemerkte die winzige Kerbe in der Zungenspitze, die sie vorher nicht gehabt hatte. Hinter ihr, unter der grün schimmernden Oberfläche des Sees, lag das Versprechen jener anderen Welt. Sie blickte sich um und sah, dass ihr Sari, ihre Bluse und die Unterwäsche ganz in ihrer Nähe im Wasser schwammen, zwischen im See treibenden Nachtjasminblüten.

Eine Zeit lang stand sie still im Wasser, mit dem betäubenden Gefühl, dass alles neu war; sie dachte nach, aber nicht in Worten oder nicht in den Worten, die sie bisher gekannt hatte. Sie wusste, dass ihre Mutter auch einmal so dagestanden und erregt und verwirrt das neue Leben gespürt hatte, das sich in ihr regte. Jetzt endlich konnte sie in die Haut ihrer Mutter schlüpfen und nachvollziehen, was diese durchgemacht hatte – das Dilemma der Entscheidung zwischen zwei Welten, und das Gefängnis aus Liebe und Schuldgefühlen, das sie sich selbst bereitet hatte. Die Wehmut ihres Bruders – wie Susheelas eigener Sohn war er von einem Mann gezeugt worden; er würde immer den Ruf seiner Mutterseite vernehmen, aber sich niemals verwandeln können. Er würde niemals erfahren, wie es sich anfühlte, geschmeidig und anmutig unter Wasser zu tanzen, die Welt durch die Haut zu kosten und Lebensspender, Regenbringer und Todesfürst zu sein. Das Kind aber, das Susheela jetzt im Leib trug, würde so sein wie sie: ein Wesen, das in zwei Welten existieren konnte.

Zwei Welten ... Vor ihrem inneren Auge stiegen Bilder auf: das warme Gelb des Hauses, das Nachtjasminbäumchen. Sie erinnerte sich an den Rhythmus der Tage, an die morgens gemütlich von Haus zu Haus zockelnde weiße Kuh Muniya und an den Geschmack frischer Milch. Und an Kishore ... Nein, sie war noch nicht bereit, das alles zurückzulassen. Dafür war es noch zu früh. Sie würde morgen wieder zum See zurückkehren, um zu lernen, wie sie ihr Leben zwischen Wasser und Erde, Feuer und Schatten aufteilen konnte, bis es Zeit für den endgültigen Abschied war. Langsam und benommen sammelte sie ihre Kleider ein und stieg aus dem See. Sie stellte sich hinter einen Busch und wrang ihren Sari aus.

Ein Kribbeln auf der Haut; sie spürte den Gärtner, der um den Busch herumkam, einen Moment bevor sie ihn sah. Seine Augen waren voll Staunen und Begehren – er kam langsam auf sie zu, als wäre sie ein Traum, der sich sofort auflösen würde, wenn er nur stolperte. Sie beobachtete ihn neugierig und furchtlos, noch immer in ihrer Zwischenwelt gefangen. Er legte ihr bebend die Hände auf die nackten Schultern. Sie ließ zu, dass er sie so eng an sich heranzog, dass ihre Brüste an seinem feuchten Hemd flachgepresst wurden; sie spürte sein raues, kantiges Kinn an ihrer Wange. »Herrin«, sagte er. Sie schmeckte seine Haut und seinen Geruch auf der Zunge, und plötzlich kamen wie mit einem Donnerschlag die alte Angst und Verwirrung zurück. Ein bitterer Geschmack erfüllte ihren Mund; als er sie ins nasse Gras zog, reckte sie sich blindlings nach ihm und biss ihn seitlich in den Hals.

Sie sah zu, wie er zuckend auf dem Boden lag und um sich schlug. Als er still geworden war, spuckte sie aus und rieb sich das Gesicht mit den Händen, um endlich wieder einen klaren Kopf zu bekommen. Dann hob sie ihre Kleider auf, wrang und schüttelte sie aus und zog sich an. Ihr Haar war nass und zerzaust, doch sie kämmte es mit den Fingern zurück und fasste es so gut es ging zu einem Knoten zusammen. Noch einmal blickte sie auf den reglosen Körper des Gärtners und spürte ein unbestimmtes Unbehagen in sich aufsteigen.

Sie ging langsam nach Hause, sah sich dabei nach allen Seiten um wie ein Kind und ließ sich von Bildern, Geräuschen und Gerüchen überfluten: Männer auf Fahrrädern und das Schrillen der Fahrradklingeln, Kinder, die in den Regenpfützen herumplatschten und das Geschrei ihrer klaren, hellen Stimmen, glänzend nasse Autos, die hupend durch Schlaglöcher holperten, der Geruch der feuchten Erde und des warmen Dunsts, der jetzt schon vom Boden aufstieg, und das abtropfende Regenwasser aus den Zweigen über ihr. Langsam konnte sie sich wieder an alles erinnern. Der Heimweg. Er war vertraut und fremd zugleich.

Und dort vorn zockelte Muniya langsam die Straße entlang. Sie holte die große, weiße Kuhmatriarchin ein und streckte die Hand nach ihr aus, doch die Kuh scheute heftig vor ihr zurück, Angst in den dunklen Augen. Susheela stand in hilfloser Bestürzung da, Tränen traten ihr in die Augen. Sie versuchte es mit einem leisen Lockruf und dachte dabei an Kishores erschreckten Blick. Die Kuh stieß ihren Atem aus, der nach Gras und Karottenenden roch, und ließ Susheela näher kommen. Sie erbebte, als Susheela sie streichelte, ging aber nicht weg.

Susheela musste unbedingt ihren Sohn sehen. Sie nahm Abschied von Muniya und eilte weiter, wissend, dass sie mit ihrem zerzausten Haar und den nassen Kleidern von allen angestarrt wurde. Sie musste ihren kleinen Jungen wieder für sich gewinnen, dafür sorgen, dass jener erschreckte Blick aus seinen Augen verschwand. Es würde ihr gelingen, dachte sie in ihrer wortlosen Sprache, mit Geduld und Geschichten, aber – jetzt stand es wieder mit entsetzlicher Deutlichkeit vor ihr: der reglose Körper des Gärtners im nassen Gras – wie sollte sie ihre Familie vor dem beschützen, was sie geworden war? Was sollte sie ihren Leuten sagen? Sie konnte sich überhaupt nicht ausdrücken, wie ihr zu ihrem Entsetzen klar wurde. Die Menschen auf der Straße redeten und lachten, doch sie hätten sich ebenso gut in einer unverständlichen Fremdsprache unterhalten können, so wenig begriff Susheela, was sie sagten.

Dann aber erinnerte sie sich langsam wieder der Worte und verstand sie. Es war Naag Panchami, das Fest der Schlangen, und der Monsunregen war endlich gekommen. Ein Auto fuhr vorbei, schnell, und ließ in zwei glitzernden Bögen Wasser aufspritzen. Dort stand das Haus; die Shisham-Bäume, die runden Blätter glänzend und die Stämme dunkel vom Regen. Durch das geöffnete Fenster sah sie das Profil ihres Mannes, der wartend in der Zeitung las, seine braune Hand auf die sonnenbeschienene Fensterbank gelegt.

Vor ihrem inneren Auge stieg ein Bild auf: diese braune Hand, wie sie eine Höhle in die Erde grub und für die Wurzeln des Nachtjasminbäumchens Platz schuf wie in einem Mutterleib. Wie sie dann die Erde rund um die Wurzeln festklopfte. Sie erzitterte, als hätte jemand tief in ihrem Inneren eine Saite angeschlagen. Die Tür stand offen. Sie trat ins Haus, als wäre es das erste Mal.

Nayantara Sahgal

Martand

Martand erhob sich, lang und dürr, wie er war, aus den Tiefen unseres bequemsten Sessels und sagte widerstrebend: »Ich gehe jetzt wohl besser.«

Naresh, mein Mann, entgegnete nichts.

Ich sah zu Martand auf, doch er schaute mich nicht an. Er blickte mir nie in die Augen, außer wenn wir allein waren, dann aber immer irgendwie hungrig, als sei es das letzte Mal – was auch durchaus stets der Fall sein konnte.

Auch ich stand auf. Ich wollte jedes Mal laut aufschreien, wenn er mich verließ, wollte mich selbst weinen und jammern hören wie ein verloren gegangenes Kind. Wir hatten über Politik geredet, falls man das Chaos, das in unser Alltagsleben einbrach, Politik nennen konnte. Sowohl im Büro als auch zu Hause waren Sorge und Anspannung allgegenwärtig. Man konnte dem nicht entkommen. Endlich einmal laut zu weinen wäre auch in dieser Hinsicht befreiend gewesen.

Flüchtlinge verstopften den Bezirk, einzeln und in kleinen Gruppen kamen immer mehr von ihnen über die Grenze. Es war nicht eine große Flut, die irgendwann ein Ende nehmen würde. Sondern ein endloses Meer abgezehrter Menschen, die mit instinktiver Sicherheit wussten, dass sie nie wieder zurückkehren würden. Sie waren gekommen, um zu bleiben. Hier aber fehlten Nahrung und Medikamente. Es wurde immer schwieriger, Platz für die Neuankömmlinge zu schaffen. Schon vorher war es eng gewesen. Und allmählich wurde die Zeit knapp.

»In anderen Ländern können die Menschen träumen«, hatte Martand irgendwann an diesem Abend gesagt, »hier aber gibt es immer nur einen einzigen Traum: Essen und Obdach, Obdach und Essen, Jahr für Jahr. Wir hatten nie genug für uns selbst, und jetzt müssen wir auch noch für Gott weiß wie viele andere sorgen.«

»Wir *wissen,* wie viele«, gab Naresh bitter zurück. »Millionen. Warum um den heißen Brei herumreden? Hier werden schreckliche Zustände herrschen, wart nur ab, es sei denn, der Flüchtlingsstrom ebbt ab.«

In der Tat, eine schwere Krise, möglicherweise die bisher gravierendste, stünde uns bevor, stimmte Martand ihm zu.

»Wir stecken schon mitten darin«, erklärte Naresh entschieden. »Wir hätten die Grenzen längst dicht machen sollen.«

Und sie sterben lassen – keiner sprach es aus.

»Nun, das ist nicht unser Problem«, schleuderte Naresh uns herausfordernd entgegen, als hätten wir ihm widersprochen.

»Wirklich nicht?«

Martand hatte meinen Mann bei diesen Worten nachdenklich und mitfühlend angesehen, und ich hatte auf die Wand gestarrt. Ich war zwischen der Macht der Tatsachen und einer Vision gefangen, und zwischen diesen beiden Männern – jedem der beiden gehörte ich mit Körper und Seele. Ich liebte beide und glaubte an beide, aber ich wusste, dass Martand den schwierigeren Weg gewählt hatte. Er versuchte noch immer, sich einer Flut entgegenzustemmen und sie von ihrer Zerstörungsbahn abzulenken, allein mit dem Ton seiner Stimme und dem Blick seiner Augen – den einzigen Mitteln, die einem Menschen noch bleiben, wenn alles andere versagt hat. Inneres Ethos als letzter Schutzwall gegen die Verwüstung. Denn Martand hatte noch immer die

Vision einer guten Welt. Monatelang hatten Naresh und ich sie geteilt, wenn wir hier in diesem Raum bis spät in die Nacht zusammensaßen. Jetzt teilte nur noch ich sie.

Wir hatten die ganze Nacht über die Flüchtlingskrise geredet, dabei war doch unsere eigene Dreiecksbeziehung schon zermürbend genug. Wie viel Fröhlichkeit ich allein dafür aufbringen musste, durch den Tag zu kommen, ohne ständig ans Verderben zu denken. Die Katastrophe war überall. War es überhaupt je anders gewesen? Doch jetzt war auch das ganz normale Alltagsglück infiziert. Ich fühlte mich nur noch in Martands Gegenwart glücklich, und dann musste ich aufpassen, damit keiner es merkte. So weit war es gekommen. Das war aus dem früher so mühelosen, natürlichen Geben und Nehmen zwischen uns dreien geworden. Jetzt blieb nur noch eine starre äußere Hülle, eine papierdünne Schutzschicht, die meine geheimen Qualen verbarg. Hinter diesem Schutzschirm lebte ich seit einem halben Jahr: seit wir Martand kurz nach unserem Urlaub in Kaschmir begegnet waren.

Martand ist der Name, den der Sonnengott in Kaschmir trägt, und dort steht auch sein Tempel, viele Meilen im Auto vorbei an glänzend grünem, jungem Reis im schönsten Tal der Welt. Links und rechts hohe, gerade Pappeln, davor ein flaumiger Saum von Weidengebüsch, und das alles unter dem heiteren, weiten Himmel. Ich hatte diese Reise nach Kaschmir gebraucht, auch ganz unabhängig von der Pilgerfahrt zum Tempel. Ich hatte mich danach gesehnt, von dem aufgeregten Menschengewimmel des Bezirks, in dessen Verwaltung Naresh arbeitete, an einen unverdorbenen Ort zu kommen und Freiraum zu spüren. Kaschmir. Es gab andere, näher gelegene Gebirgsziele, aber das wäre mir unerträglich gewesen. Und dann hatte Naresh wider alle Erwartung Urlaub genehmigt bekommen. Da alle Regierungsbeamten in Arbeit erstickten, hatten wir kaum damit gerechnet.

Naresh hatte sich gutmütig über die Entfernung beschwert. »Was seid ihr Kaschmiri doch für ein voreingenommener Haufen, für euch gibt es einfach nichts Schöneres als Kaschmir.« Aber er hatte nachgegeben.

Es gibt natürlich nichts Schöneres als Kaschmir. Kaschmir ist einzigartig. Ich wollte die rationierte Schönheit anderer Orte nicht, diesen kurzen Ausblick auf Berge und Wolken. Ich wollte die ganze Pracht dieses riesigen, unvergleichlichen Tals. Ich wollte etwas gehorchen, das größer war als alle Sachzwänge, und ich musste einfach den Schrein Martands aufsuchen. Wo die Wissenschaft versagt hatte, mochte der Glaube helfen.

Der Tempel lag abseits der Schnellstraße. Er war tausenddreihundert Jahre alt, eine uralte, steinerne Erzählung von untergegangener Herrlichkeit, umsäumt von einer Reihe antiker Säulen. Als wir dort eintrafen, schien er im Licht der spätnachmittäglichen Sonne zu glühen, ein goldener Tiger, der unter seiner Hülle aus Stein die Muskeln spielen lässt. Dann veränderte sich das Licht, wurde weicher und versank in den Steinen, die warm waren wie etwas Lebendiges und zu pulsieren schienen. Ich legte die flache Hand auf eine schöne, zerborstene Säule, lehnte die Stirn dagegen und fühlte, wie all das in mich hineinfloss.

»Reicht es jetzt?«, fragte Naresh nachsichtig.

Er saß da, an eine der Säulen gelehnt, und rauchte seine Pfeife.

»Wie willst du denn davon ein Kind bekommen, selbst wenn Martand der Quell der Fruchtbarkeit sein sollte?«, fragte er.

Widerstrebend löste ich meine Hand von dem Stein und kam mit der Antwort zu ihm.

»Jetzt? Hier?«, protestierte Naresh.

»Warum denn nicht?«, bat ich. »Es ist doch meilenweit kein Mensch zu sehen.«

»Aber das Dorf liegt kaum eine Meile von hier entfernt. Jeden Moment könnte jemand vorbeikommen.«

»Bitte, wir verschwenden unsere Zeit.«

Danach verschwendeten wir keine Zeit mehr. Das goldene Feuer in meinem Inneren erfasste Naresh, als er mich neben sich zu Boden zog.

Als wir Martand kurz nach diesem Urlaub zum ersten Mal begegneten, erinnerte er mich sofort an die Pracht der verfallenen Ruine. Er sah aus, als entstammte er einem uralten Fürstengeschlecht. Ich hatte ein Gefühl, als hätte ich ihn schon immer gekannt, und der damit verbundene Treubruch erschütterte mich zutiefst.

»Sie sehen erschrocken aus«, das waren die ersten persönlichen Worte, die er an mich richtete.

Ich *war* erschrocken. Ich hätte auf ihn warten sollen. Aber das konnte ich ihm nicht sagen. Stattdessen bemerkte ich, er habe einen ungewöhnlichen Namen, und fragte ihn nach seinen Vorfahren. Martand lachte.

»Wenn ich mir wirklich sehr viel Mühe gäbe«, meinte er, »könnte ich wahrscheinlich noch den Namen meines Urgroßvaters herausfinden.«

Ich muss wohl geschockt ausgesehen haben.

»Ist das so schlimm?«, neckte er mich. »Nein, ich habe kein blaues Blut in den Adern. Klassische Mittelschichtherkunft. Medizinstudium mit staatlicher Förderung. Aber auch das Gewöhnliche hat seine Romantik. Man darf Romantik nicht nur ganz oben suchen. Sondern da, wo auch ein Vorübergehender sie findet. Sie könnte sogar darin liegen, in einer Hölle zu arbeiten wie dieser hier und es lieben zu lernen.«

Jetzt brachte Naresh Martand zum Auto und kam ins Zimmer zurück. Er war hundemüde und gereizt.

»Er findet nie den Absprung. Ich hab gleich morgen früh eine Besprechung. Und er muss wahrscheinlich auch schon bei Tagesanbruch aus den Federn.«

Um ihn von Martand abzulenken, fragte ich: »Wann wird das Flüchtlingsproblem wohl nachlassen, was meinst du?«

»Am Jüngsten Tag«, antwortete er heftig. »Wie alle Probleme dieses Landes.«

Er ging ins Schlafzimmer, um die Whiskyflasche wegzustellen, während ich die Gläser spülte. Wenn Martand uns besuchte, wurde immer viel Whisky getrunken.

Naresh kam zurück und half mir mit den Gläsern. »Und er säuft wie ein Loch«, schimpfte er.

Naresh war verärgert, aber nicht wegen des Whiskys. Er war wütend auf Martand, weil der noch Träume hatte, und auf mich, weil ich mich darin verstrickt hatte.

Als wir im Bett lagen, sagte er: »Wie lange wird man noch irgendwelche Gründe dafür vorschieben, dass wir unsere Ziele ständig verfehlen? Dass es uns einfach nicht gelingt, genug Nahrungsmittel und Kleidung für alle herzustellen und den Menschen ein lebenswertes Leben zu ermöglichen? Und jetzt, wo diese grässliche Flüchtlingsflut überhaupt nicht mehr aufhört, werden wir in unserem ganzen Leben niemals genug von irgendwas haben. Hast du dir das mal überlegt? Ich möchte raus aus dieser Hölle und irgendwo, wo die Menschen *genügend* von allem haben, ein erträgliches Leben führen. Das ist doch nicht zu viel verlangt. Lass uns für ein Jahr oder so von hier weggehen.«

Ich fühlte mich wie gelähmt.

»Ich habe schon die Fühler ausgestreckt«, fuhr er fort. »Ich könnte um die zeitweilige Versetzung an eines unserer ausländischen Konsulate bitten. Nur um einmal Luft zu schöpfen. Ich hab es hier so satt.«

Ich lag im Bett und versuchte, meinen Kopf von Gedanken frei zu machen. Wir hatten viel Whisky getrunken – alle drei. Martand hatte einmal gesagt: »Das hilft, die Gefühle zu betäuben. Man kann das alles sonst nicht mit ansehen, ohne seine Menschlichkeit zu verlieren.« Das war eine der seltenen Gelegenheiten, bei denen man merken konnte, unter welchem Druck er stand.

»Dann bist du also einverstanden, dass wir ins Ausland gehen, Darling?«, murmelte Naresh.

Er schlief ein, ohne eine Antwort abzuwarten.

Wie immer wartete am nächsten Vormittag eine Menschenmenge vor Martands Ambulanz und sah mich stumpf an, als ich hindurchging. Fliegen, Staub, eine drückende, hoffnungslose Hitze. Wieder so ein Tag, um die Hölle lieben zu lernen, und nur noch ein paar Meter bis zu Martands Tür.

Er saß an seinem Schreibtisch, die Ärmel hochgekrempelt, die Füße in Slippern, das Stethoskop noch um den Hals. Er hatte vergessen, es abzunehmen, so wie er gelegentlich zu essen vergaß und auch das rundum herrschende Chaos. Er bat seinen Assistenten um Kaffee.

»Leider ist der Becher nicht sehr elegant«, sagte er, als dieser den Kaffee brachte.

Das war so seine Art. Wenn er mir geliehenes Geld zurückgab, entschuldigte er sich für schmuddelige Münzen oder einen zerfledderten Schein. Er entschuldigte sich dafür, dass man aus seinem Fenster die Berge nicht sehen könne – dabei gab es hier gar keine Berge.

Da war nur eine unerbittliche, stetig anwachsende Menschenmasse, die wartete und wartete und in ihrer Unbeweglichkeit bedrohlich und fast maschinenhaft wirkte. Ich konnte diese Menschen nicht mehr als Individuen wahrnehmen. Diese Masse war ein ES. ES wartete auf Choleraimpfungen, auf Lebensmittelrationen, auf Kleidung, auf Raum, auf Luft, auf Leben, auf Hoffnung, als könnte ES nichts, nicht das Geringste für sich selbst tun. Ein monströser Roboter, der Beistand suchte und dabei das jämmerlich Wenige verschlang, das wir hatten.

»Hältst du das Himmelreich für einen keimfreien Ort?«, fragte Martand und lächelte mich über seine Kaffeetasse hinweg an.

Ich stellte meine Tasse abrupt ab und verschüttete dabei etwas Kaffee. Angesichts der Bilder und Gerüche des nie endenden Leidens um uns herum überkamen mich einen Moment lang Entsetzen und Hysterie. Wie konnte er mitten in alldem so unbefleckt bleiben?

»Das ist doch egal. Wir müssen jedenfalls in diesem Chaos hier leben. Ach, Martand, ich ertrage es nicht, zu bleiben, und ich ertrage es nicht, wegzugehen. Ich ertrage überhaupt nichts mehr.«

»Du musst«, ermahnte er mich, und jetzt lächelte er nicht mehr. »Wir haben noch einen sehr langen Weg vor uns. Verlier jetzt nicht die Nerven.«

Er meinte die Flüchtlingskrise und ebenso die Zeit, die uns blieb, um auf der gefährlichen, glückseligen, herzzerreißenden Straße, die wir gemeinsam bereisten, einen Weg zueinander zu finden. Er stand auf und wollte in die Ambulanz zurückgehen, um seine Arbeit fortzusetzen. Da fiel mir wieder ein, weshalb ich gekommen war.

»Ich habe diese Pfirsiche hier auf dem Basar gefunden. Wir hatten schon so lange kein richtiges Obst mehr. Die wollte ich dir unbedingt vorbeibringen. Ich nehme auch welche für uns mit nach Hause.«

»Dann nimm auch die hier mit. Ich komme und esse sie bei euch. Ich komme zum Abendessen«, schlug er vor.

»Nein, lieber nicht. Naresh würde sich ärgern. Er war gestern Abend sehr gereizt.«

»Wirklich? Warum denn?«

Martand hatte diese unberührte Unschuld an sich, eine Reinheit, ohne die ich nicht mehr leben konnte. Deshalb konnte ich ihn auch nicht aufgeben, egal wie lange wir würden warten müssen. Es gab so wenig Zeit, um über persönliche Probleme zu reden, und wenn wir beide allein waren, redeten wir nicht.

An der Tür zur Ambulanz drehte Martand sich um und sagte: »Ich möchte mit Naresh über uns sprechen.« Es war nicht das erste Mal, dass er mich mit diesem Vorschlag bedrängte.

»Nein!«, rief ich.

»Einen so guten Menschen sollte man nicht betrügen.«

»Weißt du denn wirklich gar nichts über die menschliche Natur?« Vor Angst war meine Stimme schrill.

»Schon gut, schon gut«, erwiderte Martand leise. »Ich muss jetzt gehen, meine Liebste. Pass auf dich auf, hörst du, auf der Heimfahrt. Heute ist ein schlimmer Tag. Ein paar von meinen Leuten machen Ärger und weigern sich zu arbeiten. Und danke für die Pfirsiche.«

Ich legte seinen Anteil der Früchte auf den Tisch. Um meiner kläglichen Vorstellung von Sicherheit willen – meiner eigenen Sicherheit – würde ich mich heute Abend des Vergnügens berauben, ihn zu sehen und seine Stimme zu hören. Sicherheit in einer verrückten Welt, das ergab wenig Sinn, und ich war nicht für ein Doppelleben geschaffen. Ich war mit meinen Nerven am Ende. Bald würde ich mich Naresh auf Gedeih oder Verderb anvertrauen und ihm alles erzählen. Bald, aber nicht heute.

Zu Hause wusch ich die Pfirsiche und stellte sie auf den Esstisch. Als ich später mit Tellern und Geschirr ins Esszimmer kam, stand Naresh da und starrte die Früchte an.

»Du bist früh da heute«, sagte ich und wusste mit einem Mal, dass jetzt die Zeit gekommen war – wenn, dann sofort –, ihm von Martand zu erzählen.

Naresh wartete ab, einen merkwürdig erschütterten Ausdruck im Gesicht, fast als wüsste er es schon, ein Ausdruck von Angst und Unglauben, und die Spannung wurde unerträglich. Ich ging zu ihm, und er nahm mich in die Arme.

»Dann weißt du es also noch nicht«, sagte er. »Deswegen bin ich hier – um es dir zu sagen.«

Ich blickte zu ihm auf, und meine schlimmsten Befürchtungen waren wahr geworden.

»Martand ist erstochen worden«, sagte er, »es ist noch keine halbe Stunde her. Kein Flüchtling, sondern einer seiner eigenen Helfer. Man hat mich sofort rufen lassen. Ich war bei ihm, als er starb.«

Naresh schluchzte, während ich dastand und ihn hielt, tödlich ruhig, als hätte ich gewusst, dass es so kommen würde. Ich konnte noch immer sehen und hören, aber das war auch alles. Nichts konnte mich mehr innerlich berühren.

»Wir gehen hier weg«, schluchzte Naresh. »Wir gehen weg.«

Ja, dachte ich, irgendwohin, wo es genug von allem gab und wo Wohltätigkeit eine Tugend sein konnte, nicht ein Verbrechen. Wir würden irgendwohin gehen, wo mein Kind in Sicherheit zur Welt kommen konnte und wo man einen Mann nicht dafür ermordete, dass er die Menschheit liebte. Wie wir so eng umschlungen dastanden, wusste ich, dass wir uns unmerklich, aber unumkehrbar verändert hatten. Naresh hatte in der Trauer um Martand seinen Glauben an das Gute wiedergefunden, während ich nun mit absoluter Sicherheit wusste, dass überall um mich herum das Böse war.

Indira Goswami

Der Nachwuchs

Pitambar Mahajan saß vor seinem Haus. Seine Schuhe waren von einer dicken Schlammschicht bedeckt, doch er zog sie nicht aus. Voller Stolz blickte er auf sie hinunter – in dieser abgelegenen Ortschaft besaßen nur er und der Gossain des Satra Schuhe.

Pitambar war Anfang fünfzig. Früher einmal war er ein kräftiger Mann gewesen, doch seine Sorgen hatten seinen gesunden Körper langsam ausgezehrt. Hautfalten hingen lose unter seinem Kinn. Wenn er mit anderen sprach, wandte er die Augen ab und senkte den Kopf. Sein Blick war stets auf den Boden unter seinen Füßen gerichtet, als suchte er etwas.

Starke Regenfälle hatten den Boden aufgeweicht und zu beiden Seiten der Dorfstraße hatten sich Wasseransammlungen gebildet. Halb nackte Kinder spielten im Wasser oder standen hier und da herum und fischten mit Bambusstäben. Der Regen hatte üppiges Wachstum hervorgebracht, und alle Arten von Unkraut und Kriechpflanzen wie *Balechi* und *Nalakochu* gediehen. Fliegende Frösche sprangen von einer Pfütze zur anderen und klatschten manchmal gegen die Beine der Vorübergehenden.

Pitambar starrte gebannt einen rundlichen, nackten Jungen an, der gerade versuchte, seine Angelrute zu befreien, die sich in den Blättern einer *Nalakochu*-Pflanze verfangen hatte. Plötzlich wurde er von der krächzenden Stimme Krishnakantas, des Dorfgeistlichen, aus seinen Überlegungen herausgerissen. »Du hast kein Kind, das du dein Eigen nennen kannst! Warum verschlingst du dieses Kind mit neiderfüllten Blicken? Jedes Mal, wenn ich auf dem Weg zum Tempel bin oder von dort zurückkehre, sehe ich dich so dort sitzen! Was ist mit deiner Frau? Geht es ihr wieder besser?«

Pitambar erwiderte zögernd: »Ich habe sie mehrmals ins Hospital in Gauhati gebracht, doch es ist zwecklos. Sie können ihr nicht helfen.«

»Dann besteht also keine Hoffnung auf Nachwuchs, nicht wahr? Das ist allerdings sehr betrüblich. Es wird niemanden geben, der deine Familie fortführt.«

Pitambar schwieg. Der Priester blieb eine Zeit lang bei ihm stehen. Er trug einen alten *Dhoti*, der bei weitem nicht bis an seine Knie reichte, und ein Hemd, das die Farbe von getrockneter Schafshaut hatte. Seine Schultern bedeckte ein Tuch aus Baumwolle. Da Krishnakanta nur noch zwei Zähne im Mund hatte, bildeten seine eingefallenen Wangen zwei Vertiefungen in seinem Gesicht. Wenn er sprach, bot sein Gesicht einen ganz sonderbaren Anblick. In seinen kleinen Äuglein funkelte stets eine Spur von Gerissenheit. Sein spärliches Haar war in der Mitte gescheitelt. Er beugte sich hinunter und flüsterte Pitambar ins Ohr: »Was hältst du von einer weiteren Eheschließung?«

Pitambar wischte sich mit einem Zipfel seines Schultertuchs das Gesicht ab. Ehe er etwas erwidern konnte, wurden die Blicke der beiden Männer von einer jungen Frau angezogen, die gerade vorüberkam. Es war Damayanti, die Witwe eines jungen Priesters aus dem Satra. Ihre vom Regen durchnässte Kleidung schmiegte sich eng an ihren Körper. Ihre Haut hatte die Farbe von schäumendem kochendem Zuckerrohrsaft. Trotz ihrer reichlich üppigen Figur war sie ungemein attraktiv. Die Leute erzählten sich alles Mögliche über sie. Manche bezeichneten sie sogar als eine Prostituierte. Vielleicht die erste brahmanische Prostituierte im Satra.

Krishnakanta rief ihr zu: »He, Damayanti, woher kommst du?«

»Siehst du nicht die Kokons?«

»So, so, dann pflegst du inzwischen wohl Umgang mit dieser Horde von Marwari-Kaufleuten! Wenn man bedürftig genug ist, lässt man sich sogar dazu herab, Ziegenbeine zu waschen, wie das Sprichwort sagt, nicht wahr?«

Damayanti gab ihm keine Antwort, sondern beugte sich vor, um das Wasser aus den nassen Falten ihrer *Mekhala* zu wringen. Ihre Bluse hatte sich straff gespannt und war hochgerutscht und entblößte das helle Fleisch, das in den Augen der beiden Männer so verlockend war wie die Bratenstücke, die im Metzgerladen an eisernen Haken aufgehängt waren. Krishnakanta wandte fast unverzüglich den Blick wieder ab und fühlte sich ein wenig gehemmt, doch Pitambar schaute unbeirrt hin, wie gebannt von dem Anblick. Damayanti richtete sich auf und lief mit raschelnder *Mekhala* weiter, ohne sie auch nur eines Blickes zu würdigen.

»Ich habe gehört, sie isst Fleisch und Fisch und was man sich sonst noch denken kann.«

Krishnakanta nickte und sagte: »Dieses Mädchen hat Schande über die Bangara-Brahmanen gebracht. Sie hat sämtliche Einschränkungen und Rituale missachtet, die für Witwen vorgeschrieben sind.«

»Ja, das kann man wohl sagen. Ich habe selbst gesehen, wie sie einmal zwei Körbe ungeschälten Reis gegen zwei *Khariya*-Fische eingetauscht hat.«

Der Priester rief aus: »Oh weh! Oh weh! Eine Witwe und *Khariya*-Fisch! Igitt! Wie kann man nur so tief sinken!«

»Sei still, du Brahmane! Warum willst du, dass alle Welt davon erfährt, wenn eine brahmanische Witwe Fisch isst? Es ist doch überall so, habe ich gehört. Ob am nördlichen oder am südlichen Ufer des Brahmaputra. Diese alten Sitten sollten abgeschafft werden.«

Pitambar unterbrach sich, um mit einem Zipfel seines Schultertuchs auf ein paar Fliegen einzuschlagen, die surrend um ihn herumflogen. In der Zwischenzeit setzte sich Krishnakanta mit einem Seufzen auf den Stumpf eines gefällten Baumes in der Nähe.

Pitambar fragte: »Was ist mit deinen *Jajmani*, für die du religiöse Zeremonien abhältst? Wie bist du heutzutage bei ihnen angesehen?«

»Du weißt längst Bescheid und trotzdem fragst du mich! Mein älterer Bruder hat sich mit mir zerstritten und mir den größten Teil des Geschäfts abgejagt. Ich bin ruiniert!«

»Bapu! Vom Sanskrit verstehst du nicht viel. Dein Bruder hat das überall verbreitet und deshalb wollen deine *Jajmani* nichts mehr von dir wissen.«

Krishnakanta stritt es glühend ab. »Ah! Sag mir lieber, wie viele Brahmanen am Nordufer so gut Sanskrit sprechen wie Narahari Bhagawati. Wir haben gemeinsam die Sanskrit-Schule besucht. Er hat dort sehr oft Schläge mit dem Rohrstock bezogen und ich kein einziges Mal. Ich weiß, warum ich so viele *Jajmani* verloren habe. Sogar Brahmanen, die in allen vier Veden bewandert sind, nagen am Hungertuch. Früher war es ein Leichtes, vom Haushalt eines jeden *Jajman* eine heilige Schnur, zwei *Dhotis* und fünf Rupien monatlich zu bekommen. Heutzutage wollen sie die Rituale nicht mehr befolgen. Um Kosten zu sparen, hat Manikanta Sarma, unser alter *Jajman*, seine zwei Söhne nach Kamakhya gebracht und dort ihr Volljährigkeitszeremoniell begangen. Die *Jajmani* von Mysanpur haben inzwischen begonnen, das *Shraddha* für ihre Väter und Mütter gleichzeitig abzuhalten!«

Während Krishnakanta weitersprach, gab Pitambar kein einziges Wort der Zustimmung oder des Widerspruchs von sich. Die ganze Zeit verweilte er in Gedanken bei dem flüchtigen Blick, den er auf Damayantis helles Fleisch erhascht hatte. Nie zuvor hatte er derart zarte, schimmernde Haut gesehen. Dabei verhielt es sich nicht etwa so, als hätte er das Fleisch von Frauen noch nicht gesehen oder berührt. Da war zuerst seine erste Ehefrau gewesen, und dann hatte er in der Hoffnung, ein Kind zu bekommen, eine zweite genommen, die nun bettlägerig war, weil sie der Rheumatismus plagte. Ihr ganzer Körper war klapprig geworden – sie war wie ein Bündel Knochen, das man auf eine Ecke des Betts geworfen hatte. Er hatte den Weg zum Krankenhaus in Gauhati schon so viele Male zurückgelegt, dass die Sohlen seiner Schuhe ganz abgelaufen waren. Er war starr vor Angst, ohne einen Nachkommen sterben zu müssen, der die Familie fortführte.

Durch das ständige Sticheln des Priesters war diese nagende Furcht zusätzlich gesteigert worden, aber auch andere rieben Salz in seine Wunden. Sein Seelenfrieden war sehr beeinträchtigt.

Pitambars kränkelnde Frau, die zwischen den Lehmmauern des Hauses im Bett lag, konnte den Priester draußen stehen sehen. Sie bedeutete einem Dienstboten, der sich in der Nähe aufhielt, mit einem Blick, er solle für den Priester einen der Hocker hinaustragen, damit er sich bequemer hinsetzen konnte. Pitambar war derart in seine eigenen Gedanken vertieft, dass er den Hocker weder bemerkt noch wahrgenommen hatte, wann oder wie er dort hingekommen war.

Krishnakanta stand auf und sagte: »Die Leute im Dorf reden schon über dich. Sie sagen, du seist übergeschnappt. Was meinst du dazu? Weißt du nicht, dass es viele Menschen auf dieser Welt gibt, die, ebenso wie du, kinderlos sind? Versuch einfach, es unter einem anderen Gesichtspunkt zu sehen. Schließlich ist alles *Maya*, nichts weiter als Illusion!«

Pitambar ließ den Kopf hängen. Der Priester konnte das graue Haar auf seinem Schädel sehen. Seine Kleidungsstücke wirkten abgetragen und vernachlässigt. Nur seine Schuhe waren, wenn auch schlammig, so doch unversehrt. Er empfand ein gewisses Mitleid mit diesem Mann. Früher einmal hatte er so gut ausgesehen, dass die Leute ihn *gora paltan* genannt hatten. Jetzt hatte er Geld, eine Kornkammer voll Reis und vieles mehr. Aber glücklich war er trotzdem nicht. Plötzlich schoss Krishnakanta ein Gedanke durch den Kopf. Er sah sich um. Er konnte die offene Tür sehen, die in Pitambars Schlafzimmer führte, und den ausgestreckten Körper seiner Ehefrau. Er konnte sogar ihre Augen sehen, die glühten wie die eines Tieres in einem finsteren Urwald, als strengte sie sich nach Kräften an, jedes Wort aufzuschnappen, das er zu ihrem Mann sagte. Die Intensität dieser glühenden Augen war selbst nach der langen Entfernung, die ihr Blick zurücklegte, noch herzzerreißend. Der Priester hätte so etwas nicht für möglich gehalten.

Er fasste einen Entschluss, beugte sich hinunter und flüsterte Pitambar ins Ohr: »Ich kann dir helfen, einen Weg aus diesem Leid zu finden.«

»Schon wieder eine andere Lösung?«

»Diesmal ist sie absolut erstklassig, ganz tadellos.«

»Ich verstehe nicht, was du meinst ...«

»Diesmal kann von einer erfolglosen Schwangerschaft gar nicht die Rede sein! Sie hat vier Abtreibungen hinter sich gebracht und jedes Mal hat sie die schreckliche Frucht ihres Leibes im Bambuswäldchen hinter ihrem Haus begraben.«

Pitambar rief verblüfft aus: »Sprichst du etwa von Damayanti?«

»Ja! Gewiss doch! Heutzutage heiraten brahmanische Mädchen sogar Fischer. Die Tochter des Gossain vom Dhaneshwari-Ufer hat einen moslemischen Jungen geheiratet. Gandhi Maharadscha hat uns den Weg gewiesen. Deshalb sage ich dir ...«

Pitambar rief in heller Aufregung aus: »Ja, was? Was willst du mir sagen?«

»Wenn du willst, kannst du Damayanti zu der Deinen machen!«

Krishnakanta wandte den Kopf und warf wieder einen Blick in die Richtung von Pitambars bettlägeriger Frau. Er konnte die beiden glühenden Kohlen in ihrem Gesicht immer noch sehen. Sie starrte ihn unverwandt an.

Pitambar stand auf. Krishnakanta hatte das, wovon er nur träumen konnte, doch tatsächlich in klare und deutliche Worte gefasst. Er ging auf ihn zu und wollte ihm in seiner überschwänglichen Dankbarkeit die Hand drücken, doch Krishnakanta wich vor ihm zurück. Er hatte gerade sein Bad genommen und musste gleich die täglichen rituellen Waschungen des *Murlidhar* im Hause des Gossain vornehmen. Wenn dieser Mann ihn berührte, würde er vorher erneut ein Bad nehmen müssen.

Pitambars Verfassung war die eines Ertrinkenden, der plötzlich ein farbenfrohes Segel sichtet.

»Das hattest du wohl schon seit langer Zeit im Sinn, nicht wahr?«

Krishnakanta warf wieder einen Blick auf die gebrechliche Frau. Diesmal waren ihre Augen fest zugekniffen, wahrscheinlich weil sie einen akuten Anfall von Schmerzen erlitt. Pitambar kniete vor den Füßen des Priesters nieder und flehte ihn inständig und ernsthaft an. »Ich bitte dich, hilf mir mit diesem Mädchen. Nur du kannst es! Sie ist Brahmanin. Ich werde stets für ihr Wohlergehen sorgen.«

Ein verschlagenes Lächeln huschte über Krishnakantas zahnlosen Mund. »Hm, nun ... äh ... ich werde sehen, was sich machen lässt. Ich werde noch ein paarmal herkommen müssen. Und dann dürfen wir auch ihre beiden kleinen Töchter nicht vergessen.«

Pitambars Gefühle waren verworren, als er aufstand und

ins Schlafzimmer ging. Bei seinem Eintreten sah er, wie seine Frau die Augen aufschlug und ihn anblickte. Sie sah zu, wie er die Holzkiste öffnete, wo sie das Geld und andere Wertsachen aufbewahrten. Kurz darauf schloss er die Kiste wieder und ging wieder hinaus zu dem Priester.

Krishnakanta nahm das Geld, zwanzig Rupien in bar, und ging fort. Er summte leise vor sich hin.

Eine Woche war vergangen. Pitambar wartete wie auf glühenden Kohlen. Im Lauf der vergangenen sieben Tage hatte er Damayanti auf ihrem Weg zum Gossain an seinem Haus vorüberkommen sehen, mit Baumwolle für heilige Schnüre beladen. Der Anblick ihres Körpers hatte nur noch mehr zu seinem inneren Aufruhr beigetragen. Seine Besessenheit rief seltsame Halluzinationen in ihm hervor. Vor seinen wahnsinnig gewordenen Augen schienen Damayantis Kleidungsstücke zu verschwinden und von Mal zu Mal mehr von ihrem wunderschönen hellhäutigen Körper zu enthüllen.

Die Leute sagten, sie sei in Rauta an den Ufern des Dhaneshwari in Kamrup geboren worden. Es heißt, nirgendwo anders könnte man so schöne Mädchen finden wie die Brahmaninnen, die an den Ufern des Dhaneshwari geboren wurden. Pitambar war inzwischen restlos davon überzeugt, dass dies der Wahrheit entsprach.

Pitambar gewöhnte sich an, täglich vor seinem Haus zu sitzen. Um diese Jahreszeit kam Damayanti regelmäßig, um *Kollmu* und Gemüse zu pflücken, das an den Wassergräben neben der Straße wild wuchs. Ihre beiden kleinen Töchter, die mager und nackt waren, liefen gewöhnlich hinter ihr her. Ihre dürren, unterernährten Körper passten gar nicht zu dem gesunden, üppigen Leib ihrer Mutter. Pitambars Blick fiel häufig auf Damayantis langes rotbraunes Haar.

Eines Tages raffte Pitambar genug Mut zusammen, um sich ihr zu nähern, als sie grüne Blätter abzupfte, und er sagte zu ihr: »Du wirst dich noch erkälten, wenn du Tag für Tag so im trüben Wasser stehst.«

Damayanti sah sich um und riss die Augen vor Erstaunen weit auf. Sie gab keine Antwort.

Pitambar versuchte es noch einmal: »Ich werde den Diener schicken. Du sagst ihm, er soll so viel Blattgemüse pflücken, wie du willst und ...«

Aber sein Satz sollte unbeendet bleiben. Sie sah ihn an, und vor ihrem durchdringenden, geringschätzigen Blick schlug Pitambar die Augen nieder. Er machte eilig kehrt und ging und setzte sich von neuem auf den Baumstumpf vor seinem Haus. Er konnte sehen, dass seine Frau wieder wie ein Vogel mit gebrochenen Flügeln im Bett lag. Am Morgen hatte sie den Anschein erweckt, als ginge es ihr besser, und sie war sogar ein paar Schritte im Zimmer umhergelaufen, doch jetzt hatte das Bett seine Ansprüche auf sie wieder geltend gemacht. Zorn stieg in ihm auf. Er warf einen unverhohlen hasserfüllten Blick in ihre Richtung. Manchmal hatte er das Gefühl, er könnte die ausgetrockneten Gelenke in ihrem gebrechlichen Körper quietschen hören. Er sah sie angewidert an. Es war an der Zeit, ihr die nächste Dosis ihrer Medizin zu verabreichen, doch er stand nicht auf. Er sah seine Schuhe an, zog sein Taschentuch heraus und begann, sie zu säubern. Dabei blickte er oft die Straße hinauf und erwartete ungeduldig das Auftauchen von Krishnakanta. Plötzlich hörte er die knarrenden Geräusche von Wagenrädern. Er wusste, was das war. Seine Pächter brachten ihm seinen Anteil am Boka Bhan, der auf seinem Land angebaut wurde – die Reissorte, die im Juli geerntet wird. Normalerweise hätte ihm der Anblick der Karren, die mit ungeschältem Reis gefüllt waren, große Freude bereitet. Er hätte den frischen Geruch von Reis, der gerade erst geerntet worden war, mit großem Vergnügen und voller Zufriedenheit eingeatmet und wäre den Wagen entgegengeeilt, um die Körbe zu zählen, während sie abgeladen wurden. Aber heute blieb er, wo er war. Seine Dienstboten kamen und begannen, die Körbe zum Kornspeicher zu tragen. Als das erledigt war, wurde den Pächtern Tee angeboten, dazu Palmzucker und gedörrter Reis, den sie mit sichtlichem Genuss verzehrten. Anschließend gingen sie zum Brunnen, wuschen sich die Hände und machten sich über die Betelpfefferblätter und die Betelnüsse her, die für sie beiseite gelegt worden waren. Dann kamen die Pächter zu Pitambar, um sich von ihm zu verabschieden, und stellten betroffen fest, dass er gleichgültig und nicht ansprechbar war. »Ah! Du hast keine Kinder. All deine Kornspeicher sind nun bis zum Bersten mit Reis gefüllt. Wer wird den essen? Und du wirst alt. Jetzt ist der richtige Zeitpunkt gekommen, um zu Gott zu beten und Wohltätigkeit walten zu lassen und Almosen zu verteilen«, schienen sie zu sagen.

Pitambar ging ins Haus und holte das Geld. Er zahlte sie einen nach dem anderen aus und schickte sie wortlos fort. Dann kehrte er auf seinen ursprünglichen Platz zurück und setzte sich wieder. Sein Blick wandte sich der offenen Tür zu, durch die er seine bettlägerige Frau sehen konnte. Ihre Augen waren offen. Unter dem Bett lag ein Trinkgefäß. Vielleicht hatte sie einen Schluck Wasser getrunken. Die Zeit, um die er ihr gewöhnlich ihre Medizin gab, war längst vorbei.

Pitambar stand auf, um ins Haus zu gehen und ihr die Medizin zu geben. Er zog seine Schuhe aus und stellte sie in eine Ecke. Als er gerade über die Schwelle treten wollte, hörte er ein leises Husten hinter sich. Krishnakanta war endlich doch noch gekommen! Er rannte zurück und zog seine Schuhe wieder an. Der Blick seiner Frau war ihm gefolgt, sie hatte erwartet, dass er ihr die Medizin geben würde, doch jetzt schloss sie ermattet die Lider. Das Feuer in ihren Augen war erloschen, nur die Asche war noch übrig.

Pitambar fragte ungeduldig: »Bapu! Welche Neuigkeiten hast du für mich? Sag es mir schnell!«

In seiner Aufregung vergaß er sogar, ihm einen Sitzplatz anzubieten.

»Sag, was gibt es Neues?«

Der Priester sah in alle vier Himmelsrichtungen. Die Invalidin lag in ihrem Bett wie eine Tote. Sie würde kein Wort hören.

Er flüsterte Pitambar ins Ohr: »Hör mir gut zu. Ich habe einige Informationen für dich. Im Moment trägt sie keine Leibesfrucht – es ist noch kein Monat vergangen, seit sie die sündige Frucht ihres letzten Abenteuers begraben hat. Ihre kleine Tochter hat gesagt, diesmal hätte ihre Mutter ein Brecheisen verwendet, um das Grab auszuheben. Dieser Student, der immer mit dem Fahrrad zum Sariali-College fährt, hat es ihr gegeben. Er ist ein charakterloser Junge, der aus einem sehr reichen Hause stammt. Während der Vorlesungszeit hat er sich auf direktem Wege zu Damayanti begeben und seine Lehrbücher im Reiskorb versteckt. Das Geld für seine Studiengebühren ist für ihre Kosmetikartikel draufgegangen.«

Der Priester senkte die Stimme, bis kaum mehr als ein Flüstern übrig blieb. »Auf dem nackten Fußboden! Vor den Augen der kleinen Mädchen! Pfui, pfui! Sie haben schamlos kopuliert. Diesmal war es eindeutig das Kind dieses Studenten.«

Pitambar hörte sich alles mit eisigem Schweigen an.

Der Priester fuhr fort. »Ich habe ihr von dir erzählt. Sie war außer sich vor Wut! Sie hat auf den Boden gespuckt. ›Dieser Paria! Wie kann er es wagen, mir einen Antrag zu machen! Weiß er denn nicht, dass ich aus der Kaste der Brahmanen stamme? Und er, dieses Ungeziefer, ist ein Mahajan von einer niederen Kaste!‹ Daraufhin sagte ich ihr, wenn sie selbst sich im Schmutz der Sünde suhlt, wie kann sie dann von höheren und niederen Kasten reden? Von brahmanischen Jungen hat sie keine Heiratsanträge bekommen. Wer will schon eine Witwe heiraten? Und noch dazu mit Töchtern. Du bist zumindest bereit, sie, die wie ein Stück gründlich durchgekautes und hinterher ausgespucktes Zuckerrohr ist, zu heiraten. Ich habe ihr gleich gesagt, du würdest die Einwilligung des Panchayat einholen, ein *Havan* arrangieren und sie mit den gebührenden Formalitäten heiraten. Sie hat mich nach deiner Frau ausgefragt. Ich habe ihr gesagt, deine Frau sei wie ein Hälmchen Stroh, das jederzeit fortgeweht werden kann; und dass du stets für ihr Wohlergehen sorgen würdest. Ich habe ihr sogar erzählt, du seist der einzige Mann im Satra, der ein Paar kostspielige Schuhe trägt. Plötzlich fing sie an zu weinen. Ich weiß nicht, warum. Dann hat sie sich die Tränen abgewischt und gesagt: ›Derzeit geht es mir nicht besonders gut. Ich würde mich gern auf etwas Zuverlässiges und Dauerhaftes stützen.‹ Ich habe zu ihr gesagt: ›Wie könntest du bei guter Gesundheit sein? Ich habe gehört, dass du vier oder fünf dieser unseligen Geschöpfe aus deinem Leib geschafft hast. Wenn der Panchayat sich mit dieser Angelegenheit beschäftigt, wird es entsetzliche Schande über das Satra bringen. Jeder wird selbst dann, wenn er nur an deine Tür klopft, um ein Glas Wasser zu erbitten, zu einer Geldstrafe von zwanzig Rupien verurteilt werden. Du bist nur deshalb verschont geblieben, weil du eine Brahmanin bist. Aber wie lange wird das noch gut gehen?‹ Darauf erwiderte sie: ›Was bleibt mir denn anders übrig? Ich musste doch von etwas leben. Sie haben sogar ihre Bestellungen für heilige Schnüre und Puffreis zurückgezogen. Sie befanden mich für unrein, für verseucht! Und erst diese Pächter! Sie sind zu Dieben geworden und geben mir meinen Anteil am Reis nicht mehr. Sie nutzen meine Hilflosigkeit aus. An wen hätte ich mich unter diesen Umständen mit meinen zwei winzigen Töchtern wenden können? Ich habe die Grundsteuer nicht bezahlt. Auch das Land werden sie mir wegnehmen und es versteigern! Was soll ich bloß tun?‹«

Pitambar wurde ungeduldig. »Was ist mit meinem Antrag?«

»Ja, schon gut. Darauf komme ich noch zu sprechen. Sie möchte dich treffen. In der Vollmondnacht. In ihrem Schuppen, wo der Reis geschält wird.«

Pitambar war überwältigt. Krishnakanta ergriff die Gelegenheit, um ihm ins Ohr zu flüstern: »Komm schon, gib mir vierzig Rupien. Die Moskitos spielen verrückt. Ich will ein Moskitonetz kaufen.«

Pitambar ging ins Haus. Er sah, dass seine Frau wach war, aber er störte sich nicht daran und ging direkt auf die Holzkiste zu. Er nahm das Geld heraus und wandte sich ab, um das Zimmer zu verlassen. Die Kranke starrte ihn an. Erzürnt brach es aus ihm hervor: »Warum starrst du mich so an? Ich werde dir die Augen aus den Höhlen reißen!«

Krishnakanta hörte jedes Wort und verstand. Er nahm das Geld und flüsterte Pitambar zu: »Weißt du, wenn sie dir mit ihrem Starren zu sehr auf die Nerven geht, gibst du ihr einfach ein bisschen Opium. Sie ist, wie schon deine erste Frau, nicht streitsüchtig. Wahrscheinlich verspürt sie tiefes Schuldbewusstsein, weil sie dir kein Kind geboren hat.«

Und er lachte mit zahnlosem Mund. Die Kranke, die auf ihrem Bett lag, schloss erneut die Augen. Der Priester wurde wieder ernst und fuhr fort: »Aber diese liederliche Damayanti gelüstet es gewaltig nach Geld. Jetzt ist alles in Ordnung. Du kannst sie im *Dhekal* berühren ...«

Pitambar warf einen Blick auf die schlafende Frau im Haus. Sogar aus dieser Entfernung konnte er die kleinen Schweißtropfen auf ihrer Stirn deutlich sehen.

In der Vollmondnacht zog Pitambar seine besten Sachen an. Er wischte seine Schuhe liebevoll mit den Händen sauber. Er nahm den Spiegel mit ins Freie und musterte prüfend sein Gesicht. Er hatte sich am Morgen rasiert. Als er in den Spiegel schaute, sah er kleine Fältchen, die sich kreuz und quer über sein Gesicht zogen. Er sah aus wie ein Fisch, der sich in einem Netz verfangen hat.

Er machte sich auf den Weg zu Damayantis Haus. Der Weg führte durch ein Salbaumwäldchen. Ihr Haus lag am hinteren Ende des Waldes, am Rand des Dorfes. Für Damayantis ruchloses Treiben war die Lage ideal.

Am mondhellen Himmel konnte er pilzfarbene Wolken sehen, die wie eine Kanone geformt waren. Er fand, der Mond sähe aus, als hätte jemand ein Reh gehäutet und gevierteilt und an den Himmel gehängt. Ein verführerischer Glanz ging von ihm aus. Plötzlich wurde der Mond in Pitambars Augen zu Damayantis nacktem, wollüstigem Körper. Er versuchte, sich die Form ihrer Brüste auszumalen. Sie würden sein wie der weiche gerundete Bauch einer schwangeren Ziege. Und ihr Körper wie eine zarte Bambussprosse. Er senkte die Augen. Nein, nein, er durfte nicht noch länger zum Himmel aufblicken. Er lief schneller.

In der Nähe des Salbaumwäldchens huschte eine Schar Schakale über den Pfad. Er erreichte das Tor. Lautlos schlüpfte er hinein und auf den Hof. Er lugte ins Haus und sah ein Kind, das schlafend neben einem Haufen von Jackfrüchten und Körben voller Reis lag. Das andere Mädchen schrieb etwas auf eine kleine Schiefertafel.

Damayanti beobachtete ihn vom *Dhekal* aus. »He! Hier entlang!«

Wie ein pflichtschuldiger Soldat machte er kehrt und ging auf sie zu. Eine Tonlampe mit Senföl brannte in der Nähe des Mörsers. Sie lehnte an einer baufälligen Wand. Pitambar wagte es nicht, ihr in die Augen zu sehen; er fürchtete sich.

Plötzlich ging ihm auf, dass alles nur eine Illusion war. Auch ihre Gestalt vor ihm im schummerigen Licht war eine Illusion. Aber seine Gedanken rissen jäh ab, als er sie sagen hörte: »Hast du Geld mitgebracht?«

Er war wie betäubt. Er hatte nicht erwartet, dass dies ihre erste Frage sein würde. Er sagte schnell: »Hier. Nimm das. Alles, was ich habe, gehört jetzt dir.« Er zog einen geflochtenen Geldbeutel hervor und drückte ihn ihr in die Hand. Damayanti schob den Geldbeutel in den Ausschnitt ihrer Bluse. Sie nahm die Lampe und führte ihn in das Zimmer, wo gerade noch das kleine Mädchen seine Hausaufgaben gemacht hatte. Sie fanden die beiden Mädchen schlafend vor, eng aneinander geschmiegt. Dann führte Damayanti Pitambar in einen angrenzenden Raum, der feucht und dunkel war. Dort stand eine niedrige Pritsche aus Guavenholz. Sie war ihrem verstorbenen Gatten zum Zeitpunkt der Trauerfeier für den Gossain vermacht worden. Sie blies die Lampe aus.

Zwei Monate waren vergangen. Es war spät am Abend. Pitambar verließ in aller Hast den dunklen Raum, um sich auf den Heimweg zu machen. Damayanti ging träge zum Brunnen und begann sich zu waschen. In dem Moment betrat der Priester den Hof. Er bemerkte sarkastisch: »Wenn du mit dem jungen Brahmanen geschlafen hast, bist du hinterher nie zum Brunnen gegangen. Was ist denn mit dir los?«

Damayanti antwortete nicht.

»Ach so! Er gehört der niederen Kaste an, ist es das?«

Plötzlich kam Damayanti so, wie sie war, herausgelaufen und eilte in klatschnassen Kleidern in die hinterste Ecke des Hofs. Sie beugte sich vor und übergab sich. Krishnakanta blieb einen Moment lang still stehen, verblüfft und bestürzt. Dann schlurfte er zu ihr hinüber und sagte sanft: »Das muss doch gewiss Pitambars Kind sein ...«

Damayanti blieb weiterhin stumm.

»Ah! Das sind wirklich gute Nachrichten. Dieser Mann verzehrt sich nach einem Kind.«

Sie sagte immer noch kein Wort.

»Dann werde ich jetzt zu ihm gehen und ihm die gute Nachricht überbringen. Nun kann er sich in aller Öffentlichkeit mit dir verbinden.«

Er stellte sich dichter neben sie und flüsterte: »Die Leute sind schockiert und entsetzt über das, was in diesem Haus vorgeht. Es war immer wieder die Rede davon, eine Zusammenkunft des Panchayat einzuberufen. Hör mir gut zu! Es ist nämlich noch etwas vorgefallen. Etwas sehr Ernstes. Dieser drei Monate alte Fötus, den du hinter dem Bambus verscharrt hast … den hat eines Tages ein Fuchs ausgegraben, einen Teil davon gefressen und ein angenagtes Glied im Hof des Priesters des Gossain liegen lassen. Du weißt schon, der den *Murlidhar* des Gossain wäscht. Er hatte große Mühe, sich selbst wieder zu reinigen – er musste zwei Gläser Kuhmistbrühe trinken.«

Damayanti übergab sich von neuem und gab dabei mit weit offenem Mund Laute von sich, die wie *auk, auk* klangen.

Der Priester sprach weiter: »Obwohl er das alles weiß, ist Pitambar bereit, dich zu heiraten. Hör auf mich, ich sage es dir mit meinen Händen auf der heiligen Schnur, wenn du dich diesmal nicht von der Sünde errettest, indem du diese Gelegenheit ergreifst, dann wirst du mit Sicherheit im Höllenfeuer schmoren!«

Nachdem er Pitambar die beste Nachricht seines Lebens überbracht hatte, sagte Krishnakanta: »Jetzt könnten deine Träume also endlich doch noch wahr werden. Wenn sie dieses Kind nicht tötet, kannst du dich darauf verlassen, dass sie dich heiratet.«

Pitambar saß wie üblich auf dem Baumstumpf vor seinem Haus und trug seinen wertvollsten Besitz – seine Schuhe. Als er Krishnakantas Worte hörte, zitterte er von Kopf bis Fuß. War es wirklich wahr? Konnte diese Frau sein Kind in ihrem Leib tragen, die Frucht seiner Lenden? Es musste die Wahrheit sein! Diese Brahmanin konnte unmöglich Lügen von sich geben. Es ist wirklich mein Kind!

Er sprang auf, rastlos und aufgewühlt, und begann vor seinem Haus auf und ab zu laufen.

Krishnakanta sagte: »In deinem Alter! Da wirst du noch Vater! Das ist wirklich ein Glücksfall, ein Segen, ein Wunder!«

Pitambar kniete zu Füßen des Priesters nieder und flehte ihn an: »Bitte, Bapu! Hilf mir, damit meine Hoffnungen nicht im letzten Moment zunichte gemacht werden. Du kennst meine Vorgeschichte. Meine Ahnen waren tapfere Krieger. Sie haben gegen die birmesischen Eindringlinge gekämpft. Das weißt du doch! Wenn dieses Geschlecht ausstirbt, wenn kein Sohn da ist, um es fortzusetzen, wer weiß, welche Folterqualen meine Seele dann durchmachen wird. Und jetzt hält diese verführerische Zauberin mein Leben in der Hand. Oh Bapu, sag mir, was ich tun soll!«

Krishnakanta hob tröstend eine Hand und sagte: »Wie der Geier, der bei einem Leichnam wacht, werde ich diese Frau bewachen. Nicht nur das, ich werde auch der alten Dorfhexe eine strenge Warnung erteilen, damit sie ihr nichts von ihren teuflischen Kräutern und Wurzeln für eine Abtreibung gibt. Aber all das ist ohne Geld nicht zu machen. Ich werde sehr viel Geld benötigen.«

Diesmal brauchte Pitambar gar nicht ins Haus zu gehen, um das Geld zu holen. Gerade erst an jenem Morgen hatte er sämtliche Jackfrüchte von seinen sieben Bäumen an einen Händler aus Orput verkauft, und er hatte die ganze Rolle Banknoten in seiner Tasche. Er zog sie heraus und legte sie auf Krishnakantas ausgestreckte Handfläche. Der Priester segnete ihn und ging.

Als Pitambar sein Haus betrat, traf ihn wieder der durchdringende, stechende Blick der Kranken. Diese anklagenden Augen beunruhigten ihn, aber nur für einen Moment. Dann war er wieder ganz der Alte, abgestumpft und hartherzig. Er knurrte sie an: »Du unfruchtbares Miststück! Warum starrst du mich so an?«

Pitambar wurde vor lauter Glück fast verrückt. Er saß die meiste Zeit auf seinem Lieblingsplatz vor dem Haus und träumte von seinem Kind in Damayantis Leib. Er malte sich die verschiedenen Stadien seines Heranwachsens aus: Er träumte, dass sein Sohn in der Blüte seiner Jugend mit ihm am Flussufer spazieren ging. Es schien ihm, als zöge der lange goldene Faden seines Stammbaums sie einer ruhmreichen Zukunft entgegen. Er träumte, dass Vater und Sohn sich auf ein helles Licht zubewegten, wo Himmel und Erde am fernen Horizont miteinander verschmolzen.

Mit Hilfe seines Dienstboten holte er einen alten Karton hervor, der auf den Dachsparren seines Schlafzimmers lag. Er säuberte die Schachtel und befreite sie von Staub und Spinnweben, nahm sie in eine Ecke des Zimmers mit und öffnete sie verstohlen. Darin befand sich ein Päckchen, das in ein Tuch gehüllt war. Es enthielt ein paar halb verbrannte Reste der Knochen seines Vaters und eine Schnur mit goldenen Perlen, die sein Vater früher um den Hals getragen hatte. Auf seinem Totenbett hatte ihm sein Vater die Schnur gegeben und zu ihm gesagt, die aufgefädelten goldenen Perlen würden wie goldene Stufen sein, die sein Sohn, in der Hand die Familienfahne, hinaufsteigen würde.

Pitambar betrachtete diese Andenken eine Weile, packte sie dann behutsam wieder in das Tuch und stellte die Schachtel an ihren Platz auf den Dachsparren zurück.

Tage vergingen. Pitambar wurde ungeduldig. Er hatte gehört, ein fünf Monate alter Fötus im Mutterleib könnte nicht mehr getötet werden. Er wartete nervös und aufgeregt darauf, dass dieser kritische Zeitraum vorübergehen würde. Jeder Tag war wie ein Berg, der vor ihm aufragte. Tag für Tag war ihm, als hörte er Damayantis Schritte auf sich zukommen. Er hörte, wie sie ihm sagte, er solle die Vorbereitungen für das *Havan* treffen. Sie sagte kläglich: »Ich kann mich jetzt nicht mehr aus dem Haus rühren. Sieh nur, wie dick mein Bauch geworden ist. Ich habe nachgedacht. Hindu, Moslem, Brahmane oder Kayastha – all das ist doch wie die Stücke eines irdenen Topfs. Diese Wörter haben keine Bedeutung. Ich will nur einen Mann, aus dessen Körper echtes Blut fließt, wenn man ihn schneidet.«

In Pitambars überspannter Phantasie nahmen die Hirngespinste von Damayanti allzu lebhafte Farben an und wurden immer schöner. Er stellte sich sogar vor, das melodische Klimpern von Fußkettchen an ihren geschmeidigen, gertenschlanken Fesseln zu hören.

Drei Monate vergingen. Inzwischen schlenderte Pitambar fast jeden Tag mit dem jugendlichen Sohn seiner Halluzinationen am Ufer des Dhaneshwari entlang. Der Traum verfolgte ihn beständig, bei Tag und bei Nacht.

Ein Sturm war am Nachmittag losgebrochen und es regnete in Strömen. Pitambar ging zu dem Raum, der an den *Dhekal* grenzte, um die Tür zu schließen. Seine Frau starrte ihn an. Er blieb still stehen. Die weit offenen Augen waren wie schimmernde Schlangen im Dunkeln. Plötzlich brach der Sturm mit aller Macht herein. Sämtliche Öllampen flackerten und gingen aus. Es war pechschwarz. Über das Tosen des Sturms hinweg hörte er krachende Geräusche. Was war das? Bestimmt hatte der Blitz in einen Baum auf seinem Hof eingeschlagen und ihn gespalten. Welcher Baum das wohl war, fragte er sich und eilte aus dem Haus. Seine

Dienstboten waren bereits draußen und verfrachteten den Haufen Kokosnüsse von der Veranda in den *Dhekal.*

Allmählich flaute das Gewitter ab und es donnerte und blitzte nur noch vereinzelt, doch der Regen fiel weiterhin in Strömen. Plötzlich hörte Pitambar, dass jemand laut nach ihm rief. Mit einer Laterne in der Hand eilte er hinaus, um nachzusehen, wer es war. Eine Gestalt, die ihren triefendnassen *Dhoti* hoch über die Knie gezogen hielt, stand vor ihm, einen zerrissenen alten Schirm in der Hand. Der Mann war spindeldürr, fast schon ein Skelett. Er kam auf Pitambar zu. Wer das wohl sein mochte? Pitambar hielt die Laterne höher und sah sich den Mann genauer an. Es war Krishnakanta! Pitambar rief aus: »Bapu, du? Was ist los? Warum kommst du bei diesem üblen Wetter hierher?«

Unter Mühen erreichte der Priester die Veranda und klappte seinen Schirm zusammen. Seine Hände zitterten. Er wirkte äußerst aufgewühlt. Er wrang seinen klatschnassen *Dhoti* aus und sagte: »Deine erste Frau ist unter einem ungünstigen Stern gestorben, Pitambar. Das muss der Grund für das sein, was jetzt passiert ist.«

»Was ist? Was hast du gesagt? Was ist denn passiert?«

»In den Schastren steht geschrieben, wenn ein Mensch unter diesem Stern stirbt, verbrennt selbst der kürzeste Grashalm auf dem Hof zu Asche. Für dich ist jetzt alles zu Asche geworden.«

Pitambar schrie außer sich vor Sorge auf. »Was ist passiert? Um Gottes willen, sag es mir schnell!«

»Weh dir, sie hat es getötet. Sie hat ihr ungeborenes Kind beseitigt. Sie ist nicht bereit, den Samen der niederen Kaste auszutragen. Sie ist Brahmanin vom Shandilya-*Gotra.* Oh Pitambar! Pitambar! Sie hat dein Kind getötet!«

Der Junge, der am Ufer des Dhaneshwari spazieren ging, war plötzlich ausgeglitten und in den Fluss gefallen.

Eines Nachts schreckte Damayanti aus dem Schlaf auf, von Geräuschen geweckt, die vom Hinterhof kamen. Es klang, als würde dort jemand in der Erde graben. Besorgt und verängstigt weckte sie ihre ältere Tochter. Beide lauschten angestrengt. Doch, ja, aus der Richtung des Bambuswäldchens hinter dem Haus drangen eindeutig Geräusche von Hacken und Graben. Das war genau die Stelle, an der Mutter und Tochter vor wenigen Nächten gemeinsam eine Grube für das abgetriebene Kind ausgehoben hatten. Ja, es war die Nacht gewesen, in der es beiden vor dem immer wiederkehrenden Heulen der Füchse gegraut hatte, während die Tochter die irdene Lampe hielt und Damayanti mit ruckhaften Bewegungen mit einem Brecheisen die Erde aufgebrochen und mit nervösen Händen das lose Erdreich aus der Grube geschaufelt hatte.

Sie öffneten vorsichtig das Fenster und schauten hinaus. Sie sahen einen Mann im schwachen Schein einer Lampe graben, die er an einen Bambusstrauch gehängt hatte.

Damayantis Herz begann schneller zu schlagen. War das dort draußen Pitambar? Ja, er war es! Er grub mit zielstrebiger Entschlossenheit. Allmählich steigerte sich das Tempo, mit dem er die Erde aufscharrte. Der ganze Körper und das Gesicht des Mahajan nahmen ein fürchterliches, brutales Aussehen an. Mit rasender Energie grub er und krallte seine Nägel wie verrückt in die Erde.

Damayanti begann von Kopf bis Fuß zu zittern. Ihr Herz schlug heftig. Was sollte sie tun? Sollte sie ihn rufen? Sollte sie sich still verhalten? Hier passierte etwas Schreckliches!

»Mahajan! Mahajan!«

Sie bekam keine Antwort.

Hack! Hack! Hack! Hack!

»Warum gräbst du, Mahajan?«

Pitambar blickte auf, doch er antwortete nicht.

Hack! Hack! Hack! Hack!

Damayanti war außer sich. Sie rief wütend: »Was wird dir das bringen? Ja, ich habe es begraben. Es war ein Junge. Aber er ist nichts weiter als ein Klumpen Fleisch, Blut und Schlamm! Hör auf damit! Hör auf!«

Pitambar hob den Kopf. Seine Augen glühten. »Ich werde dieses Fleisch mit meinen eigenen Händen berühren. Er war der Spross meiner Familie, von meinem Fleisch und Blut. Ich werde ihn berühren!«

Temsula Ao

Das letzte Lied

Es schien, als sei das kleine Mädchen zum Singen geboren. Ihre Mutter erinnerte sich oft daran, wie sie das Baby an Feiertagen huckepack zu Gesangsveranstaltungen der Gemeinde mitgenommen hatte. Wenn die Sänger eine Melodie anstimmten und die Lautstärke ihrer vereinten Stimmen allmählich anschwoll und die Harmonien sich herauskristallisierten, wand sich ihre Tochter in alle Richtungen und begann, ihre eigene Version des Lieds zu singen, die vorwiegend aus schrillen Schreien und lautem Kreischen bestand. Das war zwar anfangs amüsant, doch mit der Zeit irritierten die Possen ihrer Tochter sowohl die Zuhörer als auch die Sänger, und daher musste sie sich häufig verlegen von der Zusammenkunft zurückziehen. Was die Mutter bei einem Kind von kaum einem Jahr als unvernünftiges Benehmen ansah, war in Wirklichkeit der erste Hinweis auf die enorme Gesangsbegabung, die sie in die Welt gesetzt hatte.

Als Apenyo, denn so hieß das kleine Mädchen, ihre ersten Schritte tat und ihre ersten Worte sagte, nahm ihre Mutter sie sonntags in die Kirche mit, weil sie das Mädchen nicht allein zu Hause lassen konnte. An den anderen Tagen wurde sie der Obhut ihrer Großmutter übergeben, wenn die Mutter auf die Felder ging; aber am Sonntag gab es niemanden, der sich um sie kümmern konnte, da alle in die Kirche gingen. Wenn die Gemeinde ein Lied anstimmte, fiel auch Apenyo in den Gesang ein, ihre kleinen Schreie waren dabei nicht ganz so deutlich hörbar, da alle miteinander sangen. Aber immer, wenn es eine Solodarbietung gab, ging der

Ärger los; Apenyo versuchte jedes Mal mitzusingen, was die Mutter in große Verlegenheit brachte. Nach zwei oder drei dieser äußerst peinlichen sonntäglichen Ausflüge ging die Mutter überhaupt nicht mehr in die Kirche, bis Apenyo älter war und gelernt hatte, sich zu benehmen.

Auch zu Hause gab Apenyo nie Ruhe; sie summte oder dachte sich alberne kleine Lieder aus, die sie vor sich hin sang; manchmal war ihre Mutter gereizt deshalb, meist aber nachdenklich. Inzwischen war sie zu der Überzeugung gelangt, dass ihre Tochter die Liebe zum Gesang von ihrem Vater geerbt hatte, der so unerwartet fern der Heimat gestorben war. Der Vater, dessen Name Zhamben lautete, war nicht nur ein begabter Sänger von traditionellen Volksweisen, sondern beherrschte auch die christlichen Kirchenlieder meisterlich. Die traditionellen Lieder der Naga bestehen aus polyphonen Klängen. Vielleicht gerade aufgrund seiner Erfahrung und Könnerschaft bei den Volksliedern erlernte Zhamben die Melodien der Kirchenlieder mühelos und wurde bald zum ersten Sänger im Kirchenchor. Er war Schullehrer im Dorf und zum Zeitpunkt seines Todes besuchte er gerade einen Fortbildungskurs für Lehrer in einer Stadt in Assam. Er erkrankte ganz plötzlich, und als die Nachricht das Dorf erreichte, war er bereits tot. Während seine Verwandten noch Vorbereitungen für eine Reise trafen, um ihn zu besuchen, brachten seine Freunde aus der berufsbildenden Schule seinen Leichnam nach Hause. Apenyo war damals erst neun Monate alt. Von jener Zeit an war es ein einsames Ringen für Libeni, die Mutter, die ganz auf sich allein gestellt versuchte, ein Feld zu bestellen und ein kleines Kind großzuziehen. Gelegentlich von ihren angeheirateten Verwandten und von ihrer eigenen Familie unterstützt, baute die Witwe langsam eine Zukunft für ihre Tochter und sich selbst auf. Viele der Verwandten sagten ihr, sie solle sich wieder verheiraten, damit sie und die kleine

Apenyo einen Mann hätten, der sie beschützte und für sie sorgte. Aber Libeni wollte nichts davon hören, und als sie sie wiederholt aufforderten, sich ernsthaft Gedanken darüber zu machen, bat sie ihre Familie, das Thema nie wieder zur Sprache zu bringen. So lebten Mutter und Tochter allein und ernährten sich in erster Linie von dem, was auf dem Feld wuchs.

In der Dorfschule machte sich Apenyo gut und wurde schnell die Klassenbeste. Als sie alt genug war, um ihrer Mutter zu helfen, den Faden auf den Webstuhl zu spannen, saß sie immer in der Nähe und sah ihr beim Weben der farbenprächtigen Tücher zu, die verkauft wurden, damit sie zusätzliche Einkünfte hatten. Libeni stand in dem Ruf, eine der besten Weberinnen im Dorf zu sein, und ihre Tücher waren sehr gefragt. Mit der Zeit erlernte Apenyo diese Kunst von ihrer Mutter und wurde, ebenso wie sie, eine hervorragende Weberin. In der Zwischenzeit wuchs auch ihre Liebe zum Gesang. Bald erkannten die Menschen, dass Apenyo eine wunderschöne Singstimme besaß. Sie wurde in den Kirchenchor aufgenommen, wo sie schnell zum ersten Sopran gemacht wurde. Jedes Mal, wenn der Chor sang, war es ihre Stimme, die selbst das gewöhnlichste Lied himmlisch klingen ließ. Gleichzeitig mit ihrer Singstimme erblühte auch ihre Schönheit, als Apenyo auf ihren achtzehnten Geburtstag zuging. Ihre bezaubernde Stimme schien noch mehr zu der Schönheit beizutragen, die sie von Natur aus besaß, was ihr im Dorf den Spitznamen »singende Schönheit« eintrug. Libenis Freude kannte keine Grenzen. Sie war froh und glücklich, dass Gott sie für all die Jahre der Einsamkeit und der Not reich belohnt hatte mit dieser wunderschönen und begabten Tochter.

In einem jener Jahre herrschte unter den Dorfbewohnern eine besonders erwartungsvolle Stimmung, da ein großes Ereignis bevorstand: die Einweihung der neuen Kirche. Sämtliche Gemeindemitglieder hatten in Form von Geld- und Sachspenden zu den Mitteln für den Bau der Kirche beigetragen, und es hatte sie fast drei Jahre gekostet, das neue Holzgebäude mit dem Blechdach fertig zu stellen, das die alte Kirche aus Bambus und Stroh ersetzen sollte. In jedem Haushalt planten die Frauen, die Familie neu einzukleiden – brandneue Tücher für die Männer und neue Röcke, Lungis, für die Frauen. Das ganze Dorf wurde für diesen Anlass fein herausgeputzt, da einige angesehene Pastoren von benachbarten Ortschaften zur feierlichen Einweihung eingeladen werden sollten. Schweine, die für das Festmahl ausersehen waren, wurden mit speziellem Futter gemästet. Die Einweihung sollte in der ersten Dezemberwoche stattfinden, denn so war sichergestellt, dass die Ernte eingebracht und die Arbeit auf den Feldern abgeschlossen war und dass das Fest sich nicht mit den Weihnachtsfeierlichkeiten überschneiden würde. Die Dorfbewohner machten sich mit großer Begeisterung an die Vorbereitungen und scherzten oft miteinander, dieses Jahr würden sie zweimal Weihnachten feiern.

Es waren jedoch unruhige Zeiten für die Naga. Die Unabhängigkeitsbewegung gewann von Tag zu Tag an Dynamik und selbst die entlegensten Ortschaften wurden davon berührt – wenn nicht direkt, indem sich ihre Bewohner der Untergrundarmee anschlossen, dann doch zumindest durch »Steuern«, die sie an die Untergrundorganisation bezahlen mussten. In diesem speziellen Dorf verhielt es sich nicht anders als überall sonst auch. Die Bewohner waren gezwungen gewesen, jedes Jahr ihre Abgaben zu bezahlen, einen Betrag, der nach der Anzahl von Haushalten im Dorf errechnet wurde. Es war schon seltsam, dass diese »Steuern« ausgerechnet kurz vor den Weihnachtsfeiertagen eingetrieben wurden; vielleicht lag es daran, dass die Eintreiber auf ihren Reisen durch die winterlichen Wälder leichter vorankamen, vielleicht daran, dass auch sie Weihnachten feiern wollten. So oder so waren die Dorfbewohner auf den alljährlichen Besuch ihrer Brüder aus den Wäldern vorbereitet und die Transaktion lief jedes Mal reibungslos ab.

Aber dieses Jahr gestalteten sich die Dinge nicht so unkompliziert wie sonst. Kürzlich hatte ein Überfall auf ein Versteck der Untergrundorganisation Unterlagen über alle derartigen Steuererhebungen im weiteren Umkreis ans Licht gebracht und die Regierung war entschlossen, all diesen Dörfern zu zeigen, welche Folgen sie zu erwarten hatten, wenn sie durch ihre »Steuerzahlungen« die Ziele der Aufständischen unterstützten. Es wurde ein finsterer Plan ausgeheckt, um dem gesamten Naga-Volk deutlich vor Augen zu führen, was passiert, wenn man seine Regierung verrät. Es wurde beschlossen, das Militär würde dieses spezielle Dorf an eben jenem Tag aufsuchen, an dem die neue Kirche eingeweiht werden sollte, und man würde alle wichtigen Leute des Dorfes wegen des Verbrechens verhaften, Steuern an die Untergrundbewegung zu bezahlen.

In der Zwischenzeit waren die Dorfbewohner vollauf mit ihren Vorbereitungen beschäftigt und stürzten sich vor dem festgesetzten Tag, einem Sonntag, in zahlreiche hektische Aktivitäten, und sie schafften munter Ordnung in ihren eigenen Haushalten, vor allem in jenen, die Gäste beherbergen würden. Der Sonntag der Kirchweihe brach klar und kühl an, schließlich war es Dezember, und sämtliche Dorfbewohner versammelten sich in ihrem Festtagsstaat vor der neuen Kirche, die auf demselben Stück Land stand wie die alte. Sie waren bisher noch unentschlossen, was sie mit der alten Kirche tun sollten, die gleich neben der neuen stand. Jede Entscheidung, was damit geschehen sollte, war auf einen Zeitpunkt nach der Einweihung verschoben worden. An jenem Morgen hatte sich der komplette Chor auf den Stufen vor dem Eingang der neuen Kirche eingefunden, um zusammen mit der Gemeinde vor der Einweihungszeremonie zu singen; anschließend würden sie gemeinsam das neue Gebäude betreten. Apenyo, die Stimmführerin, stand in der Mitte der vordersten Reihe und bot in ihrem neuen Lungi und ihrem neuen Umschlagtuch einen prachtvollen Anblick. Nach dem Gemeinschaftsgesang des Chors würde sie zu diesem speziellen Anlass ein Solo vortragen. Als der Pastor das Bittgebet sprach, senkte sich tiefe, erwartungsvolle Stille über die Gemeinde herab. Nach dem Gebet würde der Chor sein erstes Lied singen. Als das Lied, das die Menge gespannt erwartet hatte, angestimmt wurde, ertönten in der Ferne Schüsse; dieses Geräusch verkündete Unheil, denn es bedeutete, dass das Militär die Festlichkeiten mit Sicherheit stören würde. Doch der Chor sang unbeirrt weiter, obwohl etliche Zuhörer voller Unruhe mit den Füßen zu scharren begannen. Auch der Pastor wirkte jetzt besorgt; er drehte sich zu einem Diakon um und schien sich mit ihm zu beratschlagen. Als der Gesang endete, ertönte ein anderer Laut im Dorf: Ein verängstigter Dobashi, ein Dolmetscher, dessen Stimme vor Furcht zitterte, rief, alle sollten bleiben, wo sie waren, und keinen Versuch unternehmen, wegzulaufen oder zu kämpfen. Betroffenes Schweigen trat ein. Die Gemeindemitglieder verharrten regungslos an Ort und Stelle und konnten einfach nicht glauben, dass ausgerechnet der Sonntag ihrer Kirchweihe von dem arroganten indischen Militär entweiht werden würde.

Kurz darauf umstellten Soldaten die Menge und befahlen dem Pastor und den Dorfvorstehern, den Gaonburas, vorzutreten. Doch bevor sie das tun konnten, begann Apenyo laut zu singen, und um hinter der Tapferkeit oder der Dummheit dieses jungen Mädchens nicht zurückzustehen und auch um die Sängerin nicht derart zu exponieren, fiel der gesamte Chor in das Lied ein. Die Soldaten wurden wütend; das war ein Akt offenen Widerstandes und musste entsprechend vergolten werden. Sie stießen den Pastor und die Gaonburas vor sich her und trieben sie mit ihren Gewehrkolben zu den Jeeps, die unterhalb der Stufen zur Kirchentür bereitstanden. Einige Dorfbewohner versuchten, mit den Soldaten zu reden, und auch sie wurden getreten und geschlagen. Der Dobashi, der die Soldaten begleitete, unternahm einen lahmen Versuch, wieder den Anschein von Ordnung herzustellen, doch niemand hörte auf ihn, und die Menschenmenge, mittlerweile von Furcht und Zorn gepackt, begann sich in alle Himmelsrichtungen zu zerstreuen. Einige Mitglieder des Chors ließen das Singen sein und versuchten, fortzulaufen, um sich in Sicherheit zu bringen. Nur Apenyo wich nicht von der Stelle. Ohne wahrzunehmen, was um sie herum geschah, sang sie so unbeirrt weiter, als würde sie von einer unsichtbaren Macht geleitet. Ihre Mutter, die unter den Mitgliedern der Kirchengemeinde stand, sah, wie ihre Tochter sich die Seele aus dem Leib sang, als wollte sie der Macht der Gewehre mit ihrer Stimme Widerstand leisten, die sie zu Gott im Himmel erhob. Die Mutter rief ihr zu, sie solle still sein, doch Apenyo schien nichts zu hören und zu sehen. In ihrer Verzweiflung rannte Libeni auf sie zu, um ihre Tochter fortzuziehen, doch der Anführer der Soldaten war schneller. Er packte Apenyo an den Haaren und zerrte sie mit einem verwirrten Gesichtsausdruck von der Menge weg und zur alten Kirche. Die ganze Zeit über konnte man hören, wie das Mädchen die letzte Strophe wieder und immer wieder sang.

Inzwischen herrschte überall Chaos. Auf Dorfbewohner, die zu fliehen versuchten, wurde von den Soldaten, die plötzlich überall zu sein schienen, entweder geschossen oder sie wurden getreten oder niedergeknüppelt. Der Pastor und die Gaonburas wurden für den Transport ins Militärhauptquartier und das Los, das sie dort erwartete, sorgsam gefesselt. Immer mehr Leute waren zu sehen, die in ihrer Verzweiflung fortrennen wollten; einige suchten Schutz in der alten Kirche und manche hatten sogar die neue Kirche in der Hoffnung betreten, zumindest im Haus Gottes vor den Soldaten in Sicherheit zu sein. Libeni war jetzt außer sich. Laut rief sie ihre Tochter beim Namen und lief auf der Suche nach ihr in die Richtung, wo sie sie zuletzt gesehen hatte, als sie von dem Hauptmann fortgeschleift wurde. Als sie ihre Tochter endlich fand, bot sich ihr ein Anblick, bei dem sich alles in ihr entsetzte: Der junge Hauptmann vergewaltigte Apenyo, während einige andere Soldaten ihm dabei zusahen und nur darauf zu warten schienen, dass sie an die Reihe kamen. Die Mutter, halb wahnsinnig durch das, was sie hier mit ansehen musste, stürzte sich mit dem Knurren eines Tieres auf den Mann, als wollte sie ihn vom Körper ihrer Tochter zerren, doch einer der Soldaten packte sie und warf sie zu Boden, presste sie hinunter und begann ebenfalls, seinen Reißverschluss zu öffnen. Als Libeni begriff, was als Nächstes kommen würde, spuckte sie dem Soldaten ins Gesicht und versuchte, sich aus seiner Umklammerung zu winden. Aber das erregte ihn nur noch mehr; er schlug ihren Kopf mehrmals auf den harten Boden, bis sie bewusstlos war, und vergewaltigte dann ihren schlaffen Körper. Anschließend benutzte er ihren nagelneuen Lungi, den er ihr heruntergerissen hatte, um sich abzuwischen. Dann lösten die Soldaten einander ab, obwohl die Frau bereits tot war, als der vierte sie bestieg. Apenyo war von dem, was ihr hier zustieß, entsetzlich geschunden und betäubt, aber sie war immer noch am Leben, wenn es auch nur noch an einem seidenen Faden hing. Einige Dorfbewohner, die sich in die alte Kirche geflüchtet hatten, sahen, was Mutter und Tochter widerfuhr, und nachdem die Soldaten sich auf den Weg zum Dorfplatz gemacht hatten, kamen sie hervor, um den beiden zu helfen. Als sie gerade versuchten, die leblosen Körper hochzuheben, drehte sich der Hauptmann zufällig noch einmal um, und als er sah, dass es Zeugen der abscheulichen Tat gab, befahl er seinen Soldaten, das Feuer auf die Menschen zu eröffnen, die die beiden Frauenkörper hochhoben. Unter großem Geschrei und Gejammer wurden die Körper fallen gelassen, als die hilflosen Dorfbewohner erneut versuchten, sich im Innern der Kirche in Sicherheit zu bringen.

Der Hauptmann kehrte an den Schauplatz der jüngst gefeierten Orgie zurück und sah die grotesken Gestalten der zwei Frauen, die jetzt beide tot waren. Er rief seinen Männern den Befehl zu, sie vor den Eingang der alten Kirche zu werfen. Dann befahl er ihnen, um die Kirche herum Stellung zu beziehen, und auf sein Signal hin verschossen sie ihre Munition in das Gebäude. Die Schreie der Verwundeten und Sterbenden, die aus dem Innern der Kirche drangen, bewiesen, dass ihnen selbst das Haus Gottes keinen Schutz bieten, sie nicht vor den Kugeln der wahnsinnig gewordenen Soldaten retten konnte. Auch an anderen Stellen des Ortes spielten sich ähnliche Gräueltaten ab. Aber das war noch nicht das Ende der Grausamkeiten. Als zu erkennen war, dass sie nur Zeit und Munition bei dem Versuch verschwendeten, sämtliche Zeugen im Innern der Kirche zu töten, wurde der Befehl erteilt, die Kirche anzuzünden. Der Hauptmann, der aus vollem Halse brüllte, schien mittlerweile den Verstand verloren zu haben. Er riss seinem Adjutanten die Streichholzschachtel aus der Hand und machte sich ans Werk. Aber seine Hände zitterten; er glaubte, noch immer die Melodie zu hören, die das junge Mädchen vor sich hin gesummt hatte, während er sich in ihren jungfräulichen Körper rammte und die blicklosen Augen des Mädchens bei alledem fest auf sein Gesicht gerichtet waren. Er sackte in sich zusammen, und die Soldaten machten Anstalten, sich zu entfernen, doch in einem neuerlichen Aufwallen von Wut erteilte er noch einmal den Befehl, und gleich darauf ging die alte Kirche in Flammen auf und von den Toten und den Sterbenden blieb nichts weiter als eine unkenntliche schwarze Masse zurück. Auch die neue Kirche, die neben der alten stand, fing Feuer und trug schwere Schäden davon. Im Dorf gingen als Erstes die Kornspeicher in Flammen auf. Der Wind trug brennende Gebäudeteile davon und verstreute sie zwischen den dicht zusammenstehenden Häusern, die ebenfalls abbrannten.

Als die plündernden Soldaten mit ihren Gefangenen das Dorf verließen, war es dunkel, und um das allgegenwärtige Elend im Dorf zu verschlimmern, regnete es die ganze Nacht. Man konnte unmöglich mit Sicherheit sagen, wie viele Männer und Frauen außer dem Pastor und den vier Gaonburas vermisst wurden. Glücklicherweise waren die Pastoren, die zu Besuch gekommen waren, verschont geblieben, als sich herausgestellt hatte, dass sie nicht zur Dorfgemeinschaft gehörten. Aber es war ihnen befohlen worden, augenblicklich zu verschwinden, und man hatte ihnen unmissverständlich gedroht, wenn sie die Neuigkeiten über die Geschehnisse, die sich hier abgespielt hatten, in andere Ortschaften trugen, würden ihre eigenen Dörfer dasselbe Schicksal erleiden. Die Suche nach den Personen, die immer noch vermisst wurden, begann erst am nächsten Morgen. Es zeigte sich, dass Apenyo und ihre Mutter unter den Vermissten waren. Als eine flüchtige Bestandsaufnahme vorgenommen wurde, stellte sich heraus, dass viele Dorfbewohner Schusswunden sowie schwere Verletzungen durch Schläge davongetragen hatten. Auch war der Verbleib von sechs Mitgliedern des Chors ungewiss. Eine alte Frau, deren Haus in der Nähe der Kirche stand, berichtete dem Suchtrupp, sie hätte mehrere Menschen zur alten Kirche laufen sehen.

Als die Dorfbewohner die niedergebrannte alte Kirche erreichten, bestätigten sich ihre schlimmsten Befürchtungen. Unter der regennassen Asche der alten Kirche fanden sie Unmengen von menschlichen Knochen, die vom nächtlichen Regen reingewaschen worden waren. Und oben auf den Stufen zur alten Kirche fanden sie noch mehr. Durch eine Laune des Schicksals war ein Zipfel von Apenyos neuem Tuch unter den verkohlten Knochen von Mutter und Tochter erhalten geblieben. Die Dorfbewohner sammelten die Knochen der sechs Chormitglieder ein und legten sie in einen gemeinschaftlichen Sarg, doch die Knochen von Mutter und Tochter bekamen einen Sarg für sich. Nach einem düsteren Trauergottesdienst ohne Gesang stellte sich die Frage, wo man sie beerdigen sollte. Obgleich das ganze Dorf schon vor langer Zeit den christlichen Glauben angenommen hatte, waren einige der alten Bräuche und Aberglauben noch nicht vollständig untergegangen. Der Tod dieser Unglücklichen konnte nicht auf natürliche Ursachen zurückgeführt werden und daher durften sie den Bräuchen entsprechend nicht auf dem Dorffriedhof begraben werden – Christentum hin, Christentum her. Einige jüngere Leute erhoben Einwände. »Wie könnt ihr das sagen? Sie waren Gemeindemitglieder unserer Kirche und sie haben im Kirchenchor gesungen.« Die Alten entgegneten: »Wir sind schließlich immer noch Naga, oder etwa nicht? Und für uns werden sich manche Dinge nie ändern.« Die Debatte zog sich eine ganze Weile hin, bis man zu einer Art Kompromiss gelangte: Sie würden direkt außerhalb des Friedhofsgeländes begraben werden, was deutlich zeigen würde, dass die überlebenden Dorfbewohner ihre Überreste nicht an einen entlegenen Ort im Walde verbannt hatten. Aber eine Bedingung wurde daran geknüpft: Für keinen von ihnen würde ein Grabstein aufgestellt werden.

Heute sind diese beiden Grabstätten zwei kleine, mit Gras bewachsene Kuppen gleich außerhalb des Dorffriedhofs, und wenn man nicht mit der Geschichte des Dorfes und insbesondere damit vertraut ist, was sich hier an jenem grauenhaften Sonntag vor mehr als dreißig Jahren abgespielt hat, dann kann man diese beiden kleinen Hügel, die ihr Bestes tun, um Erhebungen zu bleiben, leicht übersehen. Eines Tages werden sie vielleicht vom Erdboden geschluckt; oder er öffnet sich, um die verkohlten Knochen ans Licht zu bringen. Niemand weiß, was aus diesen Gräbern ohne Grabstein werden wird oder auch aus den Gräbern mit kunstvoll verzierten Betonaufbauten, die sich auf dem geweihten Boden des Friedhofs befinden und Massen von Knochen derer beherbergen, die eines »natürlichen« Todes gestorben sind. Aber die Geschichte von dem, was jenen zugestoßen ist, die unter den grasbewachsenen Hügeln ohne Grabstein liegen, vor allem dem jungen Mädchen, das sein letztes Lied erst mit seinem letzten Atemzug beendete, lebte in den Seelen derer weiter, die den finstersten Tag in der Geschichte der Ortschaft überlebt haben.

Und was ist aus dem Hauptmann und seiner Horde von Vergewaltigern geworden, die glaubten, die Flammen hätten alle Spuren ihres Verbrechens getilgt? Das kann niemand mit Sicherheit sagen. Aber das Netzwerk im Untergrund, dem es möglich zu sein scheint, hinter die grässlichsten Geheimnisse zu kommen, vor allem dann, wenn es um Grausamkeiten geht, die an unschuldigen Dorfbewohnern verübt worden sind, hat es nicht nur geschafft, die Ereignisse jenes schwarzen Sonntags aus Bruchstücken zusammenzusetzen, sondern auch, die Identität des Hauptmanns festzustellen. Nachdem über etliche Jahre Informationen zusammengetragen wurden, ließ sich seine Spur bis in ein Militärkrankenhaus in einer Großstadt verfolgen, wo er in einer Zelle im Hochsicherheitstrakt der Irrenanstalt eingesperrt war.

Es ist eine kalte Dezembernacht und in einem abgeschiedenen Dorf sitzt eine alte Geschichtenerzählerin am Herdfeuer, umgeben von einer Gruppe von Schülern, die nach Hause gekommen sind, um hier ihre Winterferien zu verbringen. Sie statten ihr gern Besuche ab, um ihren Geschichten zu lauschen, aber heute Abend ist Großmutter nicht so fröhlich und munter wie sonst; sie wirkt viel älter und scheint aufgewühlt zu sein. Einer der Jungen fragt sie, ob sie sich heute nicht wohl fühlt, dann könnten sie auch an einem anderen Abend wiederkommen. Aber anstatt zu antworten, beginnt die alte Frau zu erzählen, dass in bestimmten Nächten ein ganz eigentümlicher Wind durch das Dorf weht, der in der Nähe des Friedhofs aufzukommen scheint und so klingt wie ein Kirchenlied. Sie erzählt ihnen auch, dass heute eine von diesen Nächten ist. Anfangs sind die jungen Leute skeptisch und sagen, sie könnten nichts hören und so etwas sei ohnehin ausgeschlossen, doch die alte Frau sagt tadelnd, sie schenkten dem, was um sie herum vorginge, überhaupt keine Beachtung. Die jungen Leute heute hätten vergessen, wie man der Stimme der Erde und des Windes lauscht. Sie fühlen sich zurechtgewiesen und tun so, als gäben sie sich Mühe, die Ohren zu spitzen, und zu ihrem allergrößten Erstaunen hören sie in der Ferne ein leises Summen. Sie lauschen eine Zeit lang und berichten ihr nahezu triumphierend, sie könnten nur einen unheimlichen Laut hören. »Nein«, ruft die Geschichtenerzählerin laut aus; sie schreit sie fast an. »Hört genau hin. Heute ist der Jahrestag dieses grauenhaften Sonntags.« Totenstille senkt sich über den Raum und einige von ihnen beschleicht sichtliches Unbehagen, denn auch sie haben schon vage Gerüchte von scheußlichen Taten gehört, die das Militär an einem Sonntag lange vor ihrer Geburt im Dorf begangen hat. Die Erzählerin und ihre Zuhörer strengen sich an, aufmerksamer zu lauschen, und plötzlich passiert etwas Seltsames: Als der Wind am Haus vorbeiweht, nimmt er an Klangfülle zu und scheint einen klitzekleinen Moment direkt über dem Haus zu verharren. Dann setzt er sein Tosen wieder fort, als eilte er davon in andere Gegenden, fern von menschlichen Behausungen. Die jungen Leute sind bestürzt, weil sie das neue Element im Klang des Windes hören und eine gewisse unheimliche Melodie zurückbleibt, nachdem der Wind weitergezogen ist. Die alte Frau springt von ihrem Platz auf, sieht sie alle der Reihe nach an und fragt: »Ihr habt es gehört, nicht wahr? Habe ich es euch nicht gesagt? Das war Apenyos letztes Lied«, und sie summt eine Melodie vor sich hin, ganz leise, als sei sie nur für ihre eigenen Ohren bestimmt. Die jungen Leute können nicht bestreiten, dass sie die Weise gehört haben, aber sie sind verwirrt, weil sie nicht wissen, wovon die Rede ist. Als die alte Frau etwas abseits von ihnen steht und die Melodie vor sich hin summt, blicken sie sie voller Verwunderung an. Ein eigentümliches Leuchten zeigt sich auf ihrem Gesicht und sie scheint sich in eine andere Person verwandelt zu haben; ihr neues Ich ist lebhafter und munterer als das bisherige. Nach einer Weile kommt ein kleines Mädchen zaghaft auf sie zu und fragt: »Großmutter, wovon sprichst du? Wessen letztes Lied?«

Die alte Geschichtenerzählerin dreht sich ruckartig um und lässt ihre Blicke über die Gruppe von Schülern gleiten, als sähe sie sie zum ersten Mal. Dann seufzt sie tief, breitet die Arme aus und flüstert mit unendlicher Traurigkeit: »Ihr habt noch nichts von diesem Lied gehört? Ihr wisst nichts über Apenyo? Dann kommt her und hört mir gut zu …«

So kommt es, dass an einem kalten Dezemberabend in einem abgeschiedenen Dorf eine alte Geschichtenerzählerin die jungen Leute aus dem Umland um die züngelnden Flammen eines Herdfeuers versammelt und zwischen ihnen auf der nackten Erde kauert, um an künftige Generationen die Geschichte jenes schwarzen Sonntags weiterzureichen, als eine junge und wunderschöne Sängerin ihr letztes Lied sang und ein weiteres unter vielen Naga-Dörfern begann, seine zugrunde gerichteten Kinder zu beweinen.

Shashi Deshpande

Das Tal im Schatten

Grüne Wälder bedeckten die Hänge der beiden Hügel, deren Gipfel gleichermaßen kahl waren. Auch unten endete der üppige Wuchs abrupt, das Tal zwischen den Hügeln war steinig und karg, als hätte eine riesige Hand alles Grüne weggerupft. Am ersten Morgen fand ich den Blick schön. Jetzt, da ich den vierten Tag in Folge allein auf der Veranda unseres Zimmers stand, war die Aussicht schon verdorben, als sei sie von meinem Blick besudelt. Ich mied sie und schaute stattdessen auf den Garten vor mir, einen Allerweltshotelgarten mit eingetopften Bougainvilleen und von verwelkten Blumen gesäumten asphaltierten Wegen. Es gab dort alles, was einen Urlaubsort ausmacht: Schaukeln, Sandkästen und um diese Tageszeit auch die Männer, die mit den Hotelgästen ihren Lebensunterhalt verdienten. Der Mann, der Andenken und Postkarten verkaufte, ging zielgerichtet von Zimmer zu Zimmer, während der mit den Ponys geduldig dahockte und darauf wartete, dass die Kinder herauskamen und ihre Tiere einforderten. Der Affenmann hatte sich mit seiner Rassel niedergelassen, und der Affe, der noch dienstfrei hatte, sah sich ein wenig verwirrt um. Geräusche und Anblicke, die mir schon so vertraut waren wie die Rufe der Straßenhändler zu Hause. Jetzt versammelten sich die Kinder um den Affen, der Mann erhob die Stimme und redete in einem eigenartigen Ton zu dem Tier, einem Singsang, dessen Lautstärke sich nie auch nur im Geringsten änderte.

Dann trat alles andere in den Hintergrund. Für einen

Augenblick bestand die Welt nur aus einem Paar Hände. Den Händen, die jetzt auf dem Holzgeländer der Veranda des Nachbarzimmers auftauchten. »Hallo«, begrüßte mich die Stimme, »wie geht es Ihnen heute Morgen?« Ich lächelte, dann wurde mir bewusst, dass er mein Lächeln nicht sehen konnte. Zwischen uns befand sich eine dünne Trennwand. Er konnte mich nur sehen, wenn ich mich vorbeugte, wie er es tat, die Ellbogen auf das Geländer gestützt, das Gesicht in den Händen. Verstohlen befühlte ich meine Ellbogen. Aufgeraut. Das war ein beruhigendes Gefühl, wie ein Symbol unserer Vertrautheit. Die Ellbogen jeden Abend sanft eincremen, die altbekannten Schönheitstipps. Nie mehr, dachte ich. Ich werde das niemals mehr tun.

»Familie unterwegs?«

»Ja.«

Ich ließ den Blick wieder über das Tal schweifen, das zu erleuchten die Sonne sich standhaft weigerte. Den ganzen Tag blieb es von den Sonnenstrahlen unberührt, während die Gipfel zu beiden Seiten triumphierend glühten.

»Familie unterwegs?« Das hatte er schon am ersten Morgen gefragt: »Familie unterwegs?«

»Ja.«

»Ein nettes Kerlchen haben Sie da.«

»Ja.«

»Und Sie sind nicht mitgegangen?«

»Nein.«

»Oh, wie schön«, hatte er gesagt, »Sie kennen also noch ein anderes Wort als ›ja‹.«

Dann lachte er. Es war mir schon aufgefallen, dass seine Stimme tief und voll war, sein Lachen hingegen war ziemlich hoch. Ich lachte ebenfalls, aber zögernd, nervös. Meine Unsicherheit entsprang einer Frage: Warum unterhielt er sich mit mir? Für mich glich eine Unterhaltung mit einem Mann dem Erforschen unbekannter Gebiete. Die Reaktion einer

Frau konnte ich erraten, ihren Gedankengängen konnte ich folgen, egal, wohin sie führten. Doch bei Männern war es immer ein Tasten im Dunkeln. Während wir so miteinander redeten, betrachtete ich unsere Hände auf dem Holzgeländer, sie betonten den Unterschied zwischen uns. War das der Grund, hatte ich mich gefragt, weswegen er sich mit mir unterhielt?

Jetzt bemerkte ich, dass er gerade aus dem Bad kam, weil sein nasses Handtuch auf dem Geländer lag – es war orangefarben und schwarz gestreift. Der Duft von Seife und Rasierwasser stieg mir in die Nase. Plötzlich wünschte ich, ich wäre frisch geduscht und angezogen und ... Doch nein, diesen Wunsch hatte ich vor langer Zeit aufgegeben.

»Gehen Sie nie hinaus?«, fragte er mich.

»Nein.«

»Sie laufen nicht gern?«

»Nein.«

Das war keine Lüge. Aber es war auch nicht die ganze Wahrheit. Die Wahrheit, die ganze Wahrheit und nichts als die Wahrheit, so wahr mir Gott helfe ... Doch das hier war kein Gerichtsverfahren, und ich war weder Verbrecherin noch Zeugin. Außerdem würden wir bald auseinander gehen, dieser Mann und ich, beide in eine andere Richtung, und er würde nie erfahren, dass ich ihm nicht die ganze Wahrheit gesagt hatte. Warum war es also so wichtig? Warum schämte ich mich, dass ich ihm die Wahrheit vorenthielt? »Es ist nämlich so«, stammelte ich unbeholfen und schamrot und drückte mich ebenso linkisch aus, dachte ich bitter, wie ich mich fortbewegte. »Ich kann nicht sehr gut laufen. Als Kind hatte ich Polio. Ich bin verkrüppelt.«

Ich verwendete das schlimmstmögliche Wort. Das Wort, das ich mehr als alle anderen hasste, ein Wort, das nichts mit meinem wahren Ich zu tun zu haben schien. Jetzt würde er schweigen, sich unwohl fühlen. Er würde ein paar Worte aus der Höhe, in der er sich als normales menschliches Wesen befand, an mich richten. Und ich würde weiter hier sitzen und zusehen, wie der Sonnenschein alles in Besitz nahm und nur das Tal im Dunklen ließ, bis sie, mein Mann und mein Sohn, zurückkamen. Mein Sohn würde lachend zu mir rennen und meine Aufmerksamkeit fordern, wollen, dass ich an seiner Aufregung teilhatte, und ich würde für eine Weile vergessen, was ich war. Doch bald würde er wieder davonlaufen und ich konnte nicht hinterher, und der Gedanke daran, was ich war, würde sich mir wieder aufdrängen. Selbst schuld, dachte ich. Ich hätte nicht mitkommen sollen. Was sollte ich denn im Urlaub? Ich, die ich weder gehen noch rennen noch mich freuen konnte wie alle anderen? Meine Unfähigkeit, mich zu freuen, begleitete mich überallhin.

Schon als Kind war mir aufgefallen, wie die Leute zuerst meine Beine und dann, sehr flüchtig, den Rest von mir betrachteten. »Wer soll sie nur heiraten?«, fragte meine Mutter seufzend, als ich größer wurde. Doch mein Vater ließ nicht locker. Immer wieder versuchte er, eine Ehe zu arrangieren, verschwieg den jungen Männern jedoch nie meine Behinderung, also wurde nichts daraus. Als einer von ihnen einwilligte, mich zu treffen, dachte ich: Vielleicht sieht er ja mich und nicht meine Beine. Und als er einer Heirat mit mir zustimmte, dachte ich: Er hat mich gesehen.

»Nun, wenn Sie nicht laufen können, warum reiten Sie dann nicht?«

Der Ton, in dem der Mann das sagte, war so nüchtern, ohne jede Verlegenheit, Mitleid oder Herablassung, dass ich völlig verblüfft war. Ich beugte mich vor und schaute ihn an. Er schaute zurück. Das fühlte sich komisch an, als wäre ich von der Sonne beschienen. Ich dachte an das Tal und daran, wie seine Hässlichkeit und Kargheit noch betont werden würden, wenn die Sonne jemals darauf schien. Und aus irgendeinem Grund wandten sich meine Gedanken wieder jener Nacht ein halbes Jahr nach der Geburt meines Sohnes zu.

Ein halbes Jahr ist es schon her, hatte ich gedacht, und er meidet mich immer noch. Ich wusste nicht, wie ich ihm begreiflich machen sollte, dass es keinen Grund mehr gab, einander fernzubleiben. Jeden Abend sagte ich mir die Worte auf, mit denen ich ihm das mitteilen wollte, und jeden Abend hielten mich Scham und eine gewisse Furcht davon ab, sie auszusprechen. In jener Nacht ging ich zu ihm und versuchte, es ihm ohne Worte zu sagen. Freundlich, aber sehr bestimmt schob er mich fort und sagte: »Lassen wir das lieber.« – »Warum?«, fragte ich verständnislos. Und er antwortete: »Wir haben doch schon einen Sohn.« Schlagartig wurde mir klar, dass mein Anblick ihm zuwider war. Er hatte sich mit mir abgegeben, weil er sich einen Sohn wünschte. Aber warum, fragte ich mich in einer letzten Aufwallung von Zorn, hatte er mich überhaupt geheiratet? Doch die Antwort auf diese Frage kannte ich ebenfalls. Ich kannte sie seit den ersten Tagen unserer Ehe. Er hatte mich aus dem üblichen Grund geheiratet: Geld. Nicht nur das Geld, das mein Vater uns gegeben hatte, sondern auch das, was ich jeden Monat verdiente. Ich verdiente mehr als er, doch die Tatsache, dass ich verkrüppelt war, machte den Unterschied zwischen uns wieder wett, so dass er sich nicht so gedemütigt fühlte, wie er es bei jeder anderen Frau getan hätte. In jener Nacht gab ich jede Hoffnung auf menschliche Nähe auf.

Und doch ging ich am Morgen nach meinem Bekenntnis frühzeitig ins Bad. Ich zog einen weichen Baumwollsari an, den ich besonders gern mochte. Ich trat hinaus, und als ich die zwei Handtücher, die draußen hingen, erblickte – das farbenfrohe meines Sohnes und das meines Mannes, von einem unauffälligen Grau –, griff ich wütend danach und trug sie hinein, wobei ich mir sagte, dass sie ja sowieso schon trocken waren. Dann ging ich wieder hinaus und sah, dass seine Füße auf dem Geländer lagen, zwei saubere, nackte und irgendwie verletzliche Füße. Als ich mich setzte, verschwanden die Füße, und seine Hände erschienen. Ich legte die meinen vor mich.

»Hallo, Sie riechen gut heute«, sagte er.

»Sandelholzseife«, erwiderte ich barsch und hasste mich für meine Unfähigkeit, irgendetwas auf eine nette Art anzunehmen.

Der Affenmann kam zu uns, begann zu rasseln und forderte den Affen auf, den Herrn artig zu grüßen: *»Saab ko salaam karo.«* Der Affe gehorchte, und die Zuschauer kicherten anerkennend. Mir wurde schlecht. *»Memsaab ko salaam karo«* (Grüße die Dame), sagte er nun, und ich protestierte leise.

»Möchte Memsaab, dass der arme kleine Affe weggeht?«, übertönte die Stimme auf der anderen Seite der Wand die Rassel des Affenmannes.

»Ja«, sagte ich energisch, und er rief den Affenmann zu sich. Ich sah Geld den Besitzer wechseln, dann führte der Mann den Affen weg. Dieser hatte einen abscheulich koketten Gang, was der Rock, den er trug, betonte.

»Alles in Ordnung?«, fragte die Stimme.

»Bestens«, antwortete ich, und selbst in meinen Ohren klang meine Stimme anders.

»Memsaab scheint den Urlaub doch noch zu genießen«, fuhr die Stimme fort. Und ich fragte mich: War ich der verbitterten Frau endlich entkommen, die ihren Groll mit sich herumtrug wie der Affe sein Kleidungsstück? Ich stellte mir das Tier ohne Rock vor, wie es sich geschickt von Ast zu Ast schwang ... Aber ich war doch kein Affe, oder? Plötzlich lachte ich auf, und er fragte: »Was ist denn so lustig?«

»Ich habe gerade an die Wissenschaftler gedacht, die Experimente mit Affen, Meerschweinchen und Kaninchen machen und die Ergebnisse auf Menschen übertragen.«

»Ich weiß. Man gibt einem Affen Kaffee zu trinken und wenn er Krebs bekommt, sagen sie einem: ›Wenn Sie zu viel Kaffee trinken, bekommen Sie auch Krebs.‹«

Wir lachten, und ich sagte: »Stellen Sie sich vor, ich wollte gar nicht hierher kommen.«

»Wohin wollten Sie dann?«

»Ich weiß es nicht. Nirgendwohin. Ich wollte einfach weiterarbeiten, nehme ich an.«

»Anspruchsvoller Job?«

»Was? Die Arbeit bei einer Behörde?«

Nun tauchten die Füße wieder auf. Ich hörte, wie ein Streichholz an der Reibefläche entlangschabte. Zigarettengeruch. »Ich komme mir richtig faul vor, wenn ich Sie so höre.« Der Rauch schwebte träge auf mich zu und löste sich innerhalb eines Augenblicks in nichts auf.

»Ich brauche ein paar freie Tage im Jahr. Sonst geht gar nichts mehr.«

»Und wo fahren Sie nächstes Jahr hin?« Schmerzlich angespannt erwartete ich seine Antwort. Eine kurze Pause, dann sagte er: »Mal sehen. Urlaub plane ich nicht so früh. Und Sie?«

»Ich weiß es auch nicht. Ich traue mich nicht, in die Zukunft zu schauen. Manchmal erschrecke ich bei dem Gedanken, weitermachen zu müssen. Ich weiß weder wo noch wozu. Also höre ich mit dem Denken auf und lasse mich einfach treiben.«

Schweigen. Zu viel Ernst macht sich nicht gut. Die Leute interessieren sich nicht für den Kummer der anderen. »Wie geht es Ihnen?« – »Gut, danke.« Was, wenn man sagen würde: »Schrecklich schlecht, ich fühle mich zum Heulen«? Niemand würde einem die Frage je wieder stellen.

Die Füße verschwanden wieder. Ich hörte seine Stimme

sagen: »Soll ich nicht vielleicht hinüberkommen? Genug mit diesem Pyramus-und-Thisbe-Kram. Obwohl das nicht wirklich auf uns zutrifft, oder? Sind Sie einverstanden, wenn ich zu Ihnen komme?«

Ich geriet in Panik. »Nein«, sagte ich. »Bitte nicht.«

Ich hörte, wie er sich wieder auf seinen Stuhl sinken ließ. Ich verfluchte mich für meine Feigheit. Warum machte es so viel aus, wenn er mich sah – sah, wie ungelenk und wenig anmutig ich war?

»Sie machen sich zu viel daraus, wissen Sie«, erklang die Stimme wie aus der Ferne, bewusst ausdruckslos. »Es macht doch wirklich nicht so viel aus.«

Es macht nicht so viel aus? Wem? Ihm? Ein paar Kinder tobten im Garten herum. Ein Junge zog ein Mädchen zum Spaß am Arm, und sie schrie auf, ein Schrei, der sich in Lachen verwandelte. Ich lächelte. Ich hätte auch lachen können. Und dann sah ich das Tal wieder, düster und öde. Ich schauderte.

»Kann ich mit euch kommen?«, fragte ich meinen Mann am nächsten Morgen.

»Was? Spazieren gehen?« Seine Ungläubigkeit hätte verletzend sein können, war es jedoch seltsamerweise nicht.

»Wir könnten reiten gehen.«

»Das könntest du nicht.«

»Ja, das stimmt.«

»Aber wenn du genug davon hast, immer allein zu sein, bleiben wir bei dir.«

»Komm, Papa! Ich will jetzt gehen!«

»Nein, nein, geht nur. Das ist in Ordnung.«

»Hast du was zum Lesen?«

»Ja.«

»Bist du sicher, dass es dir nichts ausmacht?«

»Ja, geht nur.«

Bitte, geht. Schließlich gingen sie. Und ich saß im Zimmer

und sagte mir: Ich gehe nicht hinaus, nein, ich gehe nicht. Trotzdem war ich jedes Mal, wenn es an die Tür klopfte, voll Hoffnung. Einmal war es der Dhobi, der unsere schmutzige Wäsche holte. Ein anderes Mal der Schuhputzer. Ich fragte mich, ob ich seinen Schritt erkennen würde, wenn er käme? Vielleicht, ja. Und dann würde es an die Tür klopfen, und ich, barsch: »Herein.«

»Alles in Ordnung mit Ihnen?«, würde er fragen.

»Bestens«, würde ich antworten.

»Sie sind heute gar nicht rausgekommen.«

»Nein.«

»Ich habe mir ein bisschen Sorgen gemacht. Ich dachte ...«

Mein Herz würde klopfen wie wild ... bestimmt würde er es hören ... meine zitternden Hände. Er würde es sehen und fragen: »Was ist denn los? Wovor haben Sie solche Angst?« Er würde meine Hände in seine nehmen und ...

Ich fuhr zusammen und kehrte in die Wirklichkeit zurück. Benommen sah ich mich um. Der Tagtraum war so echt gewesen, dass ich beinahe den Geschmack seiner Lippen auf den meinen spüren konnte, den Duft seiner Zigarette in meiner Nase. Einen Augenblick ekelte ich mich vor mir, bis ich dachte: Was zum Teufel ist denn los mit dir, einer dreißigjährigen jungen Frau mit einem verantwortungsvollen Posten, dass du dich benimmst wie eine überdrehte Jugendliche? Dieser Gedanke gab mir ein wenig Halt, flößte mir eine Art von falschem Mut ein, der mich aus dem Zimmer trieb. Ich stellte mich an die gewohnte Stelle und starrte vor mich hin. Heute war es bewölkt, einer der Hügel war dunkel und schattig, der andere strahlte im Sonnenschein. Das Tal lag im Schatten – wie üblich, wie immer.

Und dann sah ich die Hände. Auf dem Geländer neben mir. Hände wie meine. Die Hände einer Frau, doch die Fingernägel waren gefeilt und lackiert, so dass sie ein gewisses

Raffinement ausstrahlten. Ich starrte sie an, wie sie mit einer Art zärtlicher Vertrautheit auf dem orange-schwarzen Handtuch lagen. Und dann hörte ich die Stimme aus dem Zimmer kommen: »Mamata?«

»Ja?«

»Was tust du da? Komm rein.«

Ich ging ebenfalls wieder ins Zimmer und legte mich steif aufs Bett. Ich stellte mir die Stimmen nebenan vor. Ich stellte mir noch mehr Dinge vor und schämte mich zutiefst für die Phantasien, denen ich mich hingegeben hatte. Ich mit meinem verkrüppelten Körper.

Ich lag immer noch da, als sie wiederkamen – mein Mann und mein Sohn. Das Kind jammerte und kam zu mir. Ich dachte, dass er müde war, und wollte ihn wiegen und mit zärtlichen Worten beruhigen, doch als ich ihn in den Arm nahm, fühlte er sich heiß an.

»Er hat Fieber«, sagte ich vorwurfsvoll. »Du hättest nicht mit ihm rausgehen sollen.«

»Ich wünschte wirklich, ich hätte es nicht getan«, sagte mein Mann niedergeschlagen und ließ sich auf einen Stuhl fallen.

»Lass uns fahren«, sagte ich plötzlich. »Nach Hause.«

»Ja«, stimmte er zu meiner Überraschung sofort zu. »Ich hab es hier satt.«

Du auch?, fragte ich mich verwundert, doch mehr wollte ich nicht wissen. Seit dem Tag, als er sich von mir abgewandt hatte, hatte ich mich ihm verschlossen. Dennoch wurde ich jetzt, da ich ihn betrachtete, von Mitgefühl ergriffen. Und für einen Augenblick schien sich der Schatten aufgelöst zu haben. Plötzlich schien es irgendwie möglich, mit ihm zu reden. Und vielleicht würde ich am Abend auch den anderen Mann treffen. »Hallo«, würde er sagen, freundlich wie immer. »Kommen Sie, ich möchte Ihnen Mamata vorstellen.« Und ich würde aufstehen und lächelnd auf sie zugehen, ohne einen Gedanken daran, wie ich aussah.

Jetzt hatte ich das Gefühl, als könnte das Tal, wenn es nicht mehr im Schatten lag, wenn die Sonne darauf schien, vielleicht sogar in seiner Ödnis und Kargheit schön sein.

MRIDULA GARG

Der Baum des Jahrhunderts

Der Baum hatte keine Ahnung, dass das einundzwanzigste Jahrhundert angebrochen war. Was gehen Jahrhunderte und Jahrtausende einen Baum an? Er war nie auf den Gedanken gekommen herauszufinden, welches Jahrhundert man schrieb, als er erstmals Wurzeln schlug und zu wachsen begann. Hundert Jahre vergehen für einen Baum im Nu. Auch wenn ein Baum noch so alt wird, sein Alltag bleibt doch immer derselbe. Ein Baum, der in den Ruhestand geht, das wäre ja unerhört! Ob jung oder alt, ihre Arbeit bleibt stets dieselbe. Vögeln eine Behausung zu bieten, den Ermatteten Schatten zu spenden, Blätter abzuwerfen, um den Boden anzureichern, Samen für zukünftiges Grün zu fabrizieren und einen Beitrag zu den Künsten zu leisten. Oh ja. Die Bäume machen Musik, indem sie mit ihren Zweigen und Blättern auf der Brise spielen. Ein wahres Orchester, das zu den verschiedenen Tages- und Jahreszeiten ganz unterschiedliche Ragas spielt. Manche von ihnen sind auch hervorragende Duftspender. Ich korrigiere mich: Nicht manche von ihnen, sondern sie alle sind Duftspender, aber nicht sämtliche Düfte dringen zu den Menschen vor. Schuld daran sind nicht die Düfte, sondern unsere konfusen Sinne, die vom Gestank übermäßigen Konsums beeinträchtigt werden.

Unser Baum war ein Veteran und jahrhundertealt. Tagsüber wandte er die Atemtechnik der Yogis an. Der Atem, den er aus den tiefsten Bereichen seiner Lunge ausstieß, wurde von den menschlichen Wissenschaftlern Sauerstoff genannt. Doch seine Yogaübungen hielten ihn nicht davon ab, all die Possen der Menschen, die sich um ihn herum und unter ihm abspielten, genau zu beobachten; schließlich war ihm das tiefe Durchatmen zur zweiten Natur geworden. Bei Anbruch der Nacht erinnerte er sich an das lustige und verrückte Treiben der Menschen, während er sich ausruhte, und lachte in sich hinein. Der lauwarme Atem, den er dann ausstieß, erhielt die Bezeichnung Kohlendioxid.

Der Baum wuchs mit zunehmendem Alter in die Breite und in die Höhe, doch seine Füße blieben fest an einem Ort verwurzelt. Er konnte sich nicht in der Gegend herumtreiben oder sich in die Lüfte erheben wie die Vögel, die sich auf seinen üppigen Ästen ausruhten. Doch mit ihren Ausflügen entschädigten sie ihn überreichlich für seine Unbeweglichkeit, denn wenn sie zur Abendzeit auf seine Äste zurückkehrten, berichteten sie voller Begeisterung, was sie erlebt hatten. Was für Plaudertaschen die kleinen Vögelchen doch waren, schlimmer als schwatzhafte alte Männer und Frauen. Der Baum wusste, dass nicht alle ihre Geschichten der Wahrheit entsprachen. Er wusste auch, dass Klatsch und Tratsch sich schnell verselbstständigen, sich zu Höhenflügen aufschwingen und immer weitere Kreise ziehen. Vor allem bei den Vögeln, die Höhenflüge gewohnt waren. Der Baum mochte zwar keine räumlichen Entfernungen zurückgelegt haben, aber er hatte genug Zeit durchquert, um das Wahre vom Erfundenen trennen zu können. So rief er sich bei Anbruch der Nacht, nachdem die Vögel verstummt waren, die spektakulären Einzelheiten ihres Geplappers ins Gedächtnis zurück und lachte in sich hinein.

In den Wintermonaten wurden die Geschichten noch sensationeller, da dann die Zugvögel anreisten. Gott weiß, wohin sie in den Sommermonaten flogen, aber sie vergaßen nie, im Winter zurückzukehren. So verhält es sich nun einmal mit den Nomaden; ganz gleich, wie weit sie ziehen, die

Sehnsucht, an ihren Ausgangspunkt zurückzukehren, verlässt sie nicht; ein Nomade ist nämlich kein ziellos umherziehender Bettelmönch. Die Geschichten, die die Vögel aus fernen Ländern berichteten, waren manchmal so seltsam, dass der Schock ihn das Lachen eine Zeit lang vergessen ließ. Wenn er es spätnachts doch noch tat, wurde aus dem Kichern ein wildes Gelächter. Kein Wunder, dass in manchen kalten Winternächten die Menge an Kohlendioxid plötzlich sprunghaft anstieg.

Es verhielt sich nicht etwa so, dass die Vögel immer bedrückende oder lustige Nachrichten mitbrachten; es gab auch Zeiten, zu denen ihre Berichte dem betrübten Herzen des Baumes Trost spendeten. Zum Beispiel damals, als der Kuckuck im März von einem dreimonatigen Aufenthalt im Süden Indiens zurückkehrte. Er erzählte von breiten Straßen, die dort angelegt wurden, ohne dass man einen einzigen Baum fällte. Und von vierstöckigen Häusern, die Platz für hohe Bäume ließen, welche durch Löcher, die in die Balkone geschnitten wurden, bis über die Hausdächer wachsen konnten. Dem Baum war in jener Nacht so wohl zumute, dass er sich des Lachens enthielt und zum Takt der Musik, die seine Zweige auf dem Windhauch spielten, sogar ein kurzes Nickerchen machte. Aber er hörte nicht auf zu atmen, nicht einmal für einen Sekundenbruchteil. Das wäre katastrophal gewesen. Doch dass der Baum nicht lachte, hatte eine positive Wirkung. Und Wissenschaftler weltweit begannen sich verwirrt zu fragen, ob manche Bäume selbst nachts Sauerstoff produzieren.

Die Zeit verging. Der Baum tat weiterhin seine Arbeit; die Zeit selbst jedoch wurde zur heimtückischen Verräterin. Sie verwandelte Fußpfade in Wege, Wege in Straßen, Straßen in Schnellstraßen, Schnellstraßen in Überführungen. Die Bäume wurden vom Zentrum in die Randbereiche verdrängt. Aber ihr Wesen veränderte sich nicht. Sie machten so weiter wie bisher. Ein Baum besitzt nämlich eine gewisse Ähnlichkeit mit Gott. Er mag vielleicht einen Anfang haben, aber ein Ende hat er gewiss nicht. Bäume sterben nicht, es sei denn, man entwurzelt sie. Und was das angeht, fiele es sogar Gott schwer weiterzuleben, wenn man seine Wurzeln kappte.

Während die Straßen immer breiter und die Gebäude immer höher wurden, hatte mit der Zeit ein gänzlich unvertrauter Geruch die Atmosphäre durchdrungen – der Gestank der Einsamkeit. Hätte um die Jahrhundertwende herum jemand von Einsamkeit gesprochen, dann hätte der Baum augenblicklich erwidert: Wie kann ein Baum einsam sein? Es gibt Bäume über Bäume, so weit das Auge reicht, und noch weit über den Horizont hinaus. Aber jetzt war er sich nicht mehr so sicher. Es kam vor, dass erst in weiter Ferne der nächste Gefährte zu sehen war. Unser Baum wandte sich auf der Suche nach Gesellschaft den Menschen zu, die unten an ihm vorüberkamen. Manche schlenderten und manche rannten, Jogging nannten sie es, und manche saßen einfach nur im Schatten, um ihre erschöpften Körper auszuruhen. Ein neuer Raga war jetzt zu vernehmen, entstanden aus den *Jugalbandi* zwischen Menschen, die in unterschiedlichem Rhythmus atmeten, und der Brise, die über ihre Köpfe strich.

Am besten gefiel es dem Baum, wenn die alten Leute mit kleinen Kindern, die sich an ihre Finger klammerten, einen Spaziergang unternahmen. Je älter der Hüter, desto winziger schien das Kleinkind, das er dabeihatte. Der Baum entwickelte geradezu mütterliche Gefühle, wenn er sah, wie gekrümmt die alten Leute liefen, um sich dem Wuchs der Kinder anzupassen. Auf die einzige Weise, die er kannte, verlieh er der Mutterliebe Ausdruck, indem er ganz, ganz tief einatmete und aus den hintersten Winkeln seiner Lunge eine kühle, kühle Brise ausstieß. Das Wetter ist plötzlich besser geworden, riefen sie aus. Der Baum freute sich sehr darüber und atmete noch eifriger aus. Und im Handumdrehen merkte er, dass die Kleinkinder zu Jugendlichen herangewachsen und dann selbst alte Leute geworden waren, die ihrerseits neue Kleinkinder im Schlepptau hatten.

Die Zeit verging mit der gewohnten Geschwindigkeit, als eines Tages ein kleiner Vogel aus dem fernen China auf dem Baum landete. Und die Geschichte, die er erzählte! Es war ein Vogelweibchen, der einzige Vogel, den es in ganz China noch gab, und selbst das war ein reiner Glücksfall, denn das Steinchen aus einer Schleuder hatte die Vogelfrau um Haaresbreite verfehlt. Es war ihr gelungen, aus dem Land hinauszufliegen, indem sie sich nachts in großblättrigen Bäumen verborgen hatte, bis sie nach Indien gelangt war.

»Was ist mit den anderen Vögeln? Warum sind sie getötet worden?« Der Baum bemühte sich, das Vögelchen mit dem Sauerstoff aus seiner Lunge zu erquicken, während er die Ausrottung der Vögel zu begreifen versuchte. Die Vogelfrau hatte die Antwort auf seine Frage parat, sowie sie wieder Luft bekam. »Die Herrscher von China haben verfügt, da die Vögel die reifen Körner wegessen, sei es die Pflicht eines jeden chinesischen Bürgers, so viele Vögel wie möglich zu töten. Die Bürger haben die Befehle befolgt, ohne sie in Frage zu stellen. Sie haben sich mit einem solchen Feuereifer darangemacht, Vögel zu töten, dass diese schon bald darauf ausgerottet waren. Aber mir ist es gelungen, mit dem Leben davonzukommen.« Plötzlich gluckste sie vergnügt.

Weshalb das Gelächter, dachte der Baum, und wieder hatte das Vögelchen die Antwort parat.

»Unsere Rache hat nicht lange auf sich warten lassen. Ein Jahr ging es ohne die Vögel gut, aber danach war durch den rapiden Bevölkerungszuwachs bei den Würmern und den Schädlingen die Ernte futsch. Es gab keine Vögel mehr, die das Ungeziefer verspeist und somit für eine gleichbleibende

Bevölkerungsdichte gesorgt hätten. Dabei weiß doch jeder, dass Vögel Würmer allemal lieber fressen als Körner.«

Jeder außer den Herrschern. Wie konnten sie bloß so dumm sein! Nicht dumm, sondern eitel, erklärte die Vogelfrau. Die Eitelkeit zieht einen dicken Vorhang zwischen die ferne Zukunft und die Augen desjenigen, dem man unverzüglich gehorchen muss, ganz gleich, wie idiotisch seine Befehle auch sein mögen. Je größer die Ergebenheit, desto dicker wird der Vorhang. Diese Größenwahnsinnigen sind derart von sich selbst eingenommen, dass sie nicht über ihre eigene Nasenspitze hinausblicken können. Der Despot hat gesagt, tötet die Vögel. Daraufhin sind alle Hals über Kopf losgelaufen und haben genau das getan. Jeder tote Vogel hat ihn noch eitler und kurzsichtiger werden lassen, und so hat er die natürliche Ordnung vergessen, die zu einem selbst gewählten Zeitpunkt zwangsläufig zurückgeschlagen hat.

Du meine Güte, dachte der Baum, du bist tatsächlich sehr weise. Er gelobte sich, besonders gut auf das Vögelchen aufzupassen und sich sogar nachts, wenn es im Schutze seines Laubs verborgen war, sein Gelächter zu verkneifen, damit es nicht, falls es hinunterflatterte, das Kohlendioxid abkriegte, das sich herabsenkte. Er hoffte inbrünstig, die Vogelfrau würde bald das Philosophieren erlernen; nicht die Tragödie vergessen, das kann niemand, sondern mit der Zeit einen Schrein für ihren Kummer errichten und ihn zurücklassen. Wenn sie bloß einen Gefährten finden könnte, um nicht allein zu sein; niemand sollte jemals ganz allein gelassen werden. Es sprach doch nichts dagegen, dass das Vögelchen hier einen Gefährten fand, sein Nest baute und vielleicht sogar eine vollkommen neue Vogelart hervorbrachte.

Aber die Vogelfrau paarte sich nicht mit einem Gefährten und baute auch kein Nest. Sie mochte zwar weise sein, doch ihrem Kummer war sie nicht gewachsen. Durch reine Willenskraft zwang sie sich, noch ein Weilchen zu leben; dann setzte sie dieselbe Willenskraft eines Tages stumm dafür ein, sich aus dem Leben hinauszuwünschen, und wurde eins mit der Erde in dem neuen Land.

Der Baum bekam es mit der Angst zu tun.

Hätte das Vögelchen den Mut gefunden, weiterzumachen, ein neues Leben zu beginnen und eine neue Art zu begründen, dann hätte er sich dafür gerüstet, gegen jegliche Bestialität anzukämpfen. Aber weshalb es überhaupt Bestialität nennen? Tiere können in ihrer Tyrannei niemals so zerstörerisch sein wie der Mensch. Sie besitzen nicht die notwendigen Mittel. Selbst wenn sie im größten aller Wälder leben, ist ihr Einflussbereich begrenzt. Nur Menschen sind in der Lage, ganze Städte und Wälder auf einen Schlag zu vernichten. Bewahre uns vor menschlichem Tun, Gott, nicht vor Bestialität. Aber man sagt, Gott sei tot. Nein, das kann nicht sein. Das ist eine Falschmeldung, die der Mensch in Umlauf gesetzt hat. Gott darf nicht sterben. Er muss um der Bäume willen weiterleben. Nur dann können sie sich gegen den unerbittlichen Vormarsch des Menschen verbünden.

Die Furcht, Gott könnte tot sein, vergrößerte noch die Furcht, die das Herz des Baumes beim Tod des Vogels gepackt hatte, so dass er vergaß auszuatmen. Bäume dürfen keine Angst haben. Wenn das doch passiert, werden die verstimmten Seelen der Enterbten der Erde viel zu anmaßend. Sie saugen den Sauerstoff aus der Luft und dann – ist alles möglich, sogar das Undenkbare. Wie es damals geschah.

Der Wind verwandelte sich in einen Wirbelwind, nur für einen Moment, als der Baum, der von Furcht durchdrungen war, kurz den Atem anhielt. Als hätte die untröstliche Seele des toten Vogels den Sturm aufkommen lassen. Dann sah der Baum zu seinem grenzenlosen Entsetzen, dass der hoch aufgeschossene und robuste junge Baum, der jahrelang an seiner Seite gestanden hatte, entwurzelt auf dem Boden lag.

Lieber Gott, dieser Jüngling war ihm wie ein eigener Sohn gewesen. Wie hatte das passieren können! Der Sturm war doch kaum der Rede wert gewesen. Der Wind war vielleicht eine Spur kräftiger gewesen als die übliche Brise, wenn es auch auffallend düster geworden war. Aber sie hatten beide weitaus heftigere Stürme überstanden. Was war heute passiert? Ein ganz und gar unerklärlicher Tod! Oh mein Sohn, mein Herz und meine Seele, mein Kleiner! Du, der du so voller Lebensfreude warst und vom Hochmut der Jugend erfüllt; so tapfer und so furchtlos und so eifrig darauf bedacht, in den Himmel zu wachsen; wie konnte ein jämmerlicher Windhauch dich fällen?

Wie oft habe ich dir gesagt, dass du nicht unkontrolliert in die Höhe schießen sollst. Konzentriere dich mehr darauf, die Kraft deines Stammes zu festigen. Aber du warst versessen darauf, mit dem Himmel zu wetteifern. Jedes Mal, wenn ich wiederholte: Wozu soll es gut sein, so hoch zu wachsen wie die Dattelpalme, wenn die Früchte dann außer Reichweite sind?, hast du lachend geantwortet: Leidest du an Gedächtnisschwund, Alter? Ich bin kein Obstbaum, ist dir das etwa entfallen? Schallend gelacht hast du über meine Beharrlichkeit, wenn ich sagte: Du solltest lieber den Reisenden Schatten spenden. Ich spende ja den Bewohnern des fünften Stocks Schatten, hast du gesagt. Sieh nur, der Boden ist bis ins fünfte Stockwerk hinaufgeklettert; die Reisenden gehen jetzt oben auf den Dächern. Lach nicht so viel; lach niemals während des Tages, warnte ich dich, damit verschmutzt du die Luft. Du hast meine Ermahnungen in den Wind geschlagen und gemurrt: Erspare mir die Moralpredigten der Alten. Ich hätte dir gern gesagt, dass Bäume keine Greise werden, aber ich wollte dich nicht kränken, oder habe ich einfach nur die Geduld verloren? Aber ich habe mehrmals zu dir gesagt: Wenn du unbedingt lachen musst, dann tu es nachts, wenn alle ruhen und dein beißender Atem keinem schadet. Doch als du dich nicht danach gerichtet hast, hörte ich auf, dir Predigten zu halten. Ich hörte auch auf, dich wegen deiner unnötigen Höhe zu schelten. Das war ein Fehler. Ich hätte dir weiterhin Ratschläge erteilen sollen; schließlich besaß ich das überlieferte Wissen von Jahrhunderten; ich hätte dich immer wieder warnen müssen. Hätte ich doch nur nicht so schnell aufgegeben! Vielleicht hättest du irgendwann doch auf mich gehört und wärst nicht ganz so spindeldürr und groß geworden. Mit einem kräftigen Stamm hättest du dem Angriff des trauernden Windes standhalten können, der es eilig hatte, die kummervolle Seele des Vogels ins Paradies zu befördern.

Der Sturm legte sich. Die Brise stellte ihr Wehklagen ein und begann zu schluchzen. Hatte der Vogel das verlorene Paradies wiedergefunden? Und was war mit dem jungen Baum? War er gemeinsam mit dem Vögelchen dort und machte es sich im ewigen Frieden und in heiterer Gelassenheit behaglich? Oder... niemand kann es mit Sicherheit sagen. Der alte Baum schöpfte keinen Trost aus seinen Überlegungen. Er konnte nur eines tun, nämlich seinen Kummer in einen Segen verwandeln, indem er durch seine tiefe Atmung mehr und mehr Sauerstoff in die Umwelt ausatmete.

Als die Vögel an jenem Abend zu dem Baum zurückkehrten, nahmen sie Rücksicht auf seinen schmerzlichen Verlust und unterließen ihr Geschwätz. Diejenigen unter ihnen, die bisher in den Zweigen des jungen Toten genistet hatten, ließen sich ebenfalls auf dem alten Baum nieder und schlossen sich seiner Trauer an. Lange Zeit herrschte Stille. Zwei Todesfälle, so dicht nacheinander, verschlugen ihnen die Sprache. Dann begannen die Vögel, wie es häufig geschieht, wenn man gemeinsam seiner Trauer Ausdruck verleiht, einander in gedämpftem Ton zu trösten, während sie auf den Leichnam des jungen Baums hinunterschauten, der den fremdländischen Vogel in seinen Armen wiegte.

Der Baum hörte, wie sie zueinander sagten: Ist es nicht furchtbar, dass in der letzten Zeit so viele junge Bäume dem Wind zum Opfer gefallen sind? An alldem sind nur die kurzsichtigen Herrscher schuld. Den Straßen haben sie gegenüber den Bäumen eine solche Vorrangstellung eingeräumt, dass die Leute vergessen, um die Wurzeln der Bäume herum genug Platz zum Atmen zu lassen, wenn sie die Betonplatten verlegen. Ohne Mutter Erde als Stütze ist den Bäumen das Atmen kaum noch möglich, vom Herausbilden robuster Stämme ganz zu schweigen. Die städtischen Bäume sind inzwischen wie Schwindsüchtige; ein vorzeitiger Tod beansprucht sie für sich, wenn der leiseste Hauch eines Sturms aufkommt. Anscheinend sind die Herrscher hier genauso größenwahnsinnig wie in China.

Oh mein Gott, seufzte der Baum reumütig, wie dumm er doch gewesen war, dem Jüngling vorzuwerfen, dass der seine Ratschläge nicht befolgt hatte. Mit beispielhafter Seelenstärke hatte der Junge die Unzulänglichkeit seiner Lungen überwunden, um sich über die Schlachtfelder zu erheben und seine eigene sauerstoffreiche Brise auszusenden. Was blieb ihm anderes übrig, als über diese Ironie zu lachen? So viele haben vor der Abgestumpftheit und der Gleichgültigkeit eitler Beamter und einer trägen Öffentlichkeit kapituliert, und noch vielen Weiteren wird es so ergehen, jammerte er und erhob seine Totenklage.

Es begann gerade erst zu tagen, als der Baum zu seinem Erstaunen eine Schar von Männern und Frauen sah, die sich auf den Toten stürzten und anfingen, ihm die Gliedmaßen auszureißen. Er wusste wohl, dass so die letzten Riten für Bäume vollzogen wurden, aber doch gewiss nicht mit einer solchen Gefühllosigkeit? Konnten sie sich nicht ein wenig Zeit nehmen, um den Tod von einem zu beklagen, der in der Blüte seiner Jugend gefällt worden war, bevor sie ihren Bedarf an Feuerholz deckten? Konnten sie nicht ein einziges kleines Klagelied für ihn singen? Ah, welch ein kraftvoller, strammer, prächtiger Baum, vom Tod so zur Unzeit ereilt! Warum nur, warum? War es ein Unfall oder ein Verhängnis, nichts weiter als eine Ungeschicklichkeit des blind umhertastenden Schicksals? Könnten wir selbst sein Los herbeigeführt haben? Keine Spur von Schuldbewusstsein war zu erkennen, keine Spur von Mitgefühl; nicht einmal ein Seufzer, der dem Verlust von etwas Schönem galt.

Die Nacht war vorbei. Der Tag war angebrochen. Jetzt war es an der Zeit, dass der Baum tief Atem holte und Sauerstoff ausatmete. Doch seine Qualen hatten einen Punkt erreicht, an dem es ein Ding der Unmöglichkeit ist, Atem zu schöpfen. Er konnte nur noch trostlose Seufzer ausstoßen, sonst gar nichts. Er begriff, dass nach dem Tod der Jugend auch ihm nicht mehr viel Zeit blieb. Der allgegenwärtige Lärm und der Plastikmüll der konsumfreudigen Reichen in Verbindung mit dem Beton der inkompetenten Städteplaner hielten seine Wurzeln im Würgegriff gefangen. Das kleinste Auffrischen der Brise reichte aus, um ihn zu fällen. Aber nirgends war ein Windhauch zu spüren. Nur Lärm und der erstickende Gestank verfaulender Müllhalden. Sollte er versuchen, einen Windhauch heraufzubeschwören, wie es der Junge getan hatte, oder sollte er aufgeben? Er grübelte immer noch darüber nach, als der Lärm plötzlich die Form von Worten annahm. Sie kamen von überall her und hallten durch den Friedhof der Bäume.

Rettet die Umwelt! Pflanzt mehr Bäume!

Die Ironie dieser Parolen ließ ihn das Atmen vollständig vergessen. Er brach in lautes Gelächter aus und lachte den ganzen Tag, und er hielt den Atem an, als würde er nie wieder Luft holen. Es ergab sich so, dass gerade, als der Baum zum ersten Mal seit Menschengedenken tagsüber lachte, das aufdringlich angepriesene einundzwanzigste Jahrhundert heraufzog.

Bulbul Sharma

Mayadevis großes London-Yatra

An dem Tag, als Mayadevi achtundsechzig, siebzig oder fünfundsiebzig Jahre alt wurde (ihr Geburtsdatum war ein stets im Wandel begriffenes Ereignis, das ihren Stimmungen unterworfen war), beschloss sie, nach London zu reisen. Die Familie war fassungslos, als Mayadevi diesen Entschluss ankündigte, doch niemand wagte es, seine Meinung laut zu sagen, denn die alte Dame herrschte mit einem Schreckensregime über das ganze dreistöckige Haus. Wann immer sie sich etwas vornahm, stimmten ihre drei Söhne und deren Ehefrauen eilig zu, denn im Lauf der Jahre hatten sie auf bittere Weise lernen müssen, dass niemand die Schrullen der alten Dame ungestraft in Frage stellte. Obwohl Mayadevi es nicht nötig hatte, ihrer fügsamen und unterwürfigen Familie eine Erklärung zu geben, rief sie ihre Söhne zusammen und nannte ihre Gründe dafür, dass sie in ihrem Alter eine solche Reise unternahm. »Ich will Amit noch einmal sehen, bevor ich sterbe.« Ihr ältester Sohn war mit achtzehn Jahren nach England gegangen, um dort zu studieren, und seitdem nie mehr nach Indien zurückgekehrt. Er schrieb seiner Mutter am Fünfzehnten jedes Monats und schickte ihr regelmäßig Geld und obendrein noch viele kostspielige, aber nutzlose Geschenke, doch er kam nicht nach Hause, um sie zu sehen, weil er akute Flugangst hatte. 1948 war er mit dem Schiff nach England gereist, und nachdem er nach einer traumatischen und unerfreulichen Reise dort an Land gegangen war, hatte er die Sicherheit der Insel im Lauf der letzten vierzig Jahre nach Möglichkeit nicht mehr verlassen. Es war zu einigen kurzen, angespannten Urlaubsreisen nach Frankreich und Italien gekommen, aber diese wurden mit dem Schiff und dem Zug unternommen. Jeden Oktober, wenn die *Puja*-Zeit nahte, versprach er seiner Mutter, dieses Jahr würde er den Sprung ins kalte Wasser wagen, sich in ein Flugzeug setzen und nach Kalkutta kommen, doch jedes Mal verlor er mit beruhigender Regelmäßigkeit wieder die Nerven. »Dieser Junge war schon immer ein Jammerlappen. Wenn eine Kuh auf der Straße stand, hat er sich nicht getraut, auf die andere Seite zu gehen. Vor Eidechsen hat er sich gefürchtet, und wenn er eine Ratte gesehen hat, hat er sogar mit fünfzehn noch laut geschrien. Ich werde ihn beschämen, indem ich nach London reise – bis vor seine Haustür, selbst wenn ich nach meiner Rückkehr hundertmal im Ganges baden muss«, tat die alte Dame kund, und die Söhne, die diese Idee völlig idiotisch fanden, nickten zustimmend, wie sie es ihr Leben lang getan hatten. Sowie die folgenschwere Entscheidung getroffen war, machte sich Mayadevi daran, ihre Reise generalstabsmäßig zu planen. Als Erstes beantragte sie einen Reisepass und ein Visum, füllte die Formulare aber nur nach ausgiebigen Debatten und unter heftigen Protesten aus, da ihr die unverschämten Fragen nicht passten, die die Regierung zu stellen wagte. Sowie das erledigt war, kaufte sie ein großes Notizbuch und schrieb ihr geplantes Vorgehen Schritt für Schritt auf.

Nun beschloss sie, die englische Sprache in Angriff zu nehmen. Obwohl Mayadevi nie die Schule besucht hatte, konnte sie Bengali lesen und schreiben und war weitaus belesener als ihre studierten Söhne, die Buchhalter waren. Sie konnte einfache englische Sätze verstehen, hatte die Sprache jedoch in ihrem ganzen Leben nie mit jemandem gesprochen, da sich die Gelegenheit nie ergeben hatte. Jetzt stöberte sie ein zerfleddertes altes Englischlehrbuch für Anfänger auf, das einem ihrer Enkelkinder gehörte, und jeden Morgen, nachdem sie ihr *Puja*-Zeremoniell abgeschlossen, ihre *Gita* an einem sicheren Ort verwahrt und die geweihten Süßigkeiten ausgeteilt hatte, setzte sie sich hin, um das alte, marmeladebekleckste Buch gründlich zu studieren. Der Haushalt, in dem es vormittags gewöhnlich still und friedlich zuging, hallte jetzt von Mayadevis eigentümlicher Interpretation des Englischlehrbuchs wider. Während sie im Schneidersitz auf dem Fußboden hockte und sich leicht vor und zurück wiegte, las sie in einem melodischen Singsang jede Zeile zahllose Male; es klang, als rezitierte sie geheiligte Verse. Dann riss die Melodie abrupt ab und sie stellte sich Fragen. »Hat Jack den Eimer geholt?«, erkundigte sie sich in vorwurfsvollem Tonfall und antwortete darauf: »Nein, Jane hat den Eimer geholt.« Ab und zu stand sie auf, rückte ihre Brille zurecht und drehte eine Runde durchs Zimmer; dabei drückte sie das geschlossene Buch fest an ihre Brust, wie sie es bei ihrem Enkel beobachtet hatte, wenn er einen Text auswendig lernte. Die Dienstboten wagten nicht, sich ihrem Studierzimmer zu nähern, doch sie beobachteten sie nervös von der Küchentür aus. Sie waren sicher, dass sie bloß deshalb Englisch lernte, um sie alle noch nachhaltiger einzuschüchtern. »In ihrem Alter sollte sie nur noch die *Gita* lesen und nicht wie ein Papagei Jack-Jack-Jack vor sich hin plappern«, sagten sie, aber nur in der Sicherheit der Dienstbotenunterkünfte. Den Koch zermürbten diese Englischlektionen so sehr, dass er die Nerven verlor; er hörte auf, die Marktrechnungen zu manipulieren, und wurde ehrlich, aus Angst, dass ihm die alte Dame, nun mit der englischen Sprache bewaffnet, auf die Schliche kommen würde. Auch die Schwiegertöchter fanden die Lektionen sehr befremdlich und kicherten in ihren Schlafzimmern, aber sie achteten sorgsam darauf, eine ernste Miene aufzusetzen, wenn sie auch nur in die Nähe des

Englischunterrichts kamen. Die Söhne hielten vorsichtigen Abstand von ihrer Mutter, nachdem ihre eifrigen Bemühungen, ihr bei der englischen Aussprache behilflich zu sein, auf schroffe Ablehnung gestoßen waren. »Sechzig Jahre lang habe ich diesen Haushalt und mein Leben ohne jede Hilfe von euch oder eurem verstorbenen Vater geführt. Ich habe nicht den Wunsch, jetzt neue Sitten einreißen zu lassen«, sagte sie und scheuchte sie mit einem majestätischen Schwenken des zerfledderten Buchs fort.

Sie lernte also weiterhin das Lehrbuch für Anfänger auswendig und der Haushalt gewöhnte sich nicht nur an die seltsamen Laute, sondern ließ sich sogar von dem Tonfall anstecken, und die Dienstboten begannen »Jack and Jill« vor sich hin zu summen, während sie die Hausarbeit erledigten. Innerhalb von wenigen Wochen war Mayadevi mit dem Lehrbuch durch und nahm sich kompliziertere Bücher vor. Jetzt führte sie lange Gespräche mit sich selbst, um ihre neu erworbenen Kenntnisse der englischen Sprache anzuwenden, und im Lauf der Zeit gingen die Personen aus dem Lehrbuch für Anfänger, aus ›Englisch in 21 Tagen‹ und anderen Büchern reichlich verhängnisvolle und verworrene Beziehungen miteinander ein. »Ist Jane allein zum Metzger gegangen? Nein, Mr. Smith war auch dort.« – »Mrs. Smith sitzt mit Jack auf der Gartenbank. Sie raucht Pfeife. Wie geht es dir, Jack? Danke, recht gut. Wo ist die Straßenbahn?«, leierte sie endlos herunter, bis sie sämtliche Wörter in jedem der Bücher auswendig konnte – und der Rest des Haushalts ebenfalls.

Jetzt blieben noch drei Monate bis zum Tag der Abreise und Mayadevi ging zum nächsten Stadium ihrer Reisevorbereitungen über. Ihre Familie nannte dieses Unternehmen »London-Yatra«, aber natürlich nur hinter ihrem Rücken. »Jetzt werde ich Schuhe tragen«, kündigte sie an und beauftragte einen ihrer Söhne, ihr ein Paar schwarze Segeltuchschuhe und sechs Paar weiße Baumwollsöckchen zu besorgen. Mayadevi war im Haus immer nur barfuß gelaufen und hatte bei den seltenen Gelegenheiten, wenn sie jemandem einen Besuch abstattete, Pantoffeln getragen. Ein solches Paar Plastikpantoffeln, Größe 36, hielt bei ihr mindestens fünf Jahre lang, sie wurden, obwohl sie kaum jemals mit der Straße in Berührung kamen, jeden Abend mit Seife gewaschen. Aber für England würden diese zuverlässigen Pantoffeln nicht taugen, und daher zwängte Mayadevi ihre schmächtigen, knochigen Füße voller Widerwillen und mit Leidensmiene in das erste Paar Schuhe ihres Lebens. Eine Stunde lang am Vormittag nach dem Englischunterricht und dann noch eine weitere Stunde nach dem Abendessen übte die alte Dame, in ihren neuen Schuhen zu laufen. Wie ein Reiher, der in einem schlammigen Teich umherstolziert, stakste die weiß gekleidete Gestalt durchs Haus, begleitet vom rhythmischen Quietschen der Gummisohlen. Bald hatte sie große Blasen an den Füßen, aber Mayadevi setzte ihr Ringen fort wie eine kampferprobte Kriegerin, und niemand hörte sie auch nur ein einziges Mal einen Seufzer ausstoßen. Ihre Söhne bewunderten sie aus der Ferne, wagten aber nicht, sie zu loben, denn sie wussten nur zu gut, dass sie jeder Form von Schmeichelei misstraute und stets murrte: »Sag, was du von mir willst, und lass die Butter weg.« Daher wurde sie von niemandem gelobt und jeder kam ohne Umschweife zur Sache, wenn er sie um einen Gefallen bat.

Als nur noch ein Monat bis zu ihrer Abreise blieb, schrieb Mayadevi ihrem Sohn in England und teilte ihm ihr Vorhaben mit. Er geriet augenblicklich in helle Panik und rief sie an, was er in den letzten vierzig Jahren nie getan hatte. »Ma. Unternimm bitte keine derart gefährliche Reise. Ständig stürzen Flugzeuge ab. Das Flugzeug könnte nach Libyen entführt werden. Flugreisen sind heutzutage wirklich eine unsichere Angelegenheit. Warte es ab, zum nächsten *Puja*-Fest komme ich ganz bestimmt mit dem Schiff nach Hause«, überschrie er hysterisch die schlechte Verbindung. Mayadevi hörte ihm geduldig zu und erwiderte dann: »Bis zum nächsten *Puja*-Fest könnte ich tot sein. Mein Flugticket ist bereits gekauft. Du wirst mich am Flughafen abholen, und sieh bloß zu, dass du allein kommst und nicht mit deiner riesigen Frau«, sagte sie und legte mit Nachdruck den Hörer auf, obwohl sie die Stimme ihres Sohnes noch aufgeregt gackernd durch die Leitung dringen hörte. Von dem Moment an herrschte vollständiges Schweigen auf der anderen Seite des Ozeans, aber das störte die alte Dame nicht. Sie wandte sich jetzt den letzten Vorbereitungen für das London-Yatra zu. Sie begann, alle Verwandten der Reihe nach zu besuchen, und jeder wurde von ihr persönlich über ihre Reisepläne informiert, ganz so, als hielte sie sich an die Regeln, die für das Aussprechen von Einladungen zu einer Hochzeit galten. In keinem Haus verweilte sie lange, sondern erklärte nur kurz, warum sie nach England reiste, und brach dann gleich wieder auf, ohne den angebotenen Tee oder auch nur ein Glas Wasser anzunehmen. Die Verwandten überraschte sie nicht nur mit diesen majestätischen Kurzbesuchen, sondern auch mit dem Umstand, dass sie ihnen überhaupt die Gründe für ihre Reise mitteilte. »Der alte Drachen wird gefühlsduselig!«, sagten sie, aber insgeheim freuten sie sich, weil die alte Dame sich dazu herabgelassen hatte, ihnen einen Besuch abzustatten.

Darauf folgte das wichtigste Stadium. Eines Morgens berief Mayadevi ihre Söhne und den Familienpriester zu einer Sitzung ein. Die Schwiegertöchter und die Dienstboten, die nicht geladen waren, lauschten abwechselnd an der Tür. »Falls ich in dem fernen Land sterben sollte, obgleich Gott mir so etwas niemals antun würde, werdet ihr meine Leiche sofort zurückholen, bevor sie dort verunreinigt werden kann. Dann sorgt ihr dafür, dass sämtliche Reinigungsrituale ordnungsgemäß ausgeführt werden«, sagte sie und fixierte den Priester mit einem so starren, kalten Blick, dass er vor Furcht zu zittern begann und nicht gegen den Gedanken ankam, die alte Dame sei bereits gestorben und beobachte ihn vom Himmel aus. Sowie die Pläne, wie man mit ihrem Leichnam zu verfahren habe, zu ihrer Zufriedenheit erörtert worden waren, erteilte ihnen Mayadevi detaillierte Anweisungen zu den Reinigungsriten, denen sie sich, sollte sie lebend zurückkehren, gleich am Tage ihrer Ankunft unterziehen würde. »Es ist eine Woche lang Buße zu tun, Brahmanen müssen gespeist werden und das ganze Haus muss mit Gangeswasser gereinigt werden. Seht also zu, dass ihr euch im Büro freinehmt, alle miteinander«, sagte sie zu den Söhnen, die sich über die Bedeutung dieses Ereignisses im Klaren waren und daher bereitwillig nickten, in der Hoffnung, hiermit sei die Besprechung endlich abgeschlossen.

Jetzt blieb nur noch eine Woche bis zur Abreise. Ein großer, verbeulter Koffer, ein Bestandteil von Mayadevis beeindruckender Mitgift, die sie als fünfzehnjährige Braut mit in dieses Haus gebracht hatte, wurde aus einer dunklen Ecke des Abstellraums geholt und Mayadevi machte sich ans Packen. Sechs weiße Baumwollsaris, sechs Unterröcke und dieselbe Anzahl von Blusen, ein weißer Pullover und ein graues Umschlagtuch und außerdem eine kleine rote Stofftasche für ihre *Gita* und ihre Gebetsperlen und eine Plastikschachtel für ihre falschen Zähne – das war alles, was sie einpackte. »Alles außer der *Gita* und meinen Zähnen wird sofort nach meiner Rückkehr weggeworfen, weshalb also Geld vergeuden?«, sagte sie. Der Koffer war fünf Tage im Voraus gepackt und bereit und wurde wie eine Trophäe oben an der Eingangstreppe abgestellt. Jeder, der das Haus betrat oder es verließ, stolperte darüber, aber kein Laut des Protests war zu vernehmen. Tatsächlich staubten die Dienstboten den Koffer täglich voller Stolz ab und die Kinder näherten sich ihm mit Ehrfurcht.

Dann kam endlich der Tag der Abreise. Mayadevi stand schon vor dem Morgengrauen auf und begab sich in ihren Gebetsraum. Sie kniete vor den Göttern nieder und flüsterte: »Gebt mir die Kraft, diese Tortur zu ertragen, und lasst mich nicht in dem fernen Land sterben. Ich verspreche euch, dass ihr von mir neue Ornamente aus Gold bekommt, wenn ich zurückkehre.« Lange Zeit blieb sie in dem kleinen Raum sitzen, in dem das Räucherwerk glimmte, und erst als Licht durch die Fenster zu strömen begann, erhob sie sich und ging hinaus, um ihre Söhne zu wecken. Bald eilte der gesamte Haushalt hierhin und dorthin, obwohl es nicht viel zu tun gab. Der Koffer wurde ein paarmal abgestaubt und die Kinder berührten jedes Mal, wenn sie an ihr vorbeikamen, die Füße ihrer Großmutter. Die Söhne räusperten sich ständig und sahen laufend auf ihre Armbanduhren. »Hat sie alles?«, murmelten sie, aber nicht zu laut, denn keiner von ihnen wollte es tatsächlich überprüfen. Mayadevi packte fünf große Päckchen Puffreis in ein Stoffbündel und füllte die Plastikflasche ihres Enkels mit Wasser. Das war alles, was sie in den kommenden zwölf Stunden zu sich nehmen würde, denn sie hatte keineswegs vor, mit Nahrung in Berührung zu kommen, »die schon Gott weiß wer angefasst hat«. Der Tag verging schnell, da Besucher kamen, um sich zu verabschieden. Jeder bewunderte den Koffer und bemerkte, nachdem er darüber gestolpert war, erstaunt, wie leicht der Koffer doch sei. Das Flugzeug ging um Mitternacht, aber Mayadevi und ihre Söhne waren bereits vier Stunden vorher auf dem Flughafen. Sie saßen feierlich nebeneinander aufgereiht und behielten jetzt anstelle ihrer Armbanduhren die Wanduhr im Auge. Nie zuvor hatten die Söhne eine derart geballte Menge Zeit auf so engem Raum mit ihrer Mutter verbracht und es fiel ihnen sehr schwer, auf den Plastikstühlen dicht neben ihr zu sitzen. Sie achteten darauf, zwischendurch die Plätze zu tauschen, damit keiner von ihnen allzu lange neben ihr sitzen musste und jeder sich zwischendurch einmal erholen konnte. Ab und zu sagte Mayadevi etwas, Anweisungen in letzter Minute. Ihre Söhne nickten nur und räusperten sich wieder. Endlich wurde der Flug aufgerufen. Die alte Dame hob den Kopf und hörte aufmerksam zu. Plötzlich ließ sich einer der Söhne von seinen Gefühlen hinreißen und versuchte, seiner Mutter ein paar Ratschläge für die Reise zu geben, doch sie stand auf und schloss sich der langen Schlange von Fluggästen an, die sich langsam zur Abfertigung voranbewegte. Einer nach dem anderen berührten die Söhne, die sich unter den Speckröllchen der mittleren Jahre nur mit Mühe bücken konnten, die Füße der Mutter. Sie gab ihnen ihren Segen mit einem sanften Lächeln, wie sie es nur selten an ihr gesehen hatten, und während sie wie Waisenkinder dastanden, entschwand sie durch die Sicherheitsschleuse aus ihrem Blickfeld. Die Söhne machten sich keine Sorgen um ihre betagte Mutter. Sie fragten sich nur, wie England sie verkraften würde.

Es regnete, als das Flugzeug in London landete. Mayadevi fragte sich, nicht ohne eine Spur von Sorge, wie sie mit ihrer noch nicht bis zur Perfektion gebrachten Fertigkeit im beschuhten Gehen auf dem nassen Boden zurechtkommen würde. »Es muss sein«, sagte sie sich und sah so streng auf die schwarzen Schuhe hinunter, als wollte sie ihnen befehlen, ihr zu gehorchen. Sie rückte ihren Sari zurecht, der nach zwölf Stunden Flug immer noch tadellos und nicht zerknittert war, und machte sich bereit, das Flugzeug zu verlassen. Während des Flugs hatte sie stocksteif dagesessen, und als die Stewardess ihr angeboten hatte, ihren Sitz zu verstellen, damit sie es bequemer hatte und sich zurücklehnen konnte, hatte sie mit scharfer Stimme gesagt: »Warum denn das? Ich bin nicht krank.« Daraufhin war das Lächeln der hübschen jungen Flugbegleiterin schon im Ansatz erstarrt. Danach hatte sie die alte Dame ignoriert, aber unwillkürlich jedes Mal, wenn sie an ihrem Sitz vorbeikam, einen verstohlenen Blick auf den mit weißem Stoff bedeckten Kopf geworfen. Auch Mayadevis Sitznachbarin hatte jedes Gespräch mit ihr eingestellt, noch bevor sie das Hindukuschgebirge überflogen hatten, und sah jetzt betont in die andere Richtung. Sie hatte versucht, freundlich und hilfsbereit zu sein, und sie hatte der alten Dame gezeigt, wie man den Sicherheitsgurt anlegt. Mayadevi hatte anfangs kein Wort gesagt und das junge Mädchen hatte geglaubt, es sei ihr einfach nur peinlich, dass sie kein Englisch sprach, und sie war noch freundlicher zu ihr gewesen. »In Indien waren alle so nett zu mir. Obwohl die Leute dort so arm sind, haben sie ein so großes Herz«, hatte sie gesagt und sich für das Thema erwärmt und freudig geprobt, was sie noch viele Male sagen würde, wenn sie wieder zu Hause war, doch da hatte Mayadevi plötzlich zum ersten Mal den Mund aufgemacht und gesagt: »Weshalb auch nicht? Sie lecken seit zweihundert Jahren weißen Leuten die Stiefel, ist inzwischen schlechte Angewohnheit wie Trinken und Rauchen.« Das Mädchen war schockiert. Während ihres sechsmonatigen Aufenthalts in Indien war sie kreuz und quer durch das Land gereist und hatte immer bei Familien gewohnt, denn nur so konnte man das »wahre Indien« kennen lernen, und außerdem waren die Hotels so teuer, aber nie, nicht ein einziges Mal, war sie derartiger Grobheit begegnet. Sie nahm gerade ihren Grips zusammen, um eine schlagfertige Erwiderung zu geben, als Mayadevi sagte, sie solle ihren Ellbogen von der Armlehne nehmen. »Ich will nicht, dass du meinen Sari berührst«, sagte sie. Die nächsten zwölf Stunden saßen sie stumm da, zwischen ihnen eine Mauer aus Kälte. Als die Stewardess die

Mahlzeiten servierte, schüttelte Mayadevi entschieden den Kopf und kreuzte gleichzeitig die Hände über ihrem Schoß, um ihre Ablehnung auf zweifache Weise zu bekunden, denn so wies man bei bengalischen Festen das Essen zurück. Dann beobachtete sie das junge Mädchen beim Essen und starrte sie mit einem derart angewiderten Gesichtsausdruck an, dass das arme Mädchen nur die Hälfte der Mahlzeit aß, obwohl sie das europäische Essen nach dem ewigen *Dal* und den *Chapatis* der letzten sechs Monate sehr genoss, sogar die abgepackte Flugzeugverpflegung. Ab und zu aß Mayadevi eine Hand voll Puffreis und trank einen großen Schluck Wasser aus ihrer Plastikflasche. Das Bündel, das den Puffreis und die Wasserflasche enthielt, presste sie während der ganzen Reise eng an sich. Als die Sicherheitsbeamten auf dem Flughafen sie aufgefordert hatten, es auf das Band zu legen, damit sie es durchleuchten konnten, hatte sie das Bündel umklammert und es verteidigt wie eine Löwin ihr Junges. »Wenn ihr das anfasst, werfe ich euch alles ins Gesicht. Dann werde ich die nächsten zwölf Stunden hungern, und falls ich sterben sollte, habt ihr über euch und die nachfolgenden vierzehn Generationen eurer Familie die Sünde gebracht, den Tod einer alten Frau verschuldet zu haben.« Die Beamten, die nur für den Umgang mit Terroristen ausgebildet worden waren, wussten nicht weiter und ließen die alte Dame und ihr unförmiges Bündel ohne Kontrolle passieren. In Wirklichkeit brauchte Mayadevi den Reis überhaupt nicht und hätte problemlos viele Stunden hintereinander ohne Nahrung auskommen können, da sie schon seit sie ein junges Mädchen war vor dem einen oder anderen hohen Festtag fastete. Daher war ihr Magen ein strenges Diätregime und Hungerkuren durchaus gewohnt, aber jetzt, als das Flugzeug kurz vor der Landung stand, protestierte er plötzlich mit einem lautstarken Knurren und verblüffte Mayadevi mit dieser untypischen Rebellion. Das junge

Mädchen hörte das Knurren ebenfalls und gestattete sich ein gehässiges kleines Lächeln. »Die alte Kuh, ich hoffe, es geht ihr ordentlich schlecht«, dachte sie, doch dann bekam sie sofort Gewissensbisse und füllte Mayadevis Einreiseformular für sie aus. Mayadevi bedankte sich mit keinem Wort, und sowie das Flugzeug zum Stehen kam, schoss sie von ihrem Sitz hoch. Sie marschierte durch den Gang, wobei sie ihr Bündel eng an ihren Körper drückte, damit niemand es durch eine Berührung verunreinigen konnte, und stieg als erster Passagier aus dem Flugzeug. Dann verlangsamte sie ihre Schritte und hängte sich an eine Gruppe von indischen Mitreisenden, die auch gerade erst aus dem Flugzeug gestiegen waren. Sie blieb dicht hinter ihnen, doch als sie im Einreisebereich angelangt waren und sich anstellten, lief sie an der Schlange vorbei und baute sich energisch vor allen anderen auf. Niemand konnte ja eine alte Dame auffordern, dass sie sich hinten anstellte, und wenn es doch jemand getan hätte, dann hatte Mayadevi ihren stählernen Blick parat. Der junge blonde Mann am Einreiseschalter lächelte sie freundlich an, obwohl es gegen seine Prinzipien verstieß, Einwanderer oder Besucher jedweder Hautfarbe anzulächeln. Als Gegenleistung für seine ungewohnte Freundlichkeit erhielt er ihren gefürchteten starren Blick, unter dem schon unzählige Männer und Frauen in Kalkutta, ob jung oder alt, klein beigegeben hatten. Der junge Mann wurde ohne jeden ersichtlichen Grund verlegen und forderte schleunigst einen Dolmetscher an, wobei sich in seine Stimme fast die Eindringlichkeit eines SOS-Rufs einschlich. »Ich spreche Englisch. Du sprichst Englisch mit mir«, sagte Mayadevi klar und deutlich. Der Beamte räusperte sich und sagte: »Wie lange wollen Sie in Großbritannien bleiben?«, und als Mayadevi nichts sagte, wiederholte er seine Frage noch einmal, fügte jedoch diesmal ein »Madam« hinzu. »Es ist nicht nötig, zu wiederholen. Ich antworte dir. Ich bleibe nur eine Woche in diesem Land. Keinen Tag länger. Das kannst du deiner Königin Viktoria ausrichten«, sagte Mayadevi. Der überwältigte Beamte knallte einen Stempel in ihren Reisepass und winkte sie schnellstens durch. »Dieser schräge Vogel tischt mir bestimmt keine Lügen auf. *Die* Alte wird keiner dabei erwischen, dass sie für Selfridges arbeitet, so viel steht fest«, sagte er und lachte so nervös, als hätte er gerade eine Feuerprobe überstanden.

Mayadevi schloss sich wieder den Passagieren an, die sie bereits zuvor ausgewählt hatte, und sorgte dafür, dass sie ihren Koffer vom Band hoben und ihn auf ihrem Gepäckwagen für sie mitnahmen. Ihr Sohn wartete draußen, als sie schließlich hinauskam, aber obwohl sie ihn sofort sah, ließ sie sich mit keinem Anzeichen anmerken, dass sie ihn erkannt hatte. Der erfolgreiche fünfzigjährige Zahnarzt, Mitglied im Royal College of Dentists und in einem sehr alten Londoner Club, wagte es nicht, den Arm zu heben und seiner Mutter zuzuwinken. Sie ging langsam auf ihn zu, und als sie ihn erreicht hatte, blieb sie vor ihm stehen und starrte ihn an wie einen Wildfremden. Der Sohn sprang vor und setzte unbeholfen zu einer tiefen Verbeugung an, um die Füße seiner Mutter zu berühren, während er gleichzeitig unauffällig versuchte, auf andere den Eindruck zu machen, als wollte er sich die Schnürsenkel zubinden. Mayadevi, die ihren Sohn in höchster Wachsamkeit kritisch musterte, um möglichst schnell etwas zu finden, was sie an ihm aussetzen konnte, stürzte sich wie ein Habicht auf diesen ersten Fehltritt. »Du schämst dich wohl, die Füße deiner Mutter zu berühren? Einer Mutter, die nicht mehr lange zu leben hat und trotzdem eine so weite Entfernung zurückgelegt und zwölf Stunden gefastet hat, während sie gezwungen war, zwischen jedem erdenklichen Pöbel zu sitzen, und all das nur, um ihren Sohn zu sehen«, zischte sie. Amit, der in Zahnarztkreisen für seine geistreichen Bemerkungen und seine

Schlagfertigkeit bekannt war, wollte sich mit ein paar gut gewählten Worten verteidigen, doch ehe er auch nur einen Ton herausbrachte, rastete in seinem Innern etwas ein. Als er in dieses alte, faltige Gesicht blickte, durchzuckte ihn irrationale Furcht und er stammelte in einem wimmernden, kindlichen Tonfall: »Nein, Ma … ich … hier sind so viele Leute …« Nun, da sie die korrekte Ordnung der Familienhierarchie wiederhergestellt hatte, befahl Mayadevi ihrem Sohn, ihren Koffer zu nehmen und sie zu sich nach Hause zu bringen. Obwohl Mutter und Sohn einander seit vierzig Jahren nicht gesehen hatten, herrschte ungebrochenes, steinernes Schweigen zwischen ihnen, während sie zu der Doppelhaushälfte in einem schönen, begrünten Vorort mit von Bäumen gesäumten Straßen fuhren. Die Mutter stellte keine Fragen und der Sohn gab keine Erklärungen ab, denn irgendwie hatte er das Gefühl, sie wüsste ohnehin schon alles über ihn und missbilligte es zutiefst. Als sie zu Hause ankamen, stieg Mayadevi so misstrauisch und vorsichtig aus dem Wagen, als erwarte sie in dem hübsch angelegten Garten versteckte Fallen. Mutter und Sohn betraten das Haus wie zwei Trauernde, und als seine Frau aus der Küche kam, um sie zu begrüßen, wäre Amit vor Erleichterung fast in Tränen ausgebrochen.

»Willkommen in England, Mrs. Banerjee. Ich hoffe, Sie hatten einen angenehmen Flug«, sagte Martha, Amits Frau, munter. Mayadevi blickte durch den oberen Teil ihrer Brillengläser zu ihrer großen, grobknochigen Schwiegertochter auf, musterte sie ein paar Sekunden, die sich unerfreulich in die Länge zogen, und sagte dann: »Ich will Hände waschen. Alles so schmutzig.« Über Marthas unscheinbares, freundliches Gesicht huschte ein Ausdruck des Erstaunens, doch gleich darauf strahlte sie ihre Schwiegermutter an und sagte: »Kommen Sie, ich zeige Ihnen Ihr Zimmer und dann trinken wir eine Tasse Tee miteinander. Ich hoffe, die neuen

Gardinen, die wir für Sie aufgehängt haben, gefallen Ihnen. Amit wusste nicht, was Ihre Lieblingsfarbe ist, und daher habe ich blau ausgesucht.« Sie plauderte weiter vor sich hin und ihre Stimme war voller echter Zuneigung für die alte Dame, der sie noch nie im Leben begegnet war. Amit schlich hinter ihnen her und suchte Schutz hinter dem fülligen Körper seiner Frau, als seine Mutter sich kritisch im Zimmer umsah und jedes Mal zurückzuckte, wenn Martha ihr zu nahe kam. Er wusste, was passieren würde, falls Martha sie versehentlich berührte. »Ist Ihnen kalt? Soll ich die Zentralheizung höher drehen?«, fragte Martha, der plötzlich selbst kühl wurde. Obwohl Mayadevi in ihrem dünnen Baumwollsari zitterte, sagte sie: »Nicht kalt, nur Hände waschen, so viel schmutzig.« Martha führte sie eilig zum Bad, das mit Hängepflanzen und flauschigen Matten fröhlich dekoriert war. Mayadevi knallte die Tür vor Marthas lächelndem Gesicht zu und fing an, sich die Hände zu waschen. Zuerst reinigte sie die Wasserhähne gründlich und dann begann sie, die Seife abzuspülen, obwohl es ein brandneues, unbenutztes Stück war. Danach wusch sie sich viermal hintereinander mit größter Gründlichkeit die Hände. Als sie damit fertig war, drehte sie den Wasserhahn mit dem Ellbogen zu, um ihn nicht noch einmal zu berühren. Sie trocknete ihre Hände, indem sie sie in der Luft schüttelte, und warf dabei einen höhnischen Blick auf die hübschen geblümten Gästehandtücher, die Martha für sie bereitgelegt hatte. Dann machte sie sich auf die Suche nach ihrem Sohn. »Wie kann ich in diesem Urwald baden, den du ein Badezimmer nennst? Warum hat sie Teppiche im Badezimmer ausgelegt? Damit man den schmutzigen Fußboden nicht sieht?« Sie setzte mit voller Kraft zum Angriff an, froh, schon so schnell etwas gefunden zu haben, worüber sie sich beklagen konnte. »Ma, sie kann dich hören«, sagte Amit und warf einen nervösen Blick zur Küchentür, obwohl sie

Bengali miteinander sprachen. »Du musst müde sein. Warum isst du nicht den Reis, den ich für dich gekocht habe, und legst dich dann schlafen«, sagte er und hoffte inständig, dass sie auf seinen Vorschlag eingehen würde. Zu seinem Erstaunen tat sie es. »Wenn du mir die Wahrheit sagst und nicht sie den Reis gekocht hat«, war der einzige halbherzige Widerstand, den sie leistete. Dann folgte sie ihm in die Küche. »Ich habe ihn selbst gekocht, Ma, sie hat ihn nicht einmal angerührt. Ich belüge dich nicht«, sagte er und errötete, als er sich von Martha beobachtet fühlte, obwohl er wusste, dass sie nichts verstanden haben konnte. Aber Mayadevi sorgte dafür, dass sie begriff, worum es ging, indem sie ihrer Schwiegertochter einen triumphierenden Blick zuwarf. Mit einem lauten, zufriedenen Klicken nahm sie ihre falschen Zähne aus dem Mund und setzte sich hin, um zu essen. Die Mahlzeit, eine Schale viel zu weich gekochter Reis und ein trübes braunes *Dal*, wurde rasch und geräuschvoll verzehrt, da Mayadevi mit dem Zahnfleisch kaute, und als sie aufgegessen hatte, ging sie mit ihrem Teller zum Spülbecken und spülte ihn zweimal gründlich ab. Sie schüttelte ihn trocken, indem sie ihn durch die Luft schwenkte, und dann stellte sie ihn so weit wie möglich von den anderen Tellern und dem übrigen Geschirr ab. Marthas freundliches Lächeln war inzwischen einem bestürzten und verwirrten Gesichtsausdruck gewichen, während sie stumm dastand und beobachtete, wie das Wasser von dem Teller überall auf ihren blinkend sauberen Küchenboden tropfte. Sie wusste nicht, was sie tun oder sagen sollte. Amit stand mit der Miene eines betrübten, unglücklichen Mannes, der noch schlimmere Zeiten auf sich zukommen sieht, neben ihr.

Mayadevi, die inzwischen recht zufrieden damit war, wie sich die Dinge bisher entwickelt hatten, ließ die beiden stehen und begab sich in ihr Zimmer. Sie zerrte die Tagesdecke vom Bett, breitete sie auf dem Fußboden aus und versank, nachdem sie ihre Gebete gesprochen hatte, sofort in tiefen Schlaf. Mitten in der Nacht wurde sie wach und setzte sich kerzengerade auf. Der graugelbe Schein der Straßenlaternen strömte durchs Fenster und der Himmel draußen hatte einen helleren Farbton als alles, was sie jemals gesehen hatte. Kalkutta schien sehr weit weg. »Gott, vergib mir, ich werde bald zurückkehren«, sagte Mayadevi und fühlte sich zum ersten Mal in ihrem langen einsamen Leben einsam.

Der nächste Tag verging ganz ähnlich wie der erste, abgesehen davon, dass Mayadevi selbst für sich und Amit kochte. Er fühlte sich schuldbewusst, weil er nicht mit Martha aß, aber das verächtliche »Ha! Ein Sklave seiner Ehefrau!« in Verbindung mit den köstlichen Gerüchen längst vergessener Lieblingsspeisen nötigte ihn, sich allabendlich, wenn er von der Arbeit nach Hause kam, hinzusetzen und mit seiner Mutter zu essen. Martha beklagte sich kein einziges Mal und er wagte nicht, sie zu fragen, was die beiden während des Tages taten, aber die neuen unglücklichen Falten auf dem sonst so fröhlichen Gesicht seiner Frau beantworteten seine Frage ohnehin. Wie zwei Champions, die nicht aus dem Boxring entkommen können, umkreisten Martha und Mayadevi einander, durchs Haus schleichend. Sie mieden sich gegenseitig, aber gleichzeitig behielt jede wachsam im Auge, was die andere gerade tat. Die alte Dame lauschte, während ihre Schwiegertochter die Hausarbeit erledigte, und dann schlich sie sich auf Zehenspitzen hinaus und suchte mit funkelnden Augen nach Nachlässigkeiten, die sie ihr ankreiden konnte. Sie zog Schubladen auf, lugte unter Betten und fuhr mit den Fingern über die Fensterscheiben. Aber sie konnte weder Staub noch Spinnweben finden, anders als auf ihrem wöchentlichen Kontrollgang durch ihr Haus in Kalkutta. Zornig und gelangweilt gewöhnte sich Mayadevi an, den ganzen Tag in verdrossenes Schweigen gehüllt in ihrem Schlafzimmer zu sitzen. Martha bemühte sich von Zeit zu Zeit, freundliche Annäherungsversuche zu machen, doch sie stieß jedes Mal von neuem auf eine undurchdringliche Mauer stummer Ablehnung. Immer, wenn ihre Schwiegertochter in ihr Zimmer schaute, kniff Mayadevi die Augen fest zusammen und tat so, als murmelte sie ihre Gebete. Sie wollte nie aus dem Haus gehen und sich in den Geschäften umsehen, etwas im Fernsehen anschauen oder Tee trinken, und Martha fiel nichts anderes ein, um die alte Dame aus ihrem Zimmer zu locken.

Langsam vergingen sechs Tage unausgesprochener Anspannung und Mayadevi machte sich freudig daran, ihren Koffer wieder zu packen. »Gott sei Dank, dass sie zu Ende geht, diese abscheuliche Reise«, murmelte sie vor sich hin. Der letzte Tag ihres Besuchs war ein Samstag und Amit hatte sich den Tag freigenommen. Er hatte gehofft, im letzten Moment würde ein Notfall eintreten, der ihn zwang, schleunigst in seine Praxis zu rasen, doch er wusste sehr wohl, dass diese Überlegung blödsinnig war, denn im Berufsleben eines Zahnarztes kam es kaum je zu Krisensituationen. Er beschloss tapfer, sich der Situation zu stellen und mit seiner Mutter einen Einkaufsbummel zu machen. Martha, deren gutmütiges Wesen nicht so schnell kleinzukriegen war, erbot sich, ebenfalls mitzukommen, doch Amit sagte mit mutiger Stimme: »Nein, du wirst dich ausruhen, meine Liebe. Ich schaffe das schon allein«, als zöge er aus, einen gefürchteten Drachen zu töten. Martha bestand jedoch darauf mitzukommen, um ihm wortlos beizustehen. Sie fuhren zu dem großen Einkaufszentrum in der Nähe. Mayadevi saß auf dem Rücksitz und wies jede freundliche Bemerkung und alle Bemühungen, ihr die Sehenswürdigkeiten von London zu zeigen, verächtlich zurück. Als sie das riesige, funkelnde Gebäude erreichten, kam es auf dem Parkplatz zu einem peinlichen Gerangel. Mayadevi wollte nicht aussteigen. »Weshalb sollte ich in dieses große Geschäft gehen? Was würde ich hier schon kaufen wollen?«, fragte sie ihren Sohn und sah ihm fest ins Gesicht. Amit sah hilflos das gigantische Einkaufszentrum an, das auf zehn Stockwerken die besten Waren aus aller Welt anbot, aber ihm fiel nicht ein einziger Gegenstand ein, den seine Mutter hier kaufen könnte. »Da wir jetzt schon einmal hier sind, können wir ebenso gut hineingehen. Dann kannst du zu Hause allen erzählen, was du gesehen hast«, sagte er mit einem albernen Grinsen, als redete er mit einem kleinen Kind. Mayadevi schnaubte so hochmütig und würdevoll, wie nur sie es vermochte. Aber da sie ihren Protest jetzt bekundet hatte, stieg sie forsch aus dem Wagen. Sie betraten das Gebäude und hatten einen kleinen Kampf mit der Rolltreppe auszufechten, wo sich Mayadevis Sari in dem Spalt zwischen zwei Stufen verfing; sie glaubte, Amit sei auf ihren Saum getreten, und hörte nicht auf, laut zu schimpfen. Sie befreiten sie mühsam und begaben sich dann auf direktem Wege ins Märchenland der Geschenke, die Abteilung für Kosmetik, Parfüm und Lingerie. Mayadevi blieb plötzlich stocksteif stehen. Sie kam sich vor wie vom Blitz getroffen. In ihren mehr als fünfundsiebzig Lebensjahren hatte sie eine solche Welt noch nie gesehen. Wohin sie auch schaute, überall funkelten Hunderte von hellen Lichtern. Verwirrende, blendende Spiegel, die so hoch wie Bäume waren, und Wände, an denen Lampen aus massivem Gold hingen. Sie war von zahllosen geheimnisvollen bunten Gegenständen umgeben, die sie nicht kannte. Auf gläsernen Regalbrettern waren seidige kleine Dinge aus Spitze drapiert, und obwohl sie eine seltsame Form hatten, wie zwei Schalen, hielt Mayadevi, die wie die meisten anderen Frauen ihres Alters nie Unterwäsche getragen hatten, sie für wunderhübsche Spitzendekorationen. Sie konnte den Duft riechen, der aus glitzernden Glasfläschchen aufstieg, welche gewiss mit magischen Zaubertränken gefüllt waren. Es war der süßeste und betörendste Geruch, den sie je eingeatmet hatte. In Schächtelchen, in denen silberne und goldene Fäden funkelten, lagen Juwelen, so groß wie Hühnereier. Mayadevi schien es, als sei sie gestorben und in den Himmel gekommen, nur war sie von den falschen Leuten umgeben. »In diesem Paradies sollten unsere Götter und Göttinnen sein und nicht diese bleichen Menschen«, murmelte sie leise vor sich hin, ohne sich zu rühren, für den Fall, dass alles ein Traum war. Ihre Schwiegertochter verstand plötzlich, was der alten Dame geschehen war. Sie nahm sie am Arm und führte sie behutsam durch das Labyrinth von schmalen Gängen in dem Kaufhaus, das von schillernden Waren überquoll. Dieses eine Mal scheute Mayadevi nicht vor ihrer Berührung zurück und folgte Martha so demütig, als sei sie eine himmlische Maid, die sie durch das Paradies führte. »Ich glaube, wir sollten ihr einen schönen warmen Pullover kaufen, Amit«, sagte Martha zu ihrem Mann, dem die plötzliche Veränderung an seiner Mutter noch nicht aufgefallen war. Sie gingen in die Abteilung für Damenbekleidung und Martha hielt eine blassblaue Strickjacke hoch. »Nein, nein, nur weiß«, flüsterte Mayadevi, immer noch wie in Trance. Martha fand schnell eine flauschige weiße Strickjacke und außerdem einen weißen Spitzenschal, der gut dazu passte. Sie überreichte der alten Dame beides mit einem freundlichen Lächeln. Doch dieses Geschenk war für Mayadevi ein noch größerer Schock als der erste Anblick des riesigen Kaufhauses mit all seiner Pracht. Ihr verstorbener Ehemann, ihre vielen Kinder und die zahllosen Verwandten hatten ihr immer alles gegeben, was sie verlangte, aber noch nie hatte ihr jemand ein Geschenk gemacht. Ihre stählernen Augen, die das Weinen nicht gewohnt waren, wurden fast blind vor Tränen, und durch diesen Schleier nahm sie Marthas Hand und schüttelte sie, wie sie es die Leute auf den Abbildungen in ihrem Englischlehrbuch hatte tun sehen. »Liebes Mädchen, sehr gut, danke«, sagte sie zu ihrer Schwiegertochter und überschüttete sie mit allen höflichen Floskeln, die sie auf Englisch kannte.

Als sie wieder zu Hause ankamen, war Mayadevis kurzer Anflug von Schwäche vorüber und sie konnte wieder klar sehen. Sie gewann ihre eiserne Persönlichkeit zurück, doch es war eine gewisse Veränderung in ihrem Verhalten wahrzunehmen. Sie lächelte zwar nicht direkt, doch ihre Augen hatten nicht mehr die alte Frostigkeit und sie sprach Martha mit ihrem Namen an. Am nächsten Tag, bevor sie zum Flughafen fuhren, ließ sie sich von Martha ihren Tee zubereiten. Sie äußerte kein Wort des Dankes, als ihre Schwiegertochter die Tasse vor ihr abstellte, und Martha konnte nicht ahnen, was für ein großes Opfer ihr die alte Dame brachte und wie groß die Gunst war, die sie ihr erwies. Die Fahrt zum Flughafen verlief auch diesmal stumm, aber es war kein bedrückendes, unbehagliches Schweigen. Als es Zeit zum Abschiednehmen war, tätschelte Mayadevi Marthas Hand und sagte: »Wenn ich sterbe, kommst du zum Begräbnis nach Kalkutta. Lass meinen Sohn, diesen Dummkopf, ruhig hier. Du kommst.« Nachdem sie dafür gesorgt hatte, dass ihr Sohn ihre Füße gebührend berührte, begab sie sich in den Abflugbereich. Sie drehte sich nicht um und winkte ihnen auch nicht zu, obwohl sie wusste, dass sie ihren Sohn wahrscheinlich nie wieder sehen würde. Sie war zufrieden, dass sie ihre Pflicht getan hatte, und sie freute sich auf die einjährige Buße mit den Reinigungs- und Opferritualen, die sie vollziehen musste, um sich von den Sünden des London-Yatra reinzuwaschen.

Anita Agnihotri

Erhabenes Leben

Malini steht mit beiden Füßen im Schmelzwasser der Eisblöcke und versucht, sich zu erinnern. Wann war sie Arunabha vor seinem Tod zum letzten Mal begegnet, an welchem Tag und um welche Uhrzeit? Beim Nachdenken schließt sie einen Moment lang die Augen und steht aufrecht da, die Girlande in den Händen. Sie senkt den Kopf, der Nacken tut weh. Ja, natürlich, aber Begegnung kann man es eigentlich nicht nennen. Malini hat Arunabha ein paar Sekunden lang gesehen, er sie jedoch nicht.

Das war gestern Morgen. Sieben oder kurz vor sieben; das Morgenlicht brach plötzlich durch die Wolken und fiel auf Malinis Balkongeländer. Der Wetterbericht hatte Regen angekündigt. Malini hatte im Traum Donner und Regen gehört und unruhig geschlafen. Darum hatte sie keine Lust zum Aufstehen gehabt, und als sie dann doch aufstand, hatte ihr der Rücken wehgetan, wie verkühlt. Das waren aber eigentlich nur Vorwände ihres Körpers, der keine Lust auf die kalte Morgendusche hatte.

Wenn sie sich gehen ließe und sich die Dusche sparte, würden Schlappheit und Lustlosigkeit sie bis ins Büro verfolgen. Dieser Gedanke sorgte dafür, dass Malini sogar noch früher ins Bad ging als sonst. Sie ölte ihr Haar schon seit langem nicht mehr ein, und ihr schulterlanger, lockiger Schopf war selbst jetzt, in ihren Mittvierzigern, noch dicht und voll. Sie schloss die Tür, ließ das Schulterteil ihres Saris heruntergleiten und summte die zweite Strophe eines Liedes, das ihr durch den Kopf ging: »Da oben am Himmel … erhellt von diesem strahlend neuen Licht …« Dabei kontrollierte sie automatisch, ob alles da war, was sie brauchte, und mitten in der dritten Strophe fiel ihr auf, dass das Handtuch fehlte. Rasch trat sie auf den Balkon hinaus, um das Handtuch von der Wäscheleine zu nehmen, den nächsten Vers auf den Lippen: »Die Erde, sie schaut hinauf und sie wartet …« Ihr Summen ging in ein strahlendes Lächeln über, ohne dass sie es überhaupt bemerkte.

Gerade ging Arunabha aus dem Haus.

Immer, wenn sie auf den Balkon tritt, wandert ihr Blick automatisch zum Haus zur Linken, wo der Madhabi die ganze Veranda mit Trauben von rosa und weißen Blüten überrankt. Arunabha war schon durchs Gartentor auf die Straße getreten, drehte sich aber noch einmal um und machte Rina, seiner Frau, ein Zeichen. Rina verstand ihn anscheinend nicht, und so legte Arunabha die Hände trichterförmig an den Mund und rief: »Die Tasche!« Eine hellblaue Plastiktasche wurde heruntergeworfen, und Arunabha fing sie auf. Er war auf dem Weg zum Markt. Mit seiner aufrechten, hochgewachsenen Gestalt, dem Nadelstreifenhemd und der Locke, die ihm immer frech in die Stirn fiel, wirkte er wesentlich jünger als seine dreiundfünfzig Jahre.

Malini kehrte mit dem Handtuch ins Badezimmer zurück. Auf ihren Lippen lag noch immer ein Lächeln. So ist es schon seit Ewigkeiten, schon seit mindestens fünfundzwanzig Jahren: Wann immer sie an Arunabha denkt oder ihn aus der Ferne sieht, tritt dieses Lächeln auf ihre Lippen, ohne dass sie es überhaupt merkt.

Wieso aber reden die Leute von Intuition? Dass man die Gefahr, in der ein geliebter Mensch schwebe, schon im Voraus als dunklen Schatten spüre? Ist das alles reine Erfindung? Malini hatte keine Vorahnung, nicht einmal einen Hauch. Nach der Dusche trug sie rasch ein leichtes Makeup auf – Eyeliner, aber kein Bindi – und steckte sich das Haar hoch. In einen blau gepunkteten Sari und eine blaue Bluse gekleidet, frühstückte sie rasch – sie aß kaum etwas – und saß Punkt neun hinter dem Steuer ihres Suzuki-Maruti. Sie war Angestellte in einer Firma; da musste man absolut pünktlich sein. Der Tag im Büro verlief ganz normal. Eine Marketingsitzung, Gelächter und Scherze in der Mittagspause, und am Nachmittag traf sie sich mit Amrito Tripathi, um das Rundschreiben für die bevorstehende Jahreshauptversammlung fertig zu stellen. Sie nahm einen Ausdruck des Rundschreibens mit nach Hause, um es dort noch einmal durchzugehen, doch so etwas ging ihr eigentlich gegen den Strich. Sie nahm niemals Arbeit vom Büro mit nach Hause, und weil es ein solcher Bruch mit ihren Gewohnheiten wäre, rührte sie das Schreiben zu Hause auch gar nicht mehr an. Um achtzehn Uhr dreißig servierte Taramoni ihr Tee, schön hergerichtet auf einem Edelstahltablett mit einem bestickten Deckchen. Genau da kam Amarnath-*Babu* vorbei, der im ersten Haus unmittelbar vor der Kreuzung wohnte, um ihr ein paar ausgeliehene englische Zeitschriften zurückzubringen. Sie bat Taramoni um eine zweite Teetasse, doch dann fiel ihr ein, dass Amarnath-*Babu* das Teetrinken aufgegeben hatte, und so schlug sie vor: »Ich weiß nicht, ob wir Zitronen im Haus haben, aber eine Limonade …?«

Amar-*Babu* stand auf, um zu gehen. »Nein, nein, trinken Sie nur Ihren Tee. Ich kam nur gerade auf dem Rückweg vom Krankenhaus hier vorbei, von Arunabha.«

»Arunabha im Krankenhaus? Was …?«

»Oh, Sie wissen nicht, dass Arunabha seit heute Nachmittag auf der Intensivstation liegt? Das wussten Sie nicht? Wirklich nicht?«

Malini schüttelte sprachlos den Kopf. Amar-*Babu* berichtete ihr kurz, was vorgefallen war, und schob dabei seinen

Motorroller auf die dunkle Straße hinaus. »Soll ich Sie mitnehmen? Steigen Sie doch hinten auf.«

»Nein«, lehnte Malini gelassen ab. In ihrem Inneren brannte eine alte Wunde. Ein Anruf hätte doch genügt! Rina hatte nicht einmal zum Hörer gegriffen, um ihr Bescheid zu geben. Malini hätte alles liegen und stehen lassen und wäre zum Krankenhaus geeilt, das wäre ihr wichtiger gewesen als alles andere.

Malini brauchte noch eine Weile, bevor sie losging. Taramoni fragte, wann sie das Abendessen richten solle, und Malini antwortete geistesabwesend. Sie wusste nicht, ob sie sofort zum Krankenhaus eilen sollte. Wäre Arunabha da gewesen, hätte sie ihn fragen können, in welcher Verfassung Rina sei und ob sie sich vielleicht darauf einstellen solle, über Nacht im Krankenhaus zu bleiben. Aber das war ja nun unmöglich. Malini fühlte sich wie gelähmt. Genau wie damals vor langer Zeit, damals als Vierundzwanzigjährige. Da hatte sie eine Einladungskarte mit einem gelben Kurkumapunkt darauf in der Hand hin und her gewendet und einfach nicht begreifen wollen, was darin stand. Ohne jede Vorwarnung hatte sie dort einen altvertrauten, sehr geliebten Namen, Arunabha Basu, Seite an Seite mit einem völlig unbekannten Namen, Rina Choudhury, vorgefunden. Was sollte sie nur machen? Und wo sollte sie hin? Als sie daran zurückdachte, hörte Malini ihren eigenen Herzschlag ohrenbetäubend laut. Die Situation damals und die Situation heute hatten dieselbe Ursache, nämlich dass ihr Leben letzten Endes um Arunabha kreiste. Ihr kam gar nicht der Gedanke, das Auto zu nehmen. Sie ging durch den Nieselregen, und als sie das Vorstadtkrankenhaus erreichte, glänzten Tropfen in ihrem Haar wie Morgentau.

Sie war noch nie in einer so aufgewühlten Gemütsverfassung dort gewesen. Eigentlich hatte sie sich in den zweieinhalb Jahren seit ihrem Umzug in die Stadt niemals einsam gefühlt. Arunabha selbst hatte ihr die Mietwohnung vermittelt. Sein eigenes Haus war damals gerade im Bau; es musste noch verputzt und gestrichen werden, und auch die Klempner- und Zimmermannsarbeiten waren noch nicht abgeschlossen. Malinis Vermieter wohnte in Delhi und kam nur gelegentlich her, wenn ein neuer Mietvertrag abzuschließen war. Etwa ein Jahr lang fühlte Malini sich ein wenig fremd, doch in dieser Zeit hatten Arunabha und Rina ständig nebenan auf dem Bau zu tun, und natürlich verbrachten sie dann auch viel Zeit bei Malini, weil es im neuen Haus noch keinen Strom gab. Später sah Malini Arunabha jedes Wochenende, sie konnte ihn, wenn nötig, anrufen und wichtiger noch, sie wusste, dass er nebenan wohnte – all das zusammen genügte, damit Malini sich erfüllt und glücklich fühlte. Arunabha wusste, wo man Topfpflanzen fürs Haus bekam; er entdeckte auch den winzigen Buchladen im vierten Geschoss des neuen Einkaufszentrums; und wie ein Jagdhund hatte er das neue vegetarische Restaurant ausgeschnüffelt, bevor es überhaupt aufmachte. Bei all diesen Abenteuern war Abhi, Arunabhas und Rinas einziges Kind, Malinis zuverlässiger Gefährte gewesen. Inzwischen machte Abhi eine Ausbildung als Chemotechniker, wohnte im Studentenwohnheim und kam nur in den Ferien nach Hause. Abhi verehrte seinen Vater, doch wenn es zwischen den beiden einmal Streit gab, kam er immer wütend zu seiner Mala-*Mashi* gelaufen.

Vor dem Krankenhaus waren kreuz und quer Fahrräder und Motorroller abgestellt; der PKW-Parkplatz lag ein Stück weiter rechter Hand. Malini ging durch den schäbigen Korridor und an der Notaufnahme vorbei. Sie war schon einige Male hier gewesen, um jene Freunde und Kollegen zu besuchen, die es sich nicht ohne weiteres leisten konnten, in ein Privatkrankenhaus zu gehen. Aber dass sie hier einmal Arunabha besuchen würde, dieser Gedanke war ihr nie gekommen. Vor der Intensivstation warteten Leute, die in kleinen Gruppen herumstanden; einige sahen sie an, machten ihr aber nicht Platz. Der Arzt war nicht im Arztzimmer. Ohne seine Erlaubnis konnte sie unmöglich hineingehen, also wartete sie. Wenn sie den Kopf ein wenig nach links drehte, hätte sie Arunabha sehen können, schlafend vielleicht oder bewusstlos, doch Malini war nicht danach, hinzuschauen. Sie beschloss, erst einmal abzuwarten. Wie lange auch immer.

Und gerade da kam Rina aus der Tür. Das Haar klebte ihr zerdrückt im Nacken, sie hatte dunkle Ringe unter den Augen, das Bindi, der rote Punkt auf der Stirn, war verschmiert, und ihr ganzer Körper ließ eine unendliche Erschöpfung erkennen, als wäre sie vom Morgen bis zum Abend einem Sandsturm ausgesetzt gewesen. Rina nahm Malinis Hände in die ihren und sagte mit tränenerstickter Stimme: »Er schläft. Man hat ihm ein Mittel gegeben. Möchtest du ihn sehen?« Malini war nicht darauf gefasst, dass Rina sie bei den letzten Worten mit einem Ruck vorwärts ziehen würde. Sie stand plötzlich vor der Scheibe.

Malinis ganzer Körper erzitterte in diesem Moment in einem Gefühl der Verlassenheit, des Entsetzens. Er war sediert worden und schlief. Kann man überhaupt so regungslos schlafen? Nicht einmal seine Brust hob und senkte sich. Seine Hände lagen auf der Brust, als hätten sie sich seit Jahrhunderten nicht mehr geregt. Das Handgelenk nackt ohne die vertraute Quartzuhr. Sein Gesicht war so verfärbt, als hätte man ihm diesen halben Tag lang eine Tinteninfusion gegeben. Würde dieser Mann noch einmal auf die Beine kommen, würde er jemals wieder reden und lächeln?

»Weiß Abhi ... ich meine ... hat jemand ihn angerufen?« Mehr konnte Malini nicht herausbringen. Sie drehte sich von der Tür weg.

Bevor Rina etwas erwidern konnte, gab einer von Arunabhas Kollegen die Antwort: »Ja, Boudi hat mit ihm gesprochen. Er steht mitten im Examen und soll darum vorläufig nicht kommen. Arunabhas Zustand ist ja recht stabil …«

Die Frau des Kollegen legte Rina den Arm um die Schultern, führte sie sanft nach draußen und sagte: »Du sitzt schon so lange hier, du musst etwas essen, ich habe Tee und ein paar Kleinigkeiten von zu Hause mitgebracht.«

Rina drehte sich um und murmelte schwach: »Mala, geh heim. Es wird spät, vielleicht morgen früh …«

»Ich könnte die Nacht über hier bleiben …«, entgegnete Malini wie ein eigensinniges Kind.

Die Umstehenden gaben ablehnende Laute von sich. »Nein, nein, das ist nicht nötig, wir sind doch alle da, wir wechseln uns ab, Sie müssen morgen so früh ins Büro.«

Rina nickte müde. Zustimmend. Malini empfand einen schneidenden Schmerz.

Rina, Arunabhas Kollegen und deren Frauen – sie gehörten alle so eng zusammen. Sie waren so vertraut miteinander, und in diesem Beziehungsgeflecht war kein Platz für Malini. Als sie wieder daheim war, konnte sie lange nicht einschlafen. Gegen halb eins ließ sie sich mit schweren Lidern auf ihr Bett sinken. Der Regen prasselte nieder und trommelte laut auf dem Wellblech der Fenstervordächer, der Sturm blies und sie wachte zwei- oder dreimal auf, stand am Fenster und starrte in die stockdunkle Nacht hinaus. Ließ die Wirkung des Schlafmittels jetzt nach, öffnete Arunabha die Augen? Was tat Rina? Ständig musste sie an Rinas unübersehbare Erschöpfung denken, an das verwischte Bindi, halb verdeckt von zerzausten Haarsträhnen. Wenn Malini über Nacht dort geblieben wäre, hätte Rina ein wenig schlafen können. Malini schaute auf die Uhr. Es war zwei Uhr dreißig.

Würde Malini das Folgende jemals erfahren? Ja, denn irgendwann, lange nach dieser Nacht, würde Rina in der milden Sonne eines Wintertages mit einem Wollknäuel im Schoß dasitzen und es ihr erzählen. »Um halb drei hat er die Augen aufgeschlagen.«

»Wirklich?«

»Ich beugte mich über ihn und fragte: ›Wie fühlst du dich?‹ Seine Stimme war schrecklich schwach, ganz ängstlich und verunsichert! Er fragte: ›Wo gehst du nur andauernd hin?‹ Ich sagte: Ich sitze die ganze Zeit hier, nur vor kurzem war ich auf der Toilette. ›Wie oft musst du denn zur Toilette! Kannst du denn nicht bei mir sitzen bleiben!‹ Er schloss wieder die Augen. Dann fragte er: ›Mala ... ist nicht gekommen?‹ Ich sagte: Sie war abends da, aber da hast du geschlafen, der Arzt hat niemanden hereingelassen, aber morgen früh kommt sie wieder, bestimmt ... Arunabha sagte: ›Ja‹, und schlief wieder ein.«

Nein, dieses kleine Detail konnte Malini jetzt nicht wissen.

Kurz vor Tagesanbruch, bevor das Morgenlicht auf ihre schöne Stirn fiel, hatte Malini, Arunabhas Mala, einen Traum.

Beim Aufwachen hat sie das Gefühl, diesen Traum schon mehrmals geträumt, aber immer wieder vergessen zu haben. Der Traum stellt ihr eigenes Leben auf den Kopf ... Das Rascheln eines neuen Sari, die Girlande weißer Tuberosen um den Hals; Malini wird verheiratet. In der Ferne sieht sie Arunabhas Silhouette, auf der anderen Seite eines dunklen Korridors, wo er neben einer Säule steht.

Ein schrecklicher Schmerz zerreißt Malini, sie zittert vor Schmerz. »Ich werde verheiratet, Arun-da, ich muss fort.« Sie sagt es, aber kein Laut kommt aus ihrem Mund. »Nur ein einziges Leben hat man, ein Leben nur«, so ungefähr dringt es von Arunabha zu Malini herüber, aber er rührt sich nicht und seine Lippen bleiben völlig unbewegt ...

Vogelgesang riss sie aus dem Schlaf. Sie fühlte sich wie zerschlagen, stand aber dennoch früher auf als sonst und duschte wie üblich. Sie trank einen Becher Tee und wollte Taramoni bitten, ihr auch eine Thermosflasche mit Tee mitzugeben, dachte dann aber, dass Arunabhas Freunde ohnehin für Tee sorgen würden. Weil sie es peinlich fand, allzu früh im Krankenhaus aufzutauchen, hielt sie sich bis halb neun Uhr zurück. Vor der Intensivstation herrschte gähnende Leere, nur auf der Veranda ein Stück weiter hinten sah sie ein paar Krähen. Eine Putzkraft kam mit Eimer und Putzlumpen an ihr vorbei. Sonst war keiner da. Wohin waren alle verschwunden?

Als Malini eine Krankenschwester erblickte, lief sie ihr nach und erkundigte sich.

»Er wurde früh am Morgen nach Bikramnagar verlegt. Uns fehlen hier die Geräte, um seine Herzaktivität aufzuzeichnen.«

»Aber nach einem so schweren Herzanfall ... ist er denn überhaupt transportfähig?«

»Darüber weiß ich nichts. Aber der Arzt hat das gewiss berücksichtigt.« Mit diesen Worten eilte sie zum Operationssaal davon.

Innerlich ganz desorientiert traf Malini im Büro ein. Um in Arbeitsstimmung zu kommen, legte sie sich gleich mehrere Projekte auf den Schreibtisch. Doch sie konnte sich einfach nicht konzentrieren und verlor immer wieder den Faden. Am liebsten wäre sie aufgesprungen und losgerannt, die ganze Strecke bis Bikramnagar, sagte sich aber, dass sie erst einmal ein gewisses Arbeitspensum erledigen wollte und dann darum bitten würde, früher gehen zu dürfen.

Um zehn nach zwölf gellte das rote Telefon auf dem

Schreibtisch des stellvertretenden Geschäftsführers. Khanna lauschte eine halbe Minute in den Hörer. »Ja. In Ordnung«, sagte er. Mit hochgezogenen Augenbrauen rief er nach Malini.

In diesem Moment zerriss irgendetwas in ihrer Brust. Sie ging zum Telefon, wie man in einen stockdunklen Tunnel tritt. Der Anrufer war Arunabhas Freund Arup.

Malini nahm ihre Handtasche und erhob sich vom Stuhl. Khanna lächelte freundlich, obwohl es kein Anlass zum Lächeln war, und sagte: »Nehmen Sie es nicht so schwer. Heute brauchen Sie nicht mehr ins Büro zu kommen. Haben Sie Geld dabei?«

Der rote Maruti schoss durch den feuchten Dunst, der jetzt, da die Sonne wieder schien, von der Straße emporstieg. Von Birpur nach Bikramnagar waren es vierzig Kilometer. Bei wenig Verkehr dauerte die Fahrt eine Stunde. Wenn man erst einmal die Stadt mit den Kreuzungen, dem Verkehrsgewühl und den Ampeln hinter sich hat, gleitet man auf der ruhigen, geraden Schnellstraße dahin wie von einem Magneten gezogen. Der Himmel ist blau und zu beiden Seiten wächst schattenspendender Eukalyptus. Normalerweise ist das Malinis Lieblingsstrecke. Heute jedoch lenkt sie den Wagen ganz mechanisch, und das Auto rast wie von Zauberhand geleitet durch die Mittagsstunde. Dabei kreisen ihr die Verse eines Gedichts durch den Kopf, das sie vor langer Zeit gelesen hat. Auf dem Buchdeckel in Sepiabraun das nachdenkliche Gesicht des jungen Pablo Neruda.

Heut Nacht kann ich die trübsten, traurigsten Verse schreiben.
In Nächten, so wie diese, hielt ich sie in den Armen.
Küsste sie viele Male unterm endlosen Himmel.
Heut Nacht kann ich die trübsten, traurigsten Verse schreiben.

Denken, dass sie mir fern ist. Fühlen, dass sie verloren.
Hören die öde Nachtluft, öder noch, seit sie fort ist.
Der Vers fällt auf die Seele wie der Tau auf das Gras.

Bald wird Arunabhas Leben sich zerstäuben wie feinster Pollenstaub am Himmel, in der Luft und in den Wolken. Vielleicht ist es sogar schon geschehen, nicht einmal das weiß Malini. Wie eilig er es hat, seinen Körper zu verlassen, der so lange Zeit so lieb und teuer war. Genau wie damals, als er von einem Tag auf den anderen die eine geliebte Frau wegen der anderen verließ.

Das Krankenhaus von Bikramnagar ist viel größer als das von Birpur. Es hat alle möglichen Abteilungen und Forschungseinrichtungen. Im Treppenhaus ist Schluchzen zu hören. Dann die Intensivstation. Davor stehen viele Schuhe und Sandalen; ihre Besitzer sind drinnen, barfuß.

Mit dem Rücken zur Wand sitzt Rina auf einem Hocker, die Hände in den Schoß gelegt. Keine Tränen in den Augen, das Haar vor Trauer aufgelöst. Malinis Augen suchen erst Rina, dann Arunabha. Sein Kopf ist zur Seite gedreht, die Augen geschlossen, die Brille fehlt. Nach zwei Tagen beständigen Leidens wirkt diese Ruhe fast wohltuend. Neben seiner linken Ferse ist das Laken mit frischem Blut befleckt. Warum dieses Blut?

Erschauernd umarmte Malini Rina. Und plötzlich zitterte sie am ganzen Leib und ihre Tränen flossen so unkontrollierbar wie Schlammbäche nach dem Regen. Die Leute drehten sich um und starrten sie an, doch sie bemerkte es gar nicht und weinte vollkommen fassungslos. Erst einige Zeit später wusste Malini wieder, was sie in diesem Moment gesagt hatte. Sie hatte Rinas Kopf mit beiden Händen an ihre Brust gepresst, ihr übers Haar gestreichelt und immer wieder gestammelt: »Warum ist das passiert, warum nur, was wird denn nun aus mir...«

Und Rina, die Malini mit ihren tiefliegenden Augen ansah, sagte mit tränenerstickter Stimme: »Wir müssen weit gehen, sehr weit ... viel Leiden steht geschrieben ... das hier ist gar nichts ... wir werden noch viel weinen müssen auf dem Weg, der vor uns liegt ...«

Die Füße in der Schmelzwasserpfütze auf dem Boden, denkt Malini an gestern Morgen, als sie Arunabha zum letzten Mal sah. Voller Leben, groß und gerade, die rebellische Haarlocke in der Stirn. Wie er geschickt die Einkaufstasche auffing, die von oben durch die Luft segelte. Und dann denkt sie an Muzaffarpur, wo sie Arunabha vor dreißig Jahren zum ersten Mal sah. Die Mauer um das Eisenbahnviertel, die roten Häuser, der Brunnenrand und Arunabha. Er hatte gerade sein Ingenieursdiplom erworben, hatte ein gelbes Hemd und eine weiße Hose an und brodelte geradezu vor Jugend und Tatkraft. Die Zehntklässlerin Mala mit den wilden Haaren löste nicht die geringsten zärtlichen Gefühle in ihm aus; wenn er sie sah, zog er sie immer am Haar oder gab ihr einen Klaps auf den Hinterkopf. Mala war zwanzig, als Arunabha die Stelle wechselte und wegzog, erst nach Patna und dann nach Kalkutta. Bevor er ging, gestand er mit brennenden Küssen auf ihre Stirn, ihre Augen und Lippen ein, dass irgendetwas zwischen ihnen war, und Mala schrieb ihm einen Brief nach dem anderen, um etwas Beständigeres, Festeres daraus zu machen. Nein, ein Heiratsversprechen hatte sie nicht von ihm erhalten. Doch das Spiel zwischen ihnen ging weiter, bis er auf einmal ein halbes Jahr lang nichts von sich hören ließ. Und dann wurde Mala von der Einladung zu seiner Hochzeit vollkommen überrumpelt. Wie hätte sie auch wissen sollen, dass es irgendwo im Hintergrund Rina, die Tochter einer Freundin von Arunabhas Mutter, gab?

Mala drängte ihre Wut und Enttäuschung zurück und

kam zur Hochzeit. Sie konnte nicht anders. Sie konnte auch nicht anders, als in der Speisekammer ungeachtet der stickigen Hitze und der Küchenschaben das *Kurta*-Gewand des frischgebackenen Bräutigams nass zu weinen.

Das Eis schmilzt sehr langsam. Arunabha liegt auf der breiten Bahre, umgeben von Blumen, und hat ein Gebirge von Blumen auf der Brust. Abhi ist unterwegs, aber noch nicht eingetroffen. Man muss unbedingt auf ihn warten. Aber das Eis schmilzt weiter.

Du dummes Mädchen, das hast du nicht fertig gebracht in diesem Leben, nicht wahr? Dein Gesicht beim Hochzeitsritus zu einem anderen Gesicht emporzuheben! Ihre Eltern, ihre Tanten, sie alle hatten es immer wieder versucht, aber vergebens. Kein Bräutigam konnte Malinis Ansprüchen genügen. Der eine war zu groß, der andere zu klein, der dritte hatte plumpe Finger, der vierte sprach Englisch mit amerikanischem Akzent. Auch im Büro hatten viele Abhijits, Siddharthas und Parthapratims immer wieder ihr Glück versucht, aber vergebens. Malini ist allein geblieben. Dieses sonderbare Versteckspiel zwischen ihr und Arunabha – als gehorchte es unsichtbaren Signalen, ausgestrahlt von den Fühlern eines enormen Schmetterlings, dessen Flügel sich über die Milchstraße spannten! Sie hatten so lange im selben Viertel gelebt, und doch waren sie nicht zusammengekommen. Warum hatte diese Liebe keinen Weg gefunden? Was hatte Malini zweieinhalb Jahre lang trotz aller schmerzhaften Stiche in Birpur festgehalten? Aber falls wirklich etwas sie hier festhielt, warum hatte sie dann gestern Morgen kein Gefühl der Vorahnung gehabt? Und wenn schon dieses Gefühl ausblieb, warum dieser Blick durch die Scheibe auf sein lebloses Gesicht, und warum war sie danach wieder nach Hause gegangen, warum dann nach Bikramnagar gefahren … und jetzt, warum hält sie jetzt die Girlande in der Hand – wie eine Hochzeitsgirlande –, die Füße in einer

Schmelzwasserpfütze? Was kann das nur bedeuten, dieses Versteckspiel durch Leben und Tod?

Abhi ist unterwegs. Es ist spät in der Nacht. Der Junge fährt die ganze weite Strecke in einem Mietwagen, zusammen mit zwei Freunden. Das Eis darf nicht schmelzen, bevor er eintrifft.

Lange hat Rina im Empfangszimmer einfach nur auf dem Bauch gelegen. Jetzt hat sie sich aufgesetzt. Couch und Stühle sind zur Seite geschoben worden, damit der Beileidsbesuch kommen und gehen kann. Und mittendrin sitzt Rina auf dem Boden, auf die Hände gestützt; Hausfrauen, Ehefrauen, unverheiratete Mädchen, Frauen jeden Alters haben sich um sie herumgesetzt.

Malini wirft einen Blick auf die Szene, und plötzlich fällt ihr auf, dass es genauso ist wie damals in der Hochzeitsnacht. Auch damals war die Braut von ihren Freundinnen umgeben, die kichernd von Arunabha sprachen; und dazwischen Rinas glühendes Gesicht, ein leises Lächeln auf den Lippen. Heute Abend sitzt Rina wieder zwischen Freundinnen, sie erzählt leise von Arunabha, und alle hören aufmerksam zu. Tränen in Rinas Augen, die Augen der anderen sind feucht. »... er hat sehr gelitten, wisst ihr ... dieser schreckliche Schmerz in der Brust, er hat immer wieder nach mir gerufen, aus der Intensivstation heraus, manchmal auch nach Abhi und nach Mala ... ich wollte zu ihm, hab es immer wieder versucht ... aber sie haben mich nicht reingelassen ... so viele Ärzte standen an seinem Bett ... Zum Schluss haben sie ihm einen Schnitt ins Bein gemacht, damit das Blut abfließt und der Blutdruck sinkt ... er hat schrecklich geblutet, hatte solche Schmerzen ... und trotzdem konnten sie ihn nicht retten! ... Seine Schmerzensschreie ... ach, er hat schrecklich gelitten!«

Ein Herr aus Arunabhas Büro geht eilig an Malini vorbei und legt Blumen ab. Er hat das Schmelzwasser auf dem Boden übersehen, seine Strümpfe werden nass und sein Gesicht zeigt Unbehagen.

Diesmal legt Malini Arunabha die Girlande langsam zu Füßen. Am liebsten würde sie seine Stirn berühren, hält sich aber zurück. Es ist zu spät in diesem Leben, sie hat zu lange gewartet. Auf eine merkwürdige Weise, die sie nicht versteht, ist alles hinter ihr zurückgeblieben.

Die Nacht neigt sich allmählich dem Morgen zu.

Zwei Uhr dreißig.

Gestern Nacht um diese Zeit öffnete Arunabha im Krankenhaus in Birpur mühsam die Augen und fragte: »Mala ... ist nicht gekommen?«

Zur selben Zeit stand Mala am Fenster und blickte in die regennasse Nachtwelt hinaus.

Auch in dieser Nacht nähern sich die Zeiger wieder zwei Uhr dreißig.

Das Summen, die Rastlosigkeit ließ nach, sobald Abhi da war. Er war ja fast noch ein Junge, aber die Art, wie er den Kopf auf die Schulter seiner Mutter legte und sie an sich drückte und »Ma!« rief. Und wie er dann zu ihr sagte: »Ich bin doch jetzt da. Schau mich an.«

»*Mashi!*« Abhis Ruf reißt auch Malini aus ihrer Versunkenheit. »Du bist jetzt schon so lange auf den Beinen, geh doch und setz dich zu Ma. Versuch, ein bisschen zu schlafen, wenn du kannst. Morgen kommen wir erst spät zurück.«

Gleich fährt der Lastwagen los. Arunabha liegt darin, mit Bergen von Blumen überhäuft. Abhi und ein paar Männer fahren dort mit. Andere Freunde und Bekannte folgen in einem zweiten Fahrzeug. Sie werden zurückkommen, wenn sie den Verstorbenen am Meeresstrand eingeäschert haben.

Vom morgigen Tag an beginnt Abhi mit den Ritualen, die der Sohn des Verstorbenen durchzuführen hat. Rinas Witwenschaft hat schon heute begonnen. Malini hat ebenfalls alles verloren, muss aber nichts weiter meistern als die Kunst, unauffällig zu trauern.

Der Lastwagen erbebt, als der Motor dröhnend anspringt. Der alte Wächter öffnet das schmiedeeiserne Tor. Arunabha wird nun fortgebracht. Abhi geht zum Lastwagen, klettert hinauf und nimmt seinen Platz ein.

Malini wirft einen Blick auf ihr eigenes dunkles, einsames Haus und schaut sich dann nach Rina um. Rina steht reglos am Fenster im ersten Stock, eine Hand aufs Geländer gelegt. Weiß Arunabha, dass sie beide in diesem Abschiedsmoment seine Seele schweigend und tränenlos, wie es sein soll, freigegeben haben, damit sie aufsteigen kann? Die Frau, die Arunabha ihr ganzes Leben lang haben wollte, und die Frau, die ihn gehabt hat. Beide. Können Rina und Malini jetzt, da Arunabha nicht mehr ist, nicht zu einer einzigen Person verschmelzen? Das Licht oben im Fenster und die Dunkelheit im Eingang darunter, dieses Haus und sein Nachbarhaus?

Der arme Abhi muss die ganze Nacht wach bleiben. Dabei hat er schon eine siebenstündige Fahrt hinter sich. Hoffentlich wird er nicht krank. Malini will die Hand an die eigene Stirn führen und merkt, dass sie unbewusst mit Rina verschmilzt, in ihr Aufnahme findet.

GITHA HARIHARAN

Die Regenmacherin

Am Ende des Kapitels schlug ich das Buch zu und schaute aus dem Fenster. Ich erblickte eine vertraute, unordentlich in einen dunklen Sari gewickelte Gestalt. Sie saß unter dem Pipalbaum.

Es regnete. Der Regen war hartnäckig, aber ohne Biss, von der halbherzigen Sorte, die am Ende der Regenzeit fällt. Die Luft war feucht und wie aufgeweicht, ähnlich dem unentrinnbaren Geruch von etwas Fettigem, das tagelang ungewaschen bleibt.

Aus dem Fenster meines Zimmers erblickte ich durch den zarten, durchsichtigen Regenschleier meine Mutter. Sie sah genauso aus wie vor neun Jahren – genau wie auf dem gerahmten Foto, das damals in unserem Wohnzimmer aufgehängt wurde. Der schwache Regen, meine Mutter unter dem Baum, ich am Fenster. Für einen Augenblick schrumpfte alles zu diesen drei sichtbaren Teilen eines rätselhaften, faszinierenden Bildes zusammen. Als würde man aus Versehen die Tür eines vergessenen, unbenutzten Zimmers öffnen und zufällig eine erstaunliche Entdeckung machen.

Meine Mutter saß unter dem ausladenden Pipalbaum auf dem Boden, ohne etwas zu tun. Sie starrte nicht ausdruckslos in die Ferne, mit diesem Blick, der für mich immer mit ihrem Gesicht verbunden war. Stattdessen saß sie friedlich da, in Gedanken bei den üblichen Dingen, die eine Frau so denkt, wenn sie sich einen Augenblick unter einem Baum in ihrem eigenen Garten ausruht.

Rasch griff ich wieder zu meinem Buch und zwang mich, mit dem nächsten Kapitel zu beginnen. Wer die Abschlussprüfung nicht im Mai macht oder wer sie im Mai gemacht und nicht bestanden hat, legt sie im Oktober ab, nach der Regenzeit. Manche sagen, man macht eine Prüfung, andere sagen, man legt sie ab, oder man unterzieht sich ihr. Man kann auch zu einer Prüfung antreten. Ich war nicht angetreten.

Meine jüngere Schwester Gouri, die immer gewollt hatte, dass ich sie bemutterte, hielt mich in den Armen, als ich mein Gesicht an ihrem Hals vergrub und weinte. Sie schickte den Arztbericht nach Hause und packte meinen Koffer in unserem Zimmer im Studentenwohnheim.

Wie lange konnte ich es schaffen, nicht aus dem Fenster zu schauen, das meinem Schreibtisch so nahe war? Rasch warf ich einen Blick hinaus, sie saß noch immer da. Jetzt schaute sie zu den spitz zulaufenden Blättern hoch, die einen zweiten Regen auf sie herabfallen ließen, ein gleichmäßiges Tröpfeln, das von den Blattspitzen fiel.

Wäre Gouri zu Hause gewesen, wären wir vielleicht zusammen hinuntergegangen, hätten unsere Mutter gerufen und sie aus dem Regen ins Haus geholt. Doch ich war allein oben. Unten im Wohnzimmer saß mein Vater, der vorzeitig in Pension gegangen war, jetzt vor dem Schachbrett und probierte die Züge aus, über die er am Vorabend gelesen hatte. Auf dem Tisch neben ihm das Patiencespiel, das er sich zuvor für seine vormittägliche Schachpause bereitgelegt hatte. Im Krankenzimmer nebenan machte die Matriarchin, die Mutter meiner Mutter, ein Schläfchen und schnarchte dabei wie ein von der Ayah mit dem Schwamm abgerubbeltes Baby.

Ich ging weder hinunter, um mir meine Mutter genauer anzusehen, noch fragte ich mich, weswegen sie gekommen war. Stattdessen sah ich sie durch den schwachen Regenschleier an und überlegte, warum sie sich wohl den Pipalbaum ausgesucht hatte anstelle des Flammenbaums, der ihr in gewisser Weise sein Leben zu verdanken hatte. Ich dachte, sie würde sich bestimmt freuen, ihn noch stehen zu sehen, sogar in voller Blüte, trotz der alljährlichen Raupeninvasion.

Ich war etwa acht, glaube ich, als der Flammenbaum zum ersten Mal von einer Horde pelziger schwarzer Raupen attackiert wurde. Von einem Tag auf den anderen wimmelte der große Baum von geschäftigen, haarigen Biestern. Bei ihrem bloßen Anblick juckte es Gouri und mich von Kopf bis Fuß. Zudem blieben die Raupen nicht auf dem Baum. Manche fielen von den Blättern, wenn der Wind wehte, und krochen dann durch den ganzen Garten. Die Mauer hinter dem Haus wirkte, mit hässlichen schwarzen Streifen übersät, wie vom Aussatz befallen.

Der Baum stand nahe der Grundstücksgrenze. Viele seiner ausladenden Zweige reichten über die Mauer, die unseren Garten von dem des Nachbarn trennte, und beschatteten eine Ecke des Gartens nebenan.

Der Nachbar, ein gutmütiger alter Mann, der gern Ordnung in seinem Garten hielt, klagte über die Raupen. Er fand, dass wir den Flammenbaum fällen oder seine Zweige wenigstens stark zurückschneiden sollten. Anfangs blieb er höflich und entschuldigte sich vielmals, doch als mehrere Wochen vergangen waren und weder an Baum noch Raupen Hand angelegt wurde, hörten wir oft, wie unsere Großmutter und der Nachbar sich über die Mauer hinweg Beschimpfungen zuwarfen. Der arme Alte konnte nicht viel mehr tun. Jetzt sah meine Großmutter anders aus, doch damals war sie eine kräftige, entschlossene Frau. Ihr Gesicht war beeindruckend wie eine *Kathakali*-Maske. Vor dem Hintergrund sehr dunkler Haut hob sich ihr silbergraues, drahtiges Lockenhaar scharf ab, und sie hatte unglaublich dichte und bewegliche, aschfarbene Augenbrauen.

Meine Großmutter ließ sich niemals eine Herausforderung entgehen. Zum Beispiel wählte sie zwei perfekte Schwiegersöhne. Wie meine Mutter hatte sie zwei Töchter. Die ältere der beiden, genauso dick wie meine Mutter, doch weniger unauffällig und zurückhaltend, heiratete jung und bekam sechs Kinder, davon vier Jungen.

Für ihre schüchterne jüngere Tochter machte meine Großmutter einen unglaublichen Fang. Mein Vater, ein hellhäutiger, schlanker junger Mann mit lächerlich ebenmäßigen Zügen, war ebenso ruhig und schweigsam wie seine Zukünftige. Ich weiß nicht, wie dieses Arrangement zustande kam, doch es war ausgesprochen praktisch. Meine Großmutter besaß das Haus; ihre Tochter, ein harmloses, gefügiges Mädchen mit einem Hang zu Weinkrämpfen, hatte einen Mann ebenso dringend nötig wie Fürsorge, also zog mein Vater ein, doch nicht, wie sonst üblich, als selbstherrlicher Schwiegersohn, sondern wie ein fügsamer, untertäniger Sohn.

Auf den Bildern in meinem Kopf wirkten meine Eltern zusammen merkwürdig. Er elegant und schön, sie untersetzt, mit schmutzig brauner Haut, unschön zusammengewachsenen Augenbrauen und eingeöltem Haar. Ich kann mich nicht erinnern, dass sie je die Stimme erhoben hätten oder auch nur ein böses Wort zwischen ihnen fiel. In allen Angelegenheiten, großen wie kleinen, fügten sie sich meiner Großmutter, doch in gewisser Weise berührte es sie beide nicht. Sie hatten etwas Selbstgenügsames – die ruhigen Stunden, die er bei einsamen Spielen verbrachte, die endlose Zeit, die sie auf dem Bett in diesem Zimmer lag, still vor sich hin starrend.

Ein paar Jahre nach dem Tod meiner Mutter fasste mein Vater den Entschluss, sich zur Ruhe zu setzen. Seither verbrachte er den ganzen Tag vor dem Schachbrett und lernte Meisterpartien auswendig. Er spielte immer noch allein, oder mit einem Alter Ego, das wir nie kennen lernten. Vor jedem Zug plante er seine Strategie stundenlang.

Niemand ging mehr in den Garten. Aber es war so oder so nie ein richtiger Garten gewesen. Niemand kümmerte sich darum, er war einfach nur da, Grund und Boden, der uns gehörte, zwei Bäume, ein überwuchertes Stückchen Land voller Büsche und Unkraut, weiter nichts. Keiner von uns war auf die Idee gekommen, das Grundstück zu bepflanzen oder zu verschönern. Es war nur Besitz. Nach dem kurzen, heftigen Streit um den Flammenbaum fiel der Garten wieder der Vernachlässigung und dem Vergessen anheim. Alljährlich kamen und gingen die Raupen, doch nach dem überraschenden Besuch, den meine schüchterne, menschenscheue Mutter dem Nachbarn abstattete, hörten wir nie wieder etwas von ihm.

Meine Mutter war immer schon anders gewesen als andere Mütter – das nahm ich vage wahr, wie Kinder es eben tun, doch im Jahr des Raupenbefalls wurde es mir erschreckend deutlich, allerdings gestand ich es mir nicht in Worten ein, an die ich mich erinnern könnte.

Zwischen den einzelnen Regenschauern färbte sich der Himmel unheilvoll grau, wie das sichtbar gewordene Fehlen hellen Lichts. Dann kam der Regen zurück und mit ihm bezog meine Mutter ihren mittlerweile angestammten Posten unter dem Pipalbaum wieder.

Der Regen befeuchtete alles und hinterließ seinen tränenreichen Abdruck auf allem, was er berührte. Es schüttete nicht mehr, doch obwohl er leise und ohne Substanz war, drang der Regen in jeden Winkel von Haus, Himmel und Garten. Alles war schal und überreif, aber zugleich in Dunkel gehüllt, die richtige Zeit für Geister.

Als Gouri und ich klein waren, dachten wir uns immer Gruselgeschichten aus, um einander zu erschrecken. Jeden Abend kuschelten wir uns im Bett aneinander und erzählten uns abwechselnd groteske Geschichten über einen blutigen Arm, der aus einer Betonwand ragte, oder eine zahnlose Greisin, die nur ein Paar Reißzähne im Mund hatte und die uns hinter der Tür eines abgesperrten Zimmers auflauerte.

Doch unsere besten Geschichten drehten sich um zwei andere Gespenster. Eines davon tauchte aus einem Teich auf, unförmig und voller Schlamm, um einen kurzen Blick auf die obere Welt zu werfen. Wir hatten beschlossen, dass dieser Geist nicht aus seinem sumpfigen Teich herauskonnte. Zum ewigen Leben im trüben Wasser verdammt, konnte er sich nur ganz langsam, Stück für Stück, nach oben arbeiten und einmal jährlich bis zur Taille auftauchen.

Das andere war ein Baumgeist, ein Geist, der sich eines Baumes bemächtigte. Er war schwerer zu sehen und zu beschreiben. Wie der Teichgeist gehörte auch er dem feuchten Element an, doch er war nicht schlammbehaftet oder ins Wasser verbannt. Dass ein Baum besessen war, erkannte man daran, dass er plötzlich nass wurde und irgendwie wehmütig wirkte. Wasser tropfte wie klägliche, sinnlose Tränen von ihm herunter.

Ich hatte mich daran gewöhnt, die Frau unter dem Baum häufig zu sehen. Sie kam jede Woche mehrmals, immer am helllichten Tag, aber nur bei Regen. Gelegentlich sah sie auf und unsere Blicke trafen sich. Sie schien mich nicht zu erkennen, doch ein paarmal schenkte sie mir ein freundliches Lächeln, wie eine gute Nachbarin, so dass ich einfach zurücklächeln musste.

Ein einziges Mal kam sie ins Haus, sehr viel später. Damals lächelte sie schon nicht mehr und saß auch nicht mehr in Gedanken versunken da. Inzwischen war ihr Ausdruck verwirrt, dem ähnlicher, als sie noch lebte.

Als ich sie eines regnerischen Nachmittags aufstehen und zum Haus gehen sah, wobei sie aus meinem Blickfeld verschwand, stieg ich die Treppe hinunter. Ich ging zum Krankenzimmer, in dem sie sich immer aufgehalten hatte und wo nun ihre Mutter den ganzen Tag mit Kissen im Rücken saß. Ich sah die alte Frau dasitzen, völlig senil, sie vegetierte nur noch dahin. Wie eine Raupe kaute und kaute sie den ganzen Tag vor sich hin, obwohl ihre falschen Zähne in einer Schachtel neben dem Bett lagen und in ihrem Mund nichts als Speichel war.

Ich ignorierte sie, wie wir es jetzt alle taten. Sie hatte jemanden in Dienst genommen, ehe sie krank geworden war, und wir betraten den Raum nur, wenn es sich nicht vermeiden ließ. Ich öffnete eine Schranktür, obwohl ich nicht wusste, wonach ich suchte. Der leere Schrank glich einem dunklen Zimmer, und ich stand außerhalb, wo es hell war, und schaute hinein.

Da stieg mir der Geruch von ranzigem Kokosöl, das tagelang auf ungewaschenem Haar geblieben war, in die Nase. Ich drehte mich um und sah sie hinter mir stehen.

Am Tag, als sie starb, war ich genauso in das Zimmer getreten, wie zufällig, ohne etwas Bestimmtes zu suchen. Wie immer hatte sie auf dem Bett gelegen, mir jedoch einen langen, forschenden Blick zugeworfen.

Sie hatte mich zu sich gerufen und gesagt: »Ich bin so müde. Ich kann einfach nicht mehr.« Sie sprach so ruhig und vernünftig, dass ich gar nicht auf die Idee kam, etwas könnte nicht stimmen, selbst als sie mir von den Tabletten erzählte und wo die leere Flasche im Schrank stand. Damals war ich elf. Ereignisse von großer Tragweite – Leben und Tod – konnte ich mir nur laut und dramatisch vorstellen; um echt zu sein, mussten sie eine gewisse Größe haben.

Etwa einen Monat nach ihrem Tod hörten Gouri und ich auf, uns Gespenstergeschichten zu erzählen. Keinen Moment lang kam ich auf den Gedanken, dass meine Mutter nun zu diesem Grenzgebiet halben Daseins gehören oder dass sie die Lebenden in Angst und Schrecken versetzen könnte.

Ich betrachtete sie, wie sie in dem Zimmer stand, und es gelang mir nicht, Furcht oder Liebe für diesen Hausgeist zu empfinden, der leise hinter mir herschlurfte und mich jedes Mal, wenn ich mich umdrehte, mit dem verwirrten und sehnsüchtigen Ausdruck ansah, den ich schon von ihr kannte.

Sie folgte mir nach oben, und als wir allein in meinem Zimmer waren, versuchte ich, mit ihr zu reden. Ich brachte es nicht fertig, ihr Fragen über sich zu stellen, also erzählte ich ihr, was es bei uns Neues gab: dass Gouri und ich studierten, im Studentenwohnheim lebten, dass mein Vater sich zur Ruhe gesetzt hatte, dass ich krank gewesen war und ihre Mutter wahrscheinlich bald sterben würde.

Lächelnd nickte sie und setzte sich auf mein Bett. Nach einer Weile zog ich mich um und legte mich schlafen, und obwohl ich sie ohne Licht nicht sehen konnte, spürte ich ihre Anwesenheit neben mir. Draußen hörte ich den Regen plätschern, weiter und weiter wie ein endloser Refrain.

Als ich am nächsten Morgen erwachte, war sie weg. Sie kam nie wieder ins Haus. Sie war, wie es schien, zum zweiten Mal gegangen. Nicht nur meinem früheren, kindlichen Bedürfnis nach ihr war sie entkommen, sondern jetzt auch meiner Trauer und meinem Schuldgefühl, weil ich nicht verstanden hatte, nicht hatte verstehen können. Wie kann ein stilles Gespenst, ein verletzlicher Baumgeist, trösten oder verzeihen?

Als ich auf den Regen schaute, bevor ich mich wieder über meine Bücher beugte, fiel mir ein Nonsenslied ein, das Gouri und ich vor langer Zeit einmal gedichtet hatten. Es regnet Frösche, es regnet Perlen, es regnet Feuer, es regnet Asche, es regnet Küsse. Nun ertappte ich mich dabei, dass ich hinzufügte: Blumen regneten von ihren Händen, Tränen regneten über ihre Wangen, Schläge regneten auf sie nieder. Dann hatte es sich ausgeregnet.

Ein paar Tage später war sie wieder da. Sie saß unter dem Baum und blickte mit ungeheurer Sehnsucht zu den glänzenden, tropfenden Blättern auf. Ich sah sie und die Blätter zusammen, wie zwei so unzertrennliche Dinge, dass man sie nur im selben Rahmen sehen konnte.

Dies ist der letzte Regen der Saison, dachte ich bei mir, als wüsste ich es mit Sicherheit. Und in exakt demselben Augenblick wandte sie den Kopf und sah mich an.

Sie lächelte, jedoch nicht höflich und gutnachbarlich, sondern ein breites, strahlendes Lächeln. Ich rang nach Atem und trat vom Fenster zurück, schließlich doch erschüttert.

Dann warf der Pipalbaum, da es aufgehört hatte zu regnen, sein glitzerndes Kostüm mit Leichtigkeit ab. Nun wirkte er alltäglich, wie ein beliebiger Schatten spendender Baum in einem beliebigen Garten. Und obwohl ich sie nicht mehr wiedersah, obwohl ich noch nicht wissen konnte, dass sich etwas geändert hatte, spürte ich, dass das Kind in mir sich für immer aus diesem Zimmer entfernt hatte.

Priya Sarukkai Chabria

Menaka erzählt ihre Geschichte

Also, hört zu: In Indralok war nichts los. Die Rakshasas waren bezwungen worden, die Naag-Könige ließen ihre juwelenbesetzten Halsschilde ungespreizt und schlummerten über ihren Schätzen, und Indra, der Hauptgott, hatte seine Waffen zur Seite gelegt; seine Donnerkeile lagen auf einem Haufen dösender Gewitterwolken gefügig zu seinen Füßen. Er gähnte. Indra gewann schon seit tausend Jahren beim Würfelspiel und er langweilte sich gewaltig. In dem Moment materialisierte sich Narada Muni und fragte: »Gottheit, wer ist die beste Tänzerin unter deinen himmlischen Nymphen?«

Indra dachte sich einen Wettbewerb aus. Seine allabendliche Routine bestand darin, neun Krüge Soma – das Trankopfer, das ihm dargebracht wurde – in sich hineinzuschütten und dann umzufallen. Er beschloss, dass die Apsara, die ihn mit ihrem Tanz wach hielt, bis er den letzten Tropfen des zehnten Krugs geschluckt hatte, zur Siegerin gekürt würde. Da ich, Menaka, gerade erst von einem Forschungsurlaub zurückgekehrt war, baten mich meine Kolleginnen eindringlich, den Wettbewerb zu gewinnen; sie hatten es satt, für ihn zu tanzen. So kam es, dass Tillotama und Rambha schon früh ausschieden, wogegen Urvashi der Form halber bis zur neunten Runde mithielt. »Menaka ist die beste Apsaraaaa!«, verkündete Indra und begann zu schnarchen, während der zehnte Krug leer davonrollte.

Unten auf der Erde war der Weise Vishvamitra in tiefe Meditation versunken. Es war sein vierhundertneunzigstes

Jahr. Die Glut seiner Askese versengte den untersten von Indras sieben Himmeln; angeblich huschten die Bewohner dort nur noch auf Zehenspitzen umher. Man sagte, der Weise Vishvamitra würde schon bald genügend Macht erlangen, um raketengleich emporzuschnellen und Indra vom Thron zu stürzen.

Indra entschloss sich zur Schadensbegrenzung: Entsendet eine Apsara. Das ist ein barbarischer Brauch. Weise sind nie so leicht dranzukriegen wie dann, wenn sie sprungbereit sind, um Macht über die Götter zu erlangen. Sowie sie uns sehen, sind sie nur noch auf Genuss aus und vergessen den Himmel. So heißt es in den Mythen. Niemand macht sich eine Vorstellung davon, wie erniedrigend es für uns Apsaras ist – Nymphen, die den Himmel durchqueren und ihre Unsterblichkeit den Künsten widmen –, als Köder ausgeworfen zu werden. Außerdem haben wir einiges auszuhalten: glühende Hitze, die Wollust und den Drachenatem irgendwelcher alter Weiser. Manche haben sich seit achthundert Jahren nicht mehr die Zähne geputzt.

Nehmt euch einen Moment Zeit zum Nachdenken, ja? Ich, Menaka, und meine Kolleginnen, die Apsaras, in den prachtvollen Strahlenglanz unserer Kreativität getaucht, wurden Vergnügungssüchtigen zur Unterhaltung vorgeworfen, unsere Geschmeidigkeit und unser Künstlertum missbraucht, um zur Zerstreuung zu dienen; unsere Körper, vom Spiel schöpferischer Energien erfüllt, zu Waren degradiert. Deshalb sind wir frivole, wankelmütige Geschöpfe, gescheit und viel leichtfertiger, als es ein Sterblicher jemals argwöhnen könnte, denn wir hüten tiefe Geheimnisse. Unsere Arbeit ist gefährlich und frei. Wir benutzen unseren laserscharfen Verstand, um unser wahres Wesen zu verbergen; man hält unsere Tarnung für uns selbst.

In den schlechten alten Zeiten vor der Globalisierung hatten wir Tanzmädchen kaum Karriereaussichten. Für unsere Kunst gab es nur einen einzigen Sponsor – den Gott Indra. Da ich den Tanzwettbewerb »gewonnen« hatte, wurde ich für den Job ausgewählt. Vom Regenbogen borgte ich mir die Farben für meine Gewänder, das Prasseln der Regentropfen nahm ich für meine Schritte, mein Haar türmte ich wie Monsunwolken auf, und so präsentierte ich mich Indra. Als ich Indralok verließ, war ich reichlich zerzaust.

Ich ließ mich von sengender Hitze leiten und steuerte einen Ameisenhaufen an, der weiß glühend schimmerte. Das musste Vishvamitra sein! Ich beschwor duftenden Tau aus meinem Körper herauf wie den Schweiß der Sterblichen. Mein Tauschweiß spülte den Ameisenhaufen fort. Was da zutage trat, war eine grässliche Enttäuschung! Aber schließlich bin ich ein Profi. Ich stampfte mit dem Fuß auf und ein Garten erblühte. Ich rief Dunst und Licht herbei, um mich im Gegenlicht von meiner vorteilhaftesten Seite zu zeigen. Ich setzte so leise zu meinem verführerischen Gesang an, dass sich die Melodie wie ein ständig wiederkehrender Traum in seinen Geist einschlich. Seine Augenlider flatterten. Ich begann meinen Tanz und streifte seine Gliedmaßen mit meinen schimmernden Schleiern, bevor ich sie fallen ließ; ich ging zum letzten Akt meiner gründlich einstudierten Darbietung über, dem Taumel der Sirene durch die Lüfte. Damit endete die Nummer. Mit gespreizten Gliedmaßen kreisend taumelte ich fünf Jahre lang nonstop vor seinen geschlossenen Augen. Dann wurde mir schwindlig.

Ich dachte: Noch eine letzte Anstrengung, ehe ich mich ausruhe. Ich sprang zu einer Pirouette von dreihundertsechzig Grad in die Luft, während ich meine Blumenkränze zerriss und Blütenblätter sachte auf ihn regnen ließ, und dann machte ich in Zeitlupe einen Salto. Ich hing kopfunter in der Luft, die Hüftglöckchen glitten auf meine Brüste und der Rock fiel über mein Gesicht, als er erwachte. Er sah mich, streckte einen Arm aus, um meinen zu packen, der über seinem Gesicht baumelte; ein kräftiger Ruck und ich lag unter ihm. Und das war es dann auch schon.

Gut war er nicht. Er war sogar ... aber das ist eine andere Geschichte. Vish kam augenblicklich; aber was kann man schon von einem Weisen erwarten, der vorgehabt hatte, die Macht der Götter an sich zu reißen? Ein Jahrzehnt später sank seine Körpertemperatur auf dreihundert Grad Celsius und ich wusste, dass sich alle Himmel außer den untersten auf eine Temperatur abgekühlt hatten, in der man Eier kochen konnte. Weitere zwanzig Jahre vergingen mit Gesang, Tanz und Sex. Vish sagte, es gelüstete ihn nach ... Nahrung. Das bedeutete, dass er den größten Teil seiner übernatürlichen Kräfte verloren hatte. Ich war hocherfreut, denn nun konnte ich meine Rückkehr nach Hause planen, um dort Trost und Abgeschiedenheit in meinen Künsten zu suchen. Ich wurde für ihn zur Sammlerin wie die sterblichen Frauen archaischer Stämme. Emsig sammelte ich Früchte und Beeren und entsteinte und entkernte jede Einzelne von ihnen, bevor ich sie in seinen offenen Mund fallen ließ. Ich, eine Künstlerin, zu dermaßen niederen Tätigkeiten degradiert!

An diesem Punkt meiner Geschichte muss ich euch mitteilen, dass wir Apsaras nicht wie die sterblichen Frauen sind, die man gewohnheitsmäßig vergewaltigt und die dennoch schwanger werden; wir brauchen Zärtlichkeit, um fruchtbar zu sein. Ein einziges Mal ging er zärtlich mit mir um und ich empfing ein Kind. Ich sagte Vish, er müsse ein guter Vater werden, es sei sehr wichtig für mich, dass er eine enge Beziehung zu seinem Kind aufbaute. Ich kann mich noch daran erinnern, dass er die Augen verdrehte.

Eines Tages, als sein Kopf auf meiner zunehmenden Körperfülle ruhte und er rote Beeren mampfte, geschah das Unvermeidliche. Es war eine Beere darunter, die ich zu entkernen vergessen hatte. Der Kern setzte sich in einem Zahnloch fest. Er versuchte, ihn mit seiner Zunge zu entfernen. Es misslang. Er versuchte, ihn mit einem kleinen Zweig aus dem Zahnloch zu stochern; es misslang. Mit der letzten Kraft, die ihm noch geblieben war, brüllte er ein Mantra. Der Kern schoss aus seinem Mund heraus. »Menaka«, fluchte Vish, »du bist wie diese Beere. Äußerlich süß und saftig, aber im Innern hart wie ein Stein. Jetzt wird mir klar, dass Indra dich geschickt hat, um mich in die Falle zu locken! Ich weise dich von mir, durch Zeit, Raum und Sinn. Ich kehre zu meiner Askese zurück.« Er wandte sich an den Kern. »Oh kleiner Kern, du hast mir wieder Klarheit gegeben. Dafür sollst du erblühen!« Augenblicklich wuchs zwischen uns ein prächtiger Baum.

»Vish«, rief ich, »denk an dein unschuldiges Kind! Warte die Geburt ab! Wage es nicht, deine Tochter im Stich zu lassen!« Aber der Weise Vishvamitra stürmte bereits in den Wald, ohne einen Blick zurückzuwerfen.

Ein berühmtes Gemälde von Radscha Ravi Varma »illustriert« dieses einschneidende Ereignis. Es zeigt Vish als einen großen, gut aussehenden Mann, der sein Gesicht von mir abwendet, während ich, zerknirscht und in weiße Gewänder gehüllt, ihm meine kleine Sakuntala reiche, damit sie seine Anerkennung finde. Ich erkläre diese Darstellung für falsch. Vish war nie ein Mann, den sich eine Frau erträumt hätte, und er hat mich schon *vor* der Niederkunft sitzen lassen. Der Maler hat noch nicht einmal die Farbe meiner Gewänder getroffen: Sie waren blau wie Saphire vor Kummer, rot wie Rubine vor Wut und violett wie Amethyste vor Sorge um mein Kind. Aber so wird meine Geschichte nun einmal erzählt. Ich bin zu allen Zeiten falsch gedeutet worden, und das auch noch in den Künsten, die ich so sehr liebe.

Ich gebar meine Tochter in einem heiligen Wäldchen und legte sie in der Nähe der Sakuntala-Vögel nieder, von denen ich wusste, dass sie gute Ziehmütter abgeben. Nur ein einziges Mal konnte ich sie stillen, bevor ich in Dunst aufgelöst und nach Indralok zurückgeholt wurde, in meinen Kristallpalast im siebenten Himmel hinaufgesogen.

Meine Tochter war das erste kleine Mädchen, das von seiner Mutter ausgesetzt wurde; ich, Menaka, bin in die Geschichte als die erste Mutter eingegangen, die ihre Tochter im Stich gelassen hat. In Wahrheit ist es so, dass meine Sakuntala den Rückweg zum Himmel nicht überlebt hätte, da sie zur Hälfte sterblich war. Ich warf mich auf den mit Brillanten überzogenen Boden meines luftigen Gemachs. Und weinte. Tobte und weinte.

Ich erschien nicht zu den Festlichkeiten, die Indra mir zu Ehren anberaumte. Ich hörte die Muschelhörner und die Trommeln nicht; ich hörte nur das leise Weinen meiner Tochter. »Menaka weint um ihre Tochter«, wurde Indra mitgeteilt. »Menaka wird ihre Belohnung erhalten, sowie sie bereit dafür ist«, kündigte er huldvoll an. Einmal im Monat überbrachten ihm Nymphen von niederem Rang als Beweis meines Kummers meine funkelnden Tränen in ihren hohlen Handflächen.

Indra konnte nicht wissen, dass ich niemals bereit sein würde. Er konnte nicht wissen, dass ich Sakuntalas kleine Hände auf mir niemals vergessen würde, ihren winzigen Mund an meiner Brustwarze, ihr kleines rotes Gesichtchen, ihre nassen, runzligen Ohren, ihre winzigen Füßchen, die mich in den Leib getreten hatten. Alle Zeit im Universum reicht nicht aus, um solche Momente zu vergessen.

Ich weinte unablässig weiter. Da ich eine Wassernymphe bin, kann ich endlos weinen, und ich schwebe auf dem Wasser und ziehe es von allen Seiten an. Meine Tränen türmten sich unter mir auf und betteten mich weich, während sie betrübt plätscherten. Ich hatte ein Tränenbett von dreieinhalb Metern Höhe unter mir, als der Chef des Sicherheitsdiensts –

ein abstoßender Riese, den ich vor langer Zeit einmal abgewiesen hatte – vorbeikam, um nachzusehen, was mit mir los war. Er schaute auf mich hinunter und hörte mich murmeln: »Sakuntala, ich wünschte, ich wünschte, wünschte …« Er zwirbelte seinen Schnurrbart und brüllte begeistert: »Ich werde dich anzeigen!«

»Was!« Indras Stimme dröhnte durch die himmlischen Hallen. »Du willst behaupten, sie weint immer noch um Vish … vamitra!« Stille überflutete Indralok. Dann lachte er schallend. »Das ist ganz ausgeschlossen! Wie kann sie einen anderen begehren, nachdem sie mit mir zusammen war!«

Der einzige Mensch, bei dem ich sein wollte, war meine winzige Tochter, die auf der Erde zurückgeblieben war. Aber ich wusste, dass Indra mir niemals die Gunst der Sterblichkeit erweisen würde, wenn ich ihn darum bat. Mein sehnlichster Wunsch musste so getarnt werden, dass er ihn für seine eigene großartige Idee hielt. Daher weinte ich weiter. Der Plan, den ich ersonnen hatte, war riskant, aber welche andere Möglichkeit hätte ich in jenen primitiven patriarchalischen Zeiten schon gehabt?

Jahre verflossen. Boten kamen und gingen; mein Tränenbett war zu einem Turm von fast sechzig Metern Höhe gewachsen, als der Sicherheitschef mir wieder einmal einen Besuch abstattete. Er war ein Pünktchen tief unter mir. Er schrie zu mir herauf: »Wie kannst du es wagen, so hochmütig und anmaßend zu sein, Nymphe?« Ich würdigte ihn keiner Antwort. Er stampfte davon.

»Undenkbar, aber wahr!« Indra materialisierte sich in einem Blitzstrahl. »Menaka hat es gewagt, sich einen Thron zu bauen, der höher ist als meiner!« Donner hallte durch meine Gemächer, Blitze fielen wie Regen auf die schwimmenden Balkone und kräftige Böen brachten mein turmhoch aufragendes Tränenbett ins Schwanken. »Menaka, du bist arrogant geworden. Du musst bestraft werden!«

Endlich! Ich flog hinab, warf mich ihm vor die Füße und stimmte ihm zu: »Ja, Höchster aller Götter, ich verdiene die schlimmste Strafe! Verwandle mich in eine Sterbliche.«

»Ha, genau das werde ich tun«, brüllte er. Alles wurde schwarz und ich wartete, doch nichts geschah. Als ich die Augen wieder aufschlug, sah ich nur Rot; Indra war vor Wut rot angelaufen.

»Glaubst du etwa, ich, der Weltenherrscher, hätte keine eigenen Ideen?«, brüllte er wutentbrannt. Es blitzte so heftig, dass ich nichts sehen konnte. Ich hörte das Grollen des Donners, seine Stimme: »Vernimm meinen Fluch. Du wirst weitertanzen bis ans Ende der Zeit.« Indra unterbrach sich; Blitze zuckten, fielen jedoch nicht herab. Mit einem Donnerkrachen nahm er seine Rede wieder auf: »Fortan wirst du im Herzen eines jeden Mannes tanzen – aber mit einem Unterschied. Es mag ihn zwar nach deinesgleichen gelüsten und er mag sich daran vergreifen, doch für die Gewalttaten, die er begeht, wird man ihm keine Schuld geben und ihn nicht dafür zur Verantwortung ziehen, denn du, Menaka, verdorbenste aller Verführerinnen, wirst jedes Mal wieder zur Schuldigen erklärt werden, weil du ihn seiner Tugend beraubt hast. Dich wird man dafür haftbar machen.«

»Oh Gottheit«, rief ich aus. »Zwinge mich nicht dazu, die schwache Menschheit zugrunde zu richten oder zum Symbol der Schande meines eigenen Geschlechts zu werden. Denk daran, dass ich einst Indralok gerettet habe! Ich war diejenige, die deinen Thron gerettet hat!«

Es waren die alten Zeiten; selbst Götter mussten sich an gewisse Regeln halten. Indra strich sich über den Bart, kraulte sich das Kinn und rülpste. Das bedeutete, dass er nachdachte. »Ein Fluch kann nicht widerrufen werden«, erklärte er schließlich, »aber er kann gemildert werden. Um deine Schande zu verbergen, wirst du für alle unsichtbar sein, mit Ausnahme des letzten Mannes, mit dem du geschlafen hast. Hiermit bist du verbannt.« Während ich sah, dass meine Gestalt sich aufzulösen begann, rief ich rasch: »In jeden Fluch ist ein Hoffnungsschimmer eingebettet. Wo ist meiner? Ich verlange ihn!«

Indra lachte in sich hinein. »Menaka, für deine Schlagfertigkeit gewähre ich dir Folgendes: Sollte jemals ein Sterblicher, den du verhext hast, seine Handlungen bereuen, dann wirst du von deinem Fluch erlöst. Dann darfst du sterben.«

Nur meine Kehle und mein Kopf waren noch sichtbar, als ich rief: »Großer Gott, dein Sieg über den Weisen Vishvamitra ist in unvergänglichen Mythen festgehalten. Du bist meiner Geschichte mehr schuldig. Auch mir gebührt es, angehört zu werden!« Während meine Ohren sich auflösten, hörte ich Indra grollen: »Menaka, Nymphe von ungezügelter Schönheit und Intelligenz, höre mich an. Du wirst Gelegenheit haben, deine Geschichte ein einziges Mal zu erzählen. Das heißt aber noch lange nicht, dass du Gehör finden wirst. Ha! Du hast wohl geglaubt, du könntest mich austricksen? Ha, ha, ha ...«

So begann meine Wanderschaft durch die Himmel und die Jahrhunderte. Zuerst erkannte ich, dass ich zum Geschlechtstrieb »wurde«, zu der ihm innewohnenden Glut, zum eigentlichen Anreiz. An sich störte mich das nicht, denn als Apsara weiß ich, dass die Wonnen der Götter die Phantasie der Wollüstigsten und Perversesten unter den Sterblichen weit in den Schatten stellen. Ich erinnere mich daran – und das war noch nicht mal das Beste –, wie ich einmal in ein tintenfischartiges Geschöpf verwandelt wurde, dessen Haut über und über mit duftenden, erregenden Saugnäpfen überzogen war und ... Aber lasst mich nicht von meiner Geschichte abschweifen. Erst nach meiner Vertreibung aus dem Himmel begriff ich Indras Fluch in seiner vollen Tragweite. Auf Erden hatte das freizügige erotische Spiel, das unter den Göttern Sitte war, einen großen Teil seines Reizes und seiner beiderseitigen Freuden verloren. Stattdessen errang die finstere und gewalttätige Seite der Leidenschaft die Vormachtstellung und wütete, als hätte sie Klauen. Jedes Mal, wenn ich einem Mann begegnete, dem es an Zärtlichkeit mangelte, entfaltete der Fluch seine Wirkung, oder zumindest war ich davon überzeugt. Als würde ein Automat eingeschaltet oder als regte sich ein Zombie, begannen meine durchsichtigen Glöckchen in seinem Herzen zu klingeln; meine unsichtbaren Füße begannen, ihren Rhythmus in seinem Blut zu stampfen ...

So geschah es, dass unzählige Verbrechen gegen Frauen ungestraft blieben, weil die Schuld ausschließlich mir zugeschoben wurde: Menaka, die Glitzernde, hatte die Männer verleitet, Menaka, das zügellose Verlangen, das in jedem Körper schwirrt, stachelte sie an ... Aber jetzt nehmt euch einen Moment Zeit und denkt einmal an mich. Wenn die erotische Regung zur Gewaltanwendung verkam, gab es für mich kein Entrinnen und ich schrie lautlos, im Körper des Vergewaltigers gefangen und um mich schlagend, um meine Freiheit zu erlangen. An mich habt ihr nicht gedacht, stimmt's?

Aber ich bin niemals passiv. Während ich schreckliche Schmerzen litt, analysierte ich: Auch wenn ich verflucht war, konnten solche Akte – mit mir als Auslöser, Täter, Gewalttätigkeit, Opfer und Nachwirkung – nirgendwo in den Dimensionen von Zeit, Raum oder Sinn *mein* Werk sein. Die Verantwortung liegt bei jedem Menschen selbst. Ich machte mich daran, den Fluch aufzuheben.

Ich lehnte mich gegen diesen Gebrauch meines eigentlichen Wesens auf und sandte ein Gesuch nach dem anderen durch spiralförmig aufsteigende Ströme warmer Luft in Indras untersten Himmel. Rastlos schrieb ich verschlüsselte Proteste auf jeden Spionagesatelliten: Nicht in meinem Namen! Ich sandte sie auf Weltraumsonden aus, ich ließ widerliche Fabrikdämpfe aufwirbeln, um damit zu buchstabieren: Nicht in meinem Namen! Die Antwort war Schweigen. Das machte die Ewigkeit noch einsamer.

So ging es über viele Zeitalter. Ich hatte so unablässig gewütet, dass meine Lockenpracht sich in eine Rastafrisur verwandelte, mein goldener Teint den stumpfen Schimmer von geronnenem Blut annahm, meine transparenten Kleidungsstücke zu wehenden Rauchfetzen wurden. Ich fand, ich hätte mehr von einer Geistererscheinung an mir als von einer himmlischen Vision. Ausgerechnet ich, die ich visionäre Kräfte besitze: Ich bin dazu erschaffen worden, lyrische Klänge hervorzubringen, die die drei Welten harmonisch miteinander vereinen; dazu erschaffen, durch meine Gegenwart undenkbare Träume wahr werden zu lassen und von dem Heiligen im Alltag zu singen. Denn ich bin das, was mit unlöschbaren Feuern lodert, diese Schönheit ohne Grenzen, dieser unwiederbringliche Fluss. Ich reiche über die Horizonte des Himmels im Morgengrauen und bei Sonnenfinsternis hinaus; ich könnte den tiefsten Meeresgrund mit Licht erfüllen, wenn man mich bloß zur Kenntnis nehmen würde. Ich könnte eine Liebe erschaffen, die wie Glitzerfontänen eines Lichtzaubers die unermesslichen Weiten des Himmels zeigt.

Ich frage: Kann jemand meine Seelenqualen nachvollziehen? Wagt ihr es überhaupt, sie euch auszumalen?

Ich habe in meiner Erzählung Jahrhunderte übersprungen. Lasst uns darauf zurückkommen, denn es gibt einen Punkt, den ich unbedingt klarstellen möchte. Ja, ich bin mir durchaus einer gewissen literarisch belegten Diskrepanz bewusst: Wenn ich unsichtbar gewesen wäre, wie hätte ich dann plötzlich und unvermittelt auf der Erde erscheinen können, ein Vorfall, der in Kalidasas lyrischem Drama ›Sakuntala oder der Erkennungsring‹ bezeugt wird? Ich bewundere Kalidasa für seinen meisterlichen Umgang mit der Sprache, aber damit hat es sich auch schon. Lasst euch von mir sagen, dass der berühmte Poet und Dramatiker sich fast durchgehend irrt – obgleich es wahr ist, dass ich auf Erden aufgetaucht bin.

Hört meine Version: Meine kleine Sakuntala wuchs in einem Aschram im Walde auf; sie war ein liebevolles, willensstarkes Mädchen. Meine Tochter war noch minderjährig, als der Blick von König Dushyanta – der in der Gegend jagte – auf sie fiel. Er weckte ihre aufkeimende Sexualität und verführte sie mit dem Versprechen ewiger Bewunderung. Als Mutter weiß ich, dass Sakuntala vor allem auf den märchenhaften Hauch von Romantik hereinfiel, den diese Begegnung in sich barg, und weniger auf seine Person. Ist doch klar: Er, ein mächtiger König, lag diesem barfüßigen Mädchen aus einer Einsiedelei zu Füßen; er schrieb ihr Liebesgedichte auf Lotusblätter, die der Bach ihr zutrug; um seine unsterbliche Liebe zu beteuern, schenkte er ihr sogar seinen Siegelring – den mein Kind eines Tages beim Plantschen im Fluss verlor.

Wie ihr wisst, hat er kurz darauf dringende Staatsgeschäfte vorgeschoben und sie sitzen lassen; meine Tochter glaubte ihm jedes Wort. Sie sagte die Wahrheit so selbstverständlich, wie der Tag Licht bringt, und sie dachte nie etwas Schlechtes über andere. Als ihre Schwangerschaft fortschritt, wurde sie ungeduldig und fühlte sich durch die bevorstehende Mutterschaft enorm eingeschränkt. Man sagte ihr, sie dürfe nicht mehr auf ihre geliebten Bäume klettern; sie durfte nicht mehr mit den Rehen herumtollen und es war ihr auch untersagt, mit dem Boot Ausflüge auf dem Fluss zu unternehmen, obwohl sie eine kräftige Ruderin war. Außerdem war sie eine Jugendliche, die, wie alle anderen in ihrem

Alter, endlich in den Genuss der Vorzüge des Erwachsenwerdens kommen wollte, und daher beschloss sie, sich zu »ihrem« Mann zu begeben.

Meine rehäugige Sakuntala wurde am Hofe ihres Gatten vorstellig. Mit dickem Bauch und vertrauensvoll stand sie in seinem Thronsaal – und wurde abgewiesen. Ich kann mich nicht an sie erinnern, teilte mein künftiger Schwiegersohn seinem Hofstaat gleichgültig mit; nicht die leiseste Erinnerung an sie, sagte er. Es war die alte Geschichte.

Sakuntala weinte vor Wut und riss an ihrem Gewand aus Bast. Sie verlangte von Dushyanta, dass er ihren Körper erkannte, auf den hundert kritische Augen gerichtet waren, während sie hilflos dastand; sie schrie, lieber würde sie das Kind töten als eine Lüge zu gebären. Meine Sakuntala wurde für verrückt erklärt.

Das war der Zeitpunkt, zu dem ich sichtbar wurde. Denn ich, Menaka, bin in erster Linie Mutter. Es ist allgemein bekannt, dass jeder Fluch und jedes Gesetz ein winziges Hintertürchen hat, sei es die Einkommensteuer oder sonst etwas. Das Schlupfloch in meinem Fluch war, dass ich mich im Laufe der Ewigkeit ein einziges Mal als Schattengestalt zeigen konnte. Ich, die Wassernymphe, rief die Kräfte des Taus, des Dunstes und des Regenbogens herbei, damit sie um mich herum miteinander verschmolzen und mich Gestalt annehmen ließen. Halb durchscheinend stieg ich vom Himmel herab, um meine Tochter zu retten und sie in einen anderen Aschram im Walde fortzutragen. Ich spendete ihr Trost mit meinem himmlischen Gesang; sie weinte die Tränen der Sterblichen.

Dort blühte sie auf, meine Sakuntala. Sie erfand pflanzliche Farben, mit denen sie die Mauern des Aschrams anstrich, und sie wuchs zu einer Bardin der Wälder heran und besang deren Stille, ihre Rufe und ihr raschelndes Licht; die erste ihrer eigenen Kompositionen sang sie ihrem neugeborenen Sohn Bharata vor. Umgeben von Abgeschiedenheit und Gesang wuchs er heran. Kein Wunder, dass er später Bharata, der weise König dieser prachtvollen und traurigen Gegend, wurde.

Ich habe mich verändert; meine Frivolität ist verschwunden, denn es besteht kein Bedarf mehr für eine Tarnung. Mein Herz ist wie ein Ballon, der mit Wasser gefüllt ist und nur darauf wartet, zu platzen. Indralok ist mir jetzt ferner als ein verblasster Traum. Ich habe versucht, den Kontakt zu meinen Kolleginnen Rambha, Tillotama und Urvashi aufrechtzuerhalten. Seit Jahrtausenden kommt keine Antwort von ihnen, doch verfälschte Versionen ihrer Abenteuer sind durch die Stratosphäre gesickert. Ich habe versucht, Indra zu erreichen, weil ich glaubte, er müsse meine Bittschriften vorsätzlich ignoriert haben. Aber sogar er ist verschwunden, seine Macht wurde von einer Abfolge von Göttern in einer langen Reihe von Inkarnationen an sich gerissen.

Während der Mahabharata-Ära hat Indra seine Machtkämpfe mit dem Gott Krishna geführt, doch in der letzten Zeit ist es der Gott Rama, der oft als einer gedeutet wird, der stets auf dem Kriegspfad ist. Aber ich habe andere Erinnerungen an Rama, als er noch als Avatara auf Erden wandelte. Er war ein außergewöhnlicher Gott. Natürlich hat er seine Pflichten extrem ernst genommen, aber er hatte ein sanftmütiges Naturell und war, ebenso wie seine Gemahlin Sita Devi, ein leidenschaftlicher Umweltschützer. Sie verbrachten ganze vierzehn Jahre in den Wäldern. Tatsächlich liebte sie, wenn ich mich recht erinnere, die Wildnis so sehr, dass sie kurz nach der gemeinsamen Rückkehr nach Ayodhya anlässlich seiner Krönung beschloss, wieder in die Wälder zurückzukehren, um ihre Zwillinge Lava und Kusha in dieser Umgebung aufzuziehen und nicht im Palast mit seinen Intrigen. Die Zwillinge wuchsen zu prächtigen, neugierigen

Jugendlichen heran. Da befand Sita Devi, sie hätte ihre Pflicht getan, und sie wünschte sich, mehr Freiraum für sich selbst zu haben; sie entschied sich, zur Erde heimzukehren. Ihre Mutter, die Erde, nahm sie auf, wie es alle Mütter mit ihren Töchter tun sollten: Die Erde öffnete sich, um Sita Devi zu umfangen. Ich erinnere mich noch an den Duft, der in jenem Moment der Erde entströmte.

All das hat sich vor langer, langer Zeit zugetragen. Ich fliege jetzt in gemäßigter Höhe und auch meine Gefühle sind maßvoll. Ich blicke auf vielfarbige Berge, seufze und steige höher, um über die schneebedeckten Gipfel des Himalaya zu gleiten. Plötzlich entdecke ich einen Mann, der in Klamotten, wie sie einst in Indralok hochmodisch waren, aus einer eisigen Höhle gewankt kommt. Ich setze zum Sturzflug an, gleite langsam an ihm vorbei und traue meinen Augen nicht. »He, du, Apsara«, befiehlt mir der hinfällige Sterbliche, »komm herunter.« Ich bin für das bloße Auge sichtbar! Was sagte Indra doch gleich noch mal – über den letzten Mann, mit dem ich geschlafen habe und so weiter? Dieser Tattergreis muss Vish sein, der Vater meiner Sakuntala mit den perlmuttenen Ohrläppchen, die schon so lange tot ist. »Nymphe, komm augenblicklich herunter, um mir zu Gefallen zu sein«, kläfft er, als wäre ich Instantkaffee. Vish ist noch am Leben, aber er entsinnt sich nicht mehr.

Indras letzte Worte fallen mir wieder ein: Sollte jemals ein Sterblicher seine Taten bereuen und die Verantwortung dafür übernehmen, nachdem er meinen Tanz gefühlt hat … dann wird der Fluch enden. Oder ich werde enden. Vielleicht ist die Menschheit zu Beginn eines weiteren Jahrtausends endlich in der Lage, ihrem Namen gerecht zu werden. Die Wahrscheinlichkeit ist gering.

Es kommt überhaupt nicht in Frage, dass ich meine einzige Chance vertue, indem ich Vish damit betraue. Ich muss das allein bewerkstelligen. Denn ich tue es aus meiner festen Überzeugung heraus, dass Zärtlichkeit die Grundlage unseres Daseins ist. »Tanze«, schnaubt er zitternd. »Ich habe nicht viel Geduld.«

Wer weiß schon von meiner Ungeduld?

Ich werde den Taumel der Sirene für ihn aufführen, die Pirouette von dreihundertsechzig Grad in der Luft, und die Erde umspannen wie ein flammender Regenbogen. Heilige Träume und heiliges Räucherwerk werden mich lodern lassen. Ich bin uralt und wild entschlossen. Ich werde tanzen wie noch nie zuvor, meiner Liebe in jeder Geste Ausdruck verleihen, meine Fürsorglichkeit in jeden Blick legen; mein Kummer wird ein Geheimnis bleiben.

Und noch etwas: Ich, Menaka, habe mich entschlossen, meine Geschichte in die Winde zu streuen, damit die Winde sie in ihrem Schoß tragen und dafür sorgen, dass sie wächst und sich mit dem Tau und dem Dunst und dem Regen verbreitet. Vielleicht wird meine Geschichte die Erde in Form von sprechendem Tau bedecken, der sich unterschiedslos ausbreitet und alles berührt; und in Form von Dunst, der die Entfernung zwischen Himmel und Erde aufhebt, uns mit seinen zarten Händen einhüllt und uns in das Geheimnis einweiht, dass wir wenig sehen und daher bei jedem Schritt, den wir tun, liebevoll und sorgsam sein müssen. Vielleicht wird meine Geschichte durch den Regen auf die Erde fallen und jeder Regentropfen wird ein Fragment enthalten, ein Wort, das beim Fallen freigesetzt wird, die Wahrheit in sich tragend. Vielleicht ist der Zeitpunkt günstig; vielleicht wird meine Geschichte endlich vernommen werden.

Ich, Menaka, verzweifelt und voller Hoffnung, werde tief Atem holen und mich in meinen Tanz stürzen.

Nachwort

In Anjana Appachanas bewegender Erzählung ›Beschwörungen‹ lebt Sangeeta, die ältere Schwester, mit der Tatsache fortgesetzter Vergewaltigung durch ihren Schwager, die am Vorabend der Hochzeit beginnt und, nachdem der Schwager bei dem jungen Paar einzieht, bis zum tragischen Schlusspunkt die ganze Ehe durchzieht. Die jüngere Schwester, der Sangeeta die schreckliche Geschichte anvertraut, ist durch das von der Schwester auferlegte Schweigegebot gebunden. Die furchtbare Wahrheit ergreift Besitz von beiden Frauen – der erwachsenen, verheirateten Schwester ebenso wie von dem Mädchen, das sich angesichts der ausweglosen Lage in Bücher flüchtet. Als die Wahrheit sich schließlich Bahn bricht, ist es zu spät, denn zwei Menschen sind gestorben und viele andere für ihr Leben gezeichnet. Die Autorin erzählt diese Geschichte mit großem Mitgefühl, und man kann sich des Eindrucks nur schwer erwehren, dass die Tragödie dieser Menschen auch die Autorin tief berührt hat. Als hätte das Schreiben dieser Geschichte ihr die Protagonisten so nahe gebracht, dass sie alle auktoriale Distanz fallen ließ.

Appachanas Geschichte ist nicht nur sehr bewegend, sondern auch symbolisch für das Schweigen, das auf der ganzen Welt lange Zeit über dem Leben und auch dem Schreiben von Frauen lag. Auch eine lange Geschichte vielfältiger Literaturproduktion hat den Frauen nicht den Raum in der literarischen Szene geschaffen, der ihnen zukäme. Nicht nur war es für Frauen schwierig oder manchmal unmöglich, ihre Werke zu veröffentlichen, sondern weibliche Themen und weibliche Literatur werden auch bis heute noch oft als marginal, als Randphänomene betrachtet. Angesichts weit verbreiteter Geringschätzung vernichten Frauen nicht selten ihre eigenen Manuskripte oder lassen sie in der Schublade. Andere verbergen ihr Geschlecht und veröffentlichen unter männlichem Pseudonym, und wieder andere beschränken ihr Schreiben auf die »sicheren« Gebiete, das heißt auf alles, was im Bereich des »Privaten« bleibt und nicht das »Öffentliche« berührt – denn das eine betrachtet man als weiblich, das andere als männlich.

Weltweit genießt das literarische Schaffen der Frauen einen geringeren Status als das der Männer. Althergebrachte Geschlechterrollen und die entsprechende Arbeitsteilung weisen den Frauen die häusliche Sphäre zu, während Männer den öffentlichen Raum für sich reklamieren, und aufgrund der damit verbundenen Hierarchien wird die Rolle der Frauen im Allgemeinen nur als untergeordnet angesehen. In verschiedenen Gesellschaften und historischen Kontexten ergeben sich jedoch unterschiedliche Ausprägungen dieser Gegebenheiten. Indiens uralte Zivilisation besitzt ein reiches Erbe weiblicher Schriften zu unterschiedlichsten Themen, das uns in den zahlreichen Sprachen Indiens überliefert ist – mindestens achtzehn Sprachen sind offiziell anerkannt, doch es gibt noch viele weitere Sprachen mit einer alten literarischen Tradition, und hinzu kommen buchstäblich Hunderte von Dialekten. Zudem ist das geschriebene Wort nur ein Teil dieses Erbes, denn ebenso wichtig wie die umfangreiche schriftliche Tradition ist Indiens mündliche Überlieferung und die Tradition des Geschichtenerzählens (in der Frauen eine überaus wichtige Rolle spielen). Bedenkt man, dass dazu eine Vielfalt von Kulturen, Volksgruppen, Bundesstaaten, Geschichtsschreibungen und Traditionen kommt, so erhält man eine an künstlerischen Anregungen reiche Umgebung. Und doch bleibt die Frage bestehen, wie weit der Zugang zu all diesen Möglichkeiten tatsächlich gewährleistet ist. Wie viele Frauen konnten im selben Maße wie ihre männlichen Schriftstellerkollegen das gegebene Potential ausschöpfen? »Das Schreiben einer Frau«, bemerkt die bengalische Schriftstellerin Nabaneeta Deb Sen, »ist ihre Geste und ihre Gebärde, und wie alle Gesten und Gebärden ist es gesellschaftlichen Konventionen unterworfen.« Gesellschaftliche Konventionen, moralischer Druck, Vorurteile und politische Machenschaften, all das hat verhindert, dass Frauen aus ihrem Schattendasein in der literarischen Welt heraustreten konnten. Man muss nur die Statistik über den Alphabetisierungsgrad weiblicher und männlicher Inder betrachten, um zu verstehen, dass die Welt des Schreibens vielen indischen Frauen tatsächlich ein Buch mit sieben Siegeln ist.

So wie die Autorinnen anderer Länder haben auch die indischen Schriftstellerinnen das nicht widerstandslos hingenommen. Sie haben die patriarchalische Welt des Schreibens herausgefordert und auch immer wieder überwunden. Schon 1940 protestierte die Schriftstellerin Unnava Lakshmi Bai aus Andhra gegen eine von Männern monopolisierte Literaturveranstaltung und verließ den Saal mit den Worten: »Konntet ihr in der tausendjährigen literarischen Geschichte Andhras nicht eine einzige Frau finden? Ich werde keiner Veranstaltung beiwohnen, in der Frauen so missachtet werden.« In den dreißiger Jahren wählte die urdusprachige Schriftstellerin Ismat Chugtai ihre eigene Form des Widerstands und schrieb die heute weithin beachtete Erzählung ›Lihaaf‹ (›Die Steppdecke‹) über eine lesbische Beziehung zwischen zwei Frauen. Sie wurde dafür festgenommen und an den Pranger gestellt, blieb aber standhaft und wurde zu einer von Indiens berühmtesten Autorinnen. Ein anderes Beispiel ist die Arbeit von Ruth Vanita, einer zeitgenössischen Autorin, die eine Anthologie mit Geschichten über gleichgeschlechtliche Liebe zusammengestellt, damit viele Autorinnen der Vergangenheit vor dem Vergessen gerettet und gleichzeitig die Mechanismen der literarischen Kanonisierung hinterfragt hat.

In jüngerer Zeit hat eine starke und dynamische Frauenbewegung, die sich mit den vielfältigen Aspekten weiblicher Unterdrückung auseinandersetzt, dazu beigetragen, für die Arbeit der indischen Schriftstellerinnen ein wesentlich freundlicheres Klima zu schaffen. Viele Schriftstellerinnen fühlen sich nach eigener Aussage inzwischen durch das Wissen ermutigt, dass eine wachsende Leserschaft sich für ihre Werke interessiert. Die Entwicklung einer feministischen Presse, die sich leidenschaftlich und manchmal auch ausschließlich mit dem Aufspüren, Veröffentlichen und Zugänglichmachen der Texte von Autorinnen beschäftigt, leistete einen weiteren unverzichtbaren Beitrag zur öffentlichen Anerkennung dieser verborgenen Stimmen. Man darf wohl behaupten, dass der Markt für die literarischen Schöpfungen indischer Frauen in gewisser Hinsicht durch feministische Verlage erst geschaffen wurde. Ein florierendes Verlagswesen, die wachsende Zahl von Buchhandlungen und der nationale und internationale Erfolg einiger Autorinnen haben dazu geführt, dass Verleger zunehmend größeres Interesse an weiblichen Stimmen haben, und sicher würden viele Verleger der Aussage zustimmen, dass Bücher von Frauen sich inzwischen oft am besten verkaufen.

Aufgrund der günstigeren Marktbedingungen beginnen immer mehr Frauen literarisch zu schreiben und werden veröffentlicht. Sie befassen sich inzwischen auch mutig und phantasievoll mit humoristischer, satirischer oder erotischer Literatur, die bislang für Schriftstellerinnen oft als Tabu galt. Neben zahlreichen Texten in den klassischen Erzählungsformen experimentiert eine neue Generation von

Schriftstellerinnen inzwischen auch mit Sprache, Genre, Struktur und Thema. All dies fügt sich zu einer äußerst lebendigen literarischen Szene, in der die Autorinnen heute einen wichtigen Platz einnehmen.

Die indische literarische Tradition umfasst nicht nur eine Vielzahl von Themen und Stimmen, sondern auch zahlreiche Sprachen. Doch wie es in ehemaligen Kolonien regelmäßig der Fall ist, wurde die Sprache der Kolonialherren – in diesem Fall Englisch – zum Medium der Privilegierten und Aufsteiger. Und so wird bis heute zwar in allen indischen Sprachen Literatur geschaffen und einige dieser Sprachen werden millionenfach gesprochen (Hindi von etwa 400 Millionen und Bengali von etwa 215 Millionen Menschen), doch sie bleiben, in der Terminologie der Literaturrezeption, »Regionalsprachen«, die nicht ganz an den Status der englischen Sprache heranreichen. Obwohl diese nur von etwa drei Prozent der Bevölkerung wie ihre Muttersprache gesprochen wird, ist sie doch die Sprache der Privilegierten. Ein Teil der Erzählungen in diesem Band wurde in einigen der zahlreichen indischen Sprachen verfasst (siehe auch den Abschnitt ›Autorinnen‹), eine relativ große Zahl wurde auf Englisch geschrieben. Es ist nun einmal so, dass für englische Texte der Sprung in einen außerindischen, internationalen Kontext und die Übersetzung wesentlich leichter fällt. Doch ob sie nun in einer indischen Sprache oder auf Englisch verfasst wurden – wobei Englisch inzwischen ja auch als indische Sprache betrachtet wird – die weibliche Perspektive der Texte ist unverkennbar.

Die Erzählungen dieser Sammlung kommen aus verschiedenen Teilen Indiens, was sich in der breiten Palette von Stimmungen und Themen widerspiegelt. Indien wird gern als Land der Gegensätze bezeichnet – und wie jedes Klischee enthält auch dieses ein gewisses Maß an Wahrheit. So ist die »Wirklichkeit« der düstereren Geschichten dieses

Bandes so authentisch wie die der heitereren Stoffe. Die Texte erzählen von dem, was Frauen bewegt, sei es eine bestimmte Lebensweise, das Eingesperrtsein in den vier Wänden eines Hauses, eine außereheliche Beziehung oder ein Erlebnis an der Schnittstelle widerstreitender Kräfte in einer Situation politischer Gewalt und bewaffneten Konflikts. Auf die eine oder andere Art wird der weibliche Körper zum Schauplatz zahlreicher Schlachten: Es geht um Kontrolle, um Macht, um Nachwuchs, doch nur selten kommt es zu einem Schluss, bei dem die Frau reines Opfer bleibt und lediglich passiv erduldet statt aktiv zu handeln. Ob die Frau nun die Paläste der Götter betritt, sich im Körper einer Schlange wiederfindet oder aus der Perspektive einer Landschaft berichtet, die Zeuge einer Vergewaltigung wurde, die weibliche Stimme ist einzigartig, persönlich und in jeder Erzählung anders. Und so mag dieser Band durchaus das Klischee von der Vielschichtigkeit und den vielfältigen Realitäten Indiens nähren – er straft aber jenes andere Klischee, alle Frauen dächten, fühlten und erlebten gleich, Lügen.

Die Autorinnen

AMBAI (eigentlich C. S. LAKSHMI) schreibt auf Tamil und unter dem Künstlernamen Ambai. Sie ist als Aktivistin für Frauenrechte, Archivarin und Filmemacherin tätig und hat vor allem Dokumentationen über die Lebensgeschichten von Frauen gemacht. Für ihre literarischen Erzählungen wurde sie u. a. mit dem Narayanaswamy Aiyar Prize ausgezeichnet. Die Geschichte ›Im Küchenanbau‹ (›The Kitchen in the Corner of the House‹) wurde übersetzt von Barbara Ostrop.

ANITA AGNIHOTRI studierte Soziologie und Wirtschaftswissenschaften und arbeitet als Beamtin in der indischen Verwaltung. Sie hat Erzählungen, Essays und Lyrik sowie Kinderbücher veröffentlicht und schreibt auf Bengali. Die Erzählung ›Erhabenes Leben‹ (›Life Sublime‹) wurde übersetzt von Barbara Ostrop.

TEMSULA AO ist Dozentin für Englisch an der North Eastern Hill University in Shillong und hat neben Forschungsarbeiten zur mündlichen Geschichte der Naga-Völker auch drei Gedichtbände veröffentlicht. Die Erzählung ›Das letzte Lied‹ (›The Last Song‹, deutsch von Uschi Gnade) entstammt ihrem ersten Erzählungsband ›These Hills Called Home‹. Sie thematisiert die blutige Geschichte der Unterdrückung der Naga-Völker.

ANJANA APACHANA hat bisher einen Erzählungsband (›Incantations and Other Stories‹) veröffentlicht, dem die vorliegende Erzählung ›Beschwörungen‹ (›Incantations‹, deutsch von Barbara Ostrop) entnommen ist, außerdem einen Roman (›Listening Now‹), der in Indien und den USA veröffentlicht wurde.

Priya Sarukkai Chabria hat zahlreiche Gedichte, Kurzgeschichten, Essays sowie einen Roman veröffentlicht. Sie lebt in Pune. Ihre Erzählung ›Menaka erzählt ihre Geschichte‹ (›Menaka Tells Her Story‹) wurde übersetzt von Uschi Gnade.

Shashi Deshpande lebt in Bangalore und ist Autorin mehrerer Romane und Erzählungsbände. Die Erzählung ›Das Tal im Schatten‹ (›The Valley in Shadow‹) wurde übersetzt von Bettina Kuba.

Mridula Garg schreibt auf Hindi und hat bereits eine Reihe von Romanen und Kurzgeschichten veröffentlicht, die zum Teil in mehrere Sprachen übersetzt wurden. Sie schreibt über Menschenrechte, Frauenbewegung und Umwelt. Ihre Erzählung ›Der Baum des Jahrhunderts‹ (›The Tree of the Century‹) wurde übersetzt von Uschi Gnade.

Indira Goswami leitet das Department of Indian Languages an der Universität von Neu-Delhi. Sie hat fünfzehn Romane und drei Erzählungsbände veröffentlicht und gehört zu den bekanntesten indischen Autorinnen. Sie schreibt auf Assami. Für ihr literarisches Werk wurde sie u. a. mit dem Sahitya Akademi Award, dem Assam Sahitya Sabha Award und dem Jnanpith Award ausgezeichnet. Ihre Erzählung ›Der Nachwuchs‹ (›The Offspring‹) wurde übersetzt von Uschi Gnade.

Githa Hariharan wuchs in Bombay und Manila auf, arbeitete als Verlagslektorin in Bombay, Madras und Neu-Delhi sowie bei einem Fernsehsender in den USA. Sie hat einen Erzählungsband und drei Romane veröffentlicht, der erste, ›The Thousand Faces of the Night‹, wurde mit dem Commonwealth

Writers Prize ausgezeichnet. Sie lebt in Neu-Delhi. Ihre Erzählung ›Die Regenmacherin‹ (›The Rainmaker‹) wurde übersetzt von Bettina Kuba.

Nayantara Sahgal hat bereits acht Romane veröffentlicht, die u. a. mit dem Sahitya Akademi Award und dem Commonwealth Writers Prize for Eurasia ausgezeichnet wurden. Ihre Erzählung ›Martand‹ wurde übersetzt von Barbara Ostrop.

Bulbul Sharma ist Schriftstellerin und Künstlerin und hat mehrere Erzählungsbände und Kinderbücher (mit eigenen Illustrationen) veröffentlicht. Ihre Erzählung ›Mayadevis großes London-Yatra‹ (›Mayadevi's London Yatra‹) wurde übersetzt von Uschi Gnade.

Vandana Singh lebt als Physikdozentin in den USA. In Indien sind bisher ein Erzählungsband und mehrere Kinderbücher von ihr erschienen. Die Geschichte ›Durst‹ (›Thirst‹) wurde übersetzt von Barbara Ostrop.

Das Nachwort wurde ins Deutsche übertragen von Barbara Ostrop.

Glossar

Alu-Gobi	Blumenkohl-Kartoffel-Curry.
Anna	Alte indische Münze (bis 1957 in Gebrauch).
Ashram	Ort der Meditation.
Avatara	Gottheit, die die Gestalt eines Menschen oder Tieres annimmt.
Ayah	Kinderfrau.
Babu	Namenszusatz, etwa »Herr«.
Bapu	Vater.
Barfi	Mandel-Milch-Konfekt.
Behen	Schwester.
Beti	Tochter.
Bhabi	Schwägerin.
Bhaji	Auberginengericht.
Bikaner Sev	Würziges Gebäck aus Kichererbsenmehl.
Bindi	Ein zwischen die Augenbrauen mit roter Farbe aufgemalter Punkt oder ein an dieser Stelle aufgeklebter Schmuck; traditionell das Zeichen für eine verheiratete Frau.
Brahmanen	Oberste Kaste im Hinduismus, deren Angehörige nach strengen Regeln leben. Nur Brahmanen dürfen Priester werden.

Chapati	Fladenbrot.
Charpoy	Bett mit leichtem Holzrahmen und geflochtener Liegefläche.
Colocasia	Stärkemehlreiche Knolle.
Dal	Püree aus Hülsenfrüchten, vorwiegend Linsen.
Dhekal	Raum, in dem der Reis durch Stampfen entspelzt wird.
Dhobi	Wäscher.
Dhoti	Ein langes Stück Stoff, das hosenartig um die Beine gebunden wird.
Didi	(Ältere) Schwester.
Diwali	Lichterfest.
Ganesha	Elefantenköpfiger Gott.
Garam Masala	Würzmischung.
Ghee	Geklärte Butter.
Gita	(Bhagavadgita) Eine der wichtigsten Schriften des Hinduismus.
Gora paltan	(Hübscher) weißer Soldat.
Gossain	Heiliger Mann, Priester.
Gotra	Clan, Stamm.
Gulab Jamun	Frittierte Milchbällchen in Zuckersirup.
Gulli-danda	Straßenspiel mit Stöcken und einem zugespitzten Stück Holz.
Havan	Reinigungsritual.
Holi-Fest	Fröhliches Familienfest zu Ehren Krishnas.

Indra	Gott des Himmels und der Schlachten, höchste der vedischen Gottheiten.
Indralok	Himmlischer Palast des Gottes Indra.
Jajmani	Dörfliches System des Austauschs zwischen verschiedenen Kasten. Ein Jajman ist derjenige, der einen Brahmanen mit einem religiösen Zeremoniell beauftragt und dafür bezahlt.
-ji	(Als Endung an den Namen angehängt) Höflichkeitsform der Anrede.
Jilebi	Frittierter Zuckerkringel.
Jugalbandi	Zusammenspiel mehrerer Solisten, die gemeinsam einen Raga aufbauen.
Kathakali	Klassisches Tanzdrama.
Katora	Kleine Schüssel.
Kayastha	Eine v. a. in Nordindien verbreitete Kaste, deren Mitglieder meist in Regierung und Verwaltung tätig und der Mittelschicht zuzurechnen sind.
Kofta	Fleischklößchen.
Kolmu	Spinatähnliches Blattgemüse.
Krishna	Einer der populärsten Hindu-Götter, die achte Inkarnation des Gottes Vishnu.
Mahabharata	Indisches Volksepos.
Marwari	Kaste von Händlern und Kaufleuten.
Mashi	Tante.
Maya	Trugbild, Illusion, die eine reale Welt nur vortäuscht.
Mekhala	Hüfttuch.

Methi paratha	Fladen.
Mousi	Tante mütterlicherseits.
Murlidhar	Darstellung des Flöte spielenden Gottes Krishna.
Naga	Volk von im Nordosten Indiens lebenden Bergstämmen.
Namaste	Grußformel.
Narada Muni	Der Oberste der Weisen unter den Halbgöttern, Schüler Brahmas.
Pajama	Indische Frauen- und Männerhose.
Pajama Kurta	Langes Gewand, das mit »Pajama«-Hose getragen wird.
Pakora	Paniertes und frittiertes Gemüse.
Panchayat	Dorfrat.
Pandit	Religiöser Gelehrter.
Papadam	Dünner frittierter Fladen aus Linsenmehl.
Paratha	Fladen.
Pipalbaum	Der in Indien heilige Feigenbaum, unter dem Buddha meditierte, bis er Erleuchtung fand.
Prasad	Segnung der Götter.
Puja	»Ehrerweisung«; religiöses Ritual.
Puja-Zeit (Durga Puja)	Mehrtägiges Fest zu Ehren der Göttin Durga.
Pulao	Reisgericht.
Punjabi Puri	Dünn ausgerollter, in schwimmendem Fett gebackener Teig.

Raga	Klangfarbe, Gefühl, Stimmung, Freude. In der klassischen indischen Musik die verschiedenen Tonfolgen, über die ein Musiker improvisiert.
Rakshasas	Dämonen.
Ramayana	Indisches Nationalepos.
Rasmalai	Süße Frischkäsebällchen in einer Milch-Kardamom-Sauce.
Samosa	Eine Art Pfannkuchen.
Sari	Breiter, langer Stoffstreifen, der als Kleid um den Körper gewickelt wird. Wird mit Unterrock und Bluse getragen.
Satra	Kloster.
Schastra	Schrift.
Shiva	Gottheit der Zerstörung, oft mit langem Haar dargestellt.
Shloka	Kapitel der Bhagavadgita.
Shraddha	Jährliches Ritual zum Gedenken an die Toten.
Soma	Berauschender Trank der Götter.
Vishnu	Der Welterhalter; gemeinsam mit Brahma und Shiva einer der drei Hauptgötter des Hinduismus.
Yatra	Pilgerreise.
Yoga	Methodisch angestrebte Veränderung des Bewusstseins, durch Meditation wird die eigentliche Natur des Menschen wieder erreichbar.
Yogi	Jemand, der Yoga praktiziert.

Brigitte Kronauer im dtv

»Brigitte Kronauer ist die beste
Prosa schreibende Frau der Republik.«
Marcel Reich-Ranicki

Die gemusterte Nacht
Erzählungen
ISBN 3-423-11037-6

Berittener Bogenschütze
Roman
ISBN 3-423-11291-3
Ein Junggeselle, Literaturwissenschaftler, auf der Suche nach dem »schönen Quentchen Verheißung«. »Voller Leben, Gegenwart, direkt, komisch, sinnlich.« (Frankfurter Allgemeine Zeitung)

Rita Münster
Roman
ISBN 3-423-11430-4
»Ein weiblicher Entwicklungsroman, ohne Wehleidigkeit, ohne Berufung auf das wärmende Gruppengefühl. In ihrer starken Individualität, ihren Widersprüchen und ihrem Beharren auf Glück ist Rita Münster eine ganz und gar überzeugende Figur.« (Deutsches Allgemeines Sonntagsblatt)

Die Frau in den Kissen
Roman
ISBN 3-423-12206-4

Frau Mühlenbeck im Gehäus
Roman
ISBN 3-423-12732-5
Die Lebensgeschichten zweier Frauen. »Zwei Möglichkeiten, Wirklichkeit zu erleben.« (Salzburger Nachrichten)

Das Taschentuch
Roman
ISBN 3-423-12888-7
Die Geschichte eines Apothekers. »Die Galerie kunstvoll-lebensnah erzählter Porträts aus der bürgerlich-mittelständischen westdeutschen Gesellschaft ist um ein packendes Beispiel reicher.« (Süddeutsche Zeitung)

Schnurrer
Geschichten
ISBN 3-423-12976-X

Teufelsbrück
Roman
ISBN 3-423-13037-7
»Ein großer poetischer Roman über die Elbe, die Liebe und die Romantik in unromantischer Zeit.« (Die Zeit)

Bitte besuchen Sie uns im Internet: www.dtv.de

Lilian Faschinger im dtv

»Diese Autorin ist eine leidenschaftliche Erzählerin, eine, die sich auf die Kraft ihrer Sprache verläßt und der das Entwickeln eines Plots sichtbares Vergnügen bereitet.«
Meike Fessmann in der ›Süddeutschen Zeitung‹

Magdalena Sünderin
Roman
ISBN 3-423-12430-X
Sieben Morde, sieben Liebesaffären, eine Tour de force durch halb Europa sowie durch alte und neue literarische Mythen: die Geschichte einer Mörderin aus Leidenschaft. »Amüsant, boshaft-witzig, hintersinnig.« (Stuttgarter Zeitung)

Wiener Passion
Roman
ISBN 3-423-12925-5
In Wien stößt die amerikanische Sängerin Magnolia Brown auf ein fast hundert Jahre altes Schriftstück: die Lebensbeichte der Mörderin Rosa Havelka. »Ein hinreißender Roman – bunt, spannend, skurril. Und voll Sympathie für den verführerischen Geist der Stadt.« (Berliner Morgenpost)

Die neue Scheherazade
Roman
ISBN 3-423-13148-9
Scheherazade Hedwig Moser ist Austro-Perserin und macht ihrem Vornamen alle Ehre … »Ein originelles literarisches Verwirrspiel.« (Abendzeitung, München)

Frau mit drei Flugzeugen
Erzählungen
ISBN 3-423-12353-2
Äußerlich scheint alles normal. Und doch ist die Welt, die man in diesen zehn Erzählungen betritt, nicht ganz geheuer. »Zupackend wie ein Psychothriller regen die Geschichten die Phantasie an … Aber niemals – und jedesmal ist man von neuem überrascht – kommt der Schluß so wie erwartet.« (Hella Kaiser im Berliner ›Tagesspiegel‹)

Paarweise
Acht Pariser Episoden
ISBN 3-423-13284-1
In Paris kreuzen sich Lebensläufe, Menschen begegnen sich, verlieben sich, trennen sich … »Ein wunderbares Buch.« (ORF)

Bitte besuchen Sie uns im Internet: www.dtv.de